侯说巴菲特

侯 跃 卢克宇——著

中国出版集团
中译出版社

图书在版编目（CIP）数据

侯说巴菲特 / 侯跃, 卢克宇著. —— 北京：中译出版社, 2022.5（2022.5 重印）

ISBN 978-7-5001-7062-4

Ⅰ. ①侯… Ⅱ. ①侯… ②卢… Ⅲ. ①巴菲特（Buffett, Warren 1930-）—投资—经验 Ⅳ. ① F837.124.8

中国版本图书馆 CIP 数据核字（2022）第 052445 号

侯说巴菲特

著　　者：侯　跃　卢克宇
策划编辑：于　宇　刘香玲　李梦琳　薛　宇　田玉肖
责任编辑：于　宇　刘香玲
文字编辑：李梦琳　薛　宇　田玉肖
营销编辑：吴一凡　杨　菲

出版发行：中译出版社
地　　址：北京市西城区新街口外大街 28 号 102 号楼 4 层
电　　话：（010）68002494（编辑部）
邮　　编：100088
电子邮箱：book@ctph.com.cn
网　　址：http://www.ctph.com.cn

印　　刷：北京世纪顶佳印刷有限公司
经　　销：新华书店
规　　格：710mm×1000mm　1/16
印　　张：25
字　　数：318 千字
版　　次：2022 年 5 月第 1 版
印　　次：2022 年 5 月第 2 次印刷

ISBN 978-7-5001-7062-4　　　　定价：79.00 元

版权所有　侵权必究
中译出版社

推荐序一

投资是心的修行

《侯说巴菲特》作者侯跃,因其在投资圈赫赫的"江湖地位",故我们这些亲朋挚友私下里都喜欢亲昵地唤上一声"侯爷"。

近日,侯爷大作《侯说巴菲特》即将面世,邀我作序。我正好借此"兜售"几段"私货"文字。

我是于2012年才正式加入投行市场研究的,屈指也有十余载。刚开始那会儿,也跟今天众多的年轻分析师朋友一样,热衷于扮演"牛头熊面"的预测师,幻觉中好像自己手持一根魔法棒,能够一眼看穿了市场的底牌,魔棒一挥,口一张,就决定了市场的涨跌。时间久了,心常觉照,不随妄转。

对于投资策略来说,模型、数据、逻辑,其实最先被放弃的是模型,其次可以被放弃的是数据(因为绝大部分实证中所找出来的数据关系都是伪相关关系),唯一能够把握且需要紧扣的只有逻辑(比方说宏观账户的平衡关系)。不是说做研究不要坚持古典范式,相反这很重要,这是一种研究的工匠精神传承。但往往"起于青萍之末"的逻辑直感最后决定了事物的本质。所以说,逻辑能力是投行研究的灵魂。

著名经济学家约瑟夫·熊彼特(Joseph Alois Schumpeter)曾经讲过,人们可以用三种方式去研究经济:理论、统计和历史。作为一个搞研究的"老筒子",用亲身经历说说研究体会。在理论上,我

I

过去对人们认知供给需求的历史进化过程没有系统地去了解，所以很长时间是不通透的，经脉不通，一个字——乱。说实话，研习经济很长时间，我都没有搞清楚宏观经济学是研究什么的。在技术上，我也有过刻苦研习的时候，一度也痴迷模型、数据等工匠活动。当然我们这代人的基础肯定比今天好些年轻同志要差很多。记得当时也搞了不少东西，由于没有通透，现在看起来，好些东西都是形而上学的伪相关关系。完全没有意义。

近些年我才逐渐感悟到历史对经济研究的意义。

今天我们接受教育的知识体系，很多是来自于西方，因为这些知识并不产生自我们自己的文明。要解决历史与现实的问题，首先需要了解西方近500年来的教育体系。是文明产生了这些认知，这一套体系跟我们绵延五千年的认知是怎样的不一样。揭开今天这些我们用知识体系认知和描述的经济运动的面纱，底下其实都是历史。

就我个人的研习体会，以下这些事是研究中国经济的"筒子"没有搞太清楚的：

一是中国的通货膨胀和经济租金的逻辑；

二是中国财政的真实含义、税赋和专营制度；

三是中国财政和货币创造的关系；

四是人民币汇率的表与里，技术上的"缘木求鱼"；

五是弄清楚宏观账户的逻辑关系，才能明白中国繁荣故事的逻辑缘起、因果、困境与现实。所以从某种意义上讲，历史就是逻辑直感的"三江源"。

和侯爷聊天是一件快事。他博学强记，他玲珑八面，他长袖善舞。跟他聊天，总有"极目古今，放怀天地"的通透感。对我而言，有时候他就是我的历史课，他就是我的社会感。

我知道他一直在钻研巴菲特的投资思想，自然就会聊到了这个话题。记得一次，侯爷在他办公室的一块小黑板上，向我们兴奋地勾勒出他所总结出的巴菲特投资体系,这是一个宏大的框架。说实话,当时听得我这投资界的"老筒子"一头雾水。我相信,如果当时巴菲特在场,应该也会是和我同样的感觉。

有很多人问过巴菲特,怎样才能做好投资。巴菲特也很多次回答过。投资中最紧要的是弄清什么事是重要的、什么事是可知的。宏观经济的东西很重要,但是我觉得是不可知的。

我们在决定买不买一家公司时,从来不把我们对宏观问题的感觉作为依据。我们也不看关于利率或公司盈利的预测,看了没用,一片茫然。

那什么是有用的?

能够总结出来跃然纸上的,那都是有为之法。无为之法是不立文字的,不立文字便是文字。所以,投资是心的修行,投资是悟道,"道"在某种意义上是不可言说的。"我来问道无余说,云在青天水在瓶"。

我曾经给投资圈的朋友写过这样一段文字。估值从来就只是果,而非因。而绝大多数人,以估值为因,欲求其果,故因果倒置而终无所得。估值是什么?估值就是人人都想从里面出来,还是人人争先恐后地想要进去。人人都想从里面出来的"围城",估值就低。人人削尖了脑袋争先恐后地想进去的地方,估值就高。真正有价值的东西不是估值本身,而是为什么有些会变成了"围城",会变成了投资的人们心里的"坟场",有些却能成为人们心中的"怒放的花"。

你为什么不能前瞻地看到,而别人却能看到?因为估值低,你就决定买。这就如同脑壳被套上了麻布袋,这就如同被猪油蒙了心。粮食店里的烂红薯——够削(长沙俚语)。

窃以为,就是琴弦,拨动才能奏响悦耳的音符。靠什么来拨动?靠缘,缘又是什么?缘就是认知和觉悟,就是悟道,就是修心。相由心生,境由心转。天时地利人和,缘也是条件;因缘际会,有人会因缘和合而生，有人会因缘和合而灭。《金刚经》中讲，若见诸相非相，即见如来。

投资界的同志们每年追巴菲特、追芒格，追到最后追的都是相，老爷子的非相其实只有一个，那就是修心。非相永远就是那些能力圈、降低预期、直面真相、不要抱怨、自律……

学的到吗？

不少大佬不惜一掷千金，求得一张每年去奥马哈膜拜巴菲特的午餐会门票。难道只为巴菲特和芒格那蜻蜓点水、云山雾罩的寥寥数语？他们真的悟道了吗？恐怕世道人心只是想去沾沾圣人的仙气。

有很多东西除了要靠自己想透、悟透，还要在行为上能做透，就是随心而行，不能随性而行。

宏观只起宏观的作用，逻辑也只是逻辑。运用之道，存乎一心，能问己心才是正道。授受的永远只是知识，觉悟要靠天启。你把知识简单就当作觉悟，这就随了性而走了心，就会输钱。

所以，我就借花献佛，告诉亲爱的读者们，不要把《侯说巴菲特》当作武功秘籍、致富密码来读，而要当作修心日记来体验。

这就是侯爷著书的初心。投资就是修心，投资就是做人。此生能够交到侯爷这样的挚友，深以为豪。

我愿最热烈地将此书推荐给广大投资者。

刘煜辉

中国社会科学院教授

2022 年 2 月 18 日，于山水洲城

推荐序二

深入骨髓的知，透彻心扉的行

世界上有许多关于巴菲特的著作，以及按照"价值投资"理论的践行者，但真正能"深入骨髓"并不容易。《侯说巴菲特》从某种程度上是一种透彻心扉的领悟，也许对我们会有所帮助。

我认为该书有如下特点。

一、深入骨髓地增进价值投资的"知"

本杰明·格雷厄姆（Benjamin Graham）说："市场短期是投票机，长期是称重机。"巴菲特认为股价与公司的内在价值长期保持一致终将交汇。

《侯说巴菲特》一书，研究巴菲特和价值投资理论比较深入，在某些点上，有深度和原创性，或者说是总结提炼得比较到位，从纷繁复杂的信息中，突出了巴菲特和价值投资理论的关键核心点。以下几点似乎值得重点关注。

第一，凯利法则在巴菲特价值投资中的引领地位是概率×赔率＝比例。"能力圈"决定了概率；利用"市场先生"来寻找"安全边际"以获得较好的赔率；伯克希尔·哈撒韦的投资原则是"当企业所有者"，无论控股型还是部分持有，都有鲜明的比例大、集中度高、低换手率的特征。可以说，凯利公式是价值投资的主要数学表达方式。

第二，企业未来自由现金流估值方法，是巴菲特投资的抓手。"你付出的是价格，你得到的是价值。"计算赔率，就得对公司进行估值，自由现金流估值方法，主要指标是企业自由现金流和加权平均资本成本。巴菲特投资风格偏好资本再投入小的大消费行业，无论是可口可乐、吉列、喜诗糖果，还是苹果公司，都符合这样的特征。中国的茅台更是有鲜明的销售和利润增长，不依赖巨额的资本再投资特征。不产生自由现金流的利润是不可靠的，巴菲特一般回避负债率过高的企业，他使用利率来观察企业的成本负担，判断安全边际。

第三，关于投资的定性与定量的理论发展过程，以及行为金融学和有效市场理论的争论与一致，都是有趣的深入理解价值投资理论的形式。《侯说巴菲特》将价值投资分解为选行业、挑质量、估价值、算概率、测比例、择时机、建仓位、长期持有的过程，可算是独到见解。

二、透彻心扉地促进价值投资的"行"

无论中外，在价值投资的"康庄大道"上，行者寥寥。该书在读者范围的广泛性、价值投资与中华文化的融合以及巴菲特的"价值人生"等方面的着墨，都可圈可点。

第一，读者范围比较广。从浅出入手，逐步深入，既有故事感，又有一定的理论性。结合了生活与投资，企业管理与投资等方方面面。无论是正年轻一代的价值投资慕道者，还是有一定投资经验的投资行业人士，或者是在面临下一步投资选择的企业家，都能从书中或多或少地找到一些亮彻心扉的启示。书中突出财富的积累来源于"起步早、资本金、收益率稳且高、时间长"，青年人应尽早加入到价值投资者行列，运用好"复利"，可以过着巴菲特式自由、快乐的人生。每个人都有自己的能力圈，发挥好自己的优势就能享受到劳动收入以外的资本性收入，价值投资是投资理财方式中最有可能促进社会公平和共富的方式。企业家在面临行业困境时如何实现财富的增加，书中也有案例，也许对他们有所启迪。

第二，该书的一大特点是将西方的价值投资与中华文化结合起来，以利于中国投资者更好地理解价值投资，这是有趣的尝试。实际上，已经有不少践行价值投资的投资人深谙中华文化与西方思想的融合，并运用到具体的投资之中。

第三，该书首次将巴菲特从"价值投资"升华为"价值人生"。巴菲特的"成事、布道、济人"都堪称典范。他不但成为世界上较富有的人和较慷慨的人之一，还要成为世界上较长寿的人之一。他恰如芒格所言的"商圣"，种种相似之处，书中亦多有提及。

从"深入骨髓的知"到"透彻心扉的行"，从"价值投资"到"价值人生"，《侯说巴菲特》既写出了与众多书籍作品中一样的巴菲特，又写出了与之不一样的巴菲特！

但　斌

东方港湾投资管理

股份有限公司董事长

2022 年春

推荐序三

好一个《侯说巴菲特》

介绍巴菲特的书,可谓"汗牛充栋",但泛泛之论甚多,唯此《侯说巴菲特》,别开生面,确属"空谷足音"。

一、理论性与实操性高度结合

我们在本书中可以重温本杰明·格雷厄姆、约翰·布尔·威廉姆斯、菲利普·费雪等的观点,也可以欣赏从七个维度构建巴菲特风格值 B-score,从而指导投资者的投资实践。该书既有很高的理论架构分析,又非常"接地气",这是我看到的第一本将巴菲特的投资理论与实践结合得如此好的书。

二、在多维度、大系统中审视和解读巴菲特

与大多数相关著作不同,《侯说巴菲特》不是只选择巴氏最亮的点——"投资大师"来观察他,而是叠加"时间"这一维度,解读"大师的诞生"。该书还叠加了经济学、行为科学、社会学、心理学等系统,诠释了马克思所谓"人是社会关系的总和"。从这个意义上说,作者一洗巴氏"神"的光环,将他还原为一个人人可向往之、

学习之,甚至超越之的"人杰"。本书不但讲了巴菲特的价值投资,而且讲了他的价值人生,特别是巴菲特最重视的"教师"身份,与东方文化熏陶下的知识分子有强烈共鸣!

三、作者在巴氏"术"的方面作了缜密的分析之后,更在其"道"的层面给读者以更深入的启迪

书中关于决策理论的探讨和研究非常有特色。现今我正在正和岛讲授"决策力"相关的课程,感觉本书中有关决策方面的研究成果对我的课程有一定的可借鉴性。例如在本书"多元思维投资决策理论"一节中,作者用十一个篇章将阿尔伯特·爱因斯坦"时间是人类的伟大奇迹"在巴氏投资生涯进行表达,介绍得精辟入微,令人酣畅淋漓。当读到"不管是股市、职场,还是人生,我们面临的并不是'正确'和'错误'的选择,而是'当下的正确'和'长远的正确'的选择,是对当下的'确定性'和未来的'模糊性'如何结合的选择"时,不禁掩卷长叹:好一个《侯说巴菲特》!好一个巴氏万里之外的知己!

此刻,我心中只有深深的欣慰,欣慰后来者的进步,欣慰作者不断学习的智慧!

王 林
中国民主促进会中央经济委员会
副主任、正和岛首席经济学家
2022 年 3 月 4 日

推荐序四

由读写经济学书文所想到的

中国首席经济学家论坛的几位朋友,向我推荐《侯说巴菲特》一书并让我写序。原因可能是我曾任过深圳证券交易所总经理一职,但我不任此职已将近三十年了,且早已不关注股市。给一本与股票投资相关的书写序,确实有些难处。架不住大家的劝说,我与该书作者侯跃见面聊了聊,聊后感觉此书不单是讲股票投资策略的事,还阐述了巴菲特经济学思想与投资思想。巴菲特出生在1929年美国经济大萧条时期后的第二年,他的投资史可以说是经济学研究的重要样本。巴菲特等世界著名投资人们不但在投资方面独树一帜,而且在经济学思想与哲学思想上也很有深度。这触发了我在当前国际政治经济大动荡、大变局下,面对经济思想流派纷多、各国经济政策复杂多变、媒体舆论观点不一的情境,想说一说当前人们应如何看待经济学、科学与经济学家的想法。作者侯跃的意图也是如此,想让我从如何认识经济科学与经济政策角度谈些较宏观的看法。我们一拍即合,由此形成了以下的文字。

著名经济学家罗纳德·哈里·科斯(Ronald H. Coase)曾著《论经济学和经济学家》一书(国内译著由格致出版社等出版)。该书由演讲稿和传记汇集而成,主要是讲述科斯对主流经济学发展中重大问题的看法和对多位杰出经济学家的评论。从我国当前场景出发，本文想就如何看待广泛意义上的经济学科学而不是仅主流经济学与经济学家，谈些认识。

1. 要学会辨别经济学家中的"科学家"与"工程师"。一般而言，人们口中的"经济学家"，从不同视角可以有多种分类，我曾指出基本有三大类，一是理论经济学家，二是政策经济学家或叫应用经济学家，三是从事普及教育、写财经时事评论的经济学家。简单说，理论经济学家注重经济学抽象理论的研究、发展。经济现象是重复、沉默的，包含大量复杂现象背后的因果联系规律、定理，是需要经人脑心智的思考、抽象化，形成概念、假设前提，然后逻辑演绎，去求证、去发现，这是理论经济学家的任务。而政策经济学家的任务，是面对现实经济中的问题和矛盾，自觉与不自觉依据某理论规律，去寻求解决经济问题与矛盾的对策，研制制度、政策或改革方案。我曾把这两者分别喻为"科学家"和"工程师"（据说国际学术界对此提法存有尖锐的争议）。两者各术有专攻，分别承担不同的职责。当然两者之间也不存在知识上高低的差异，他们都是人们认识、适应经济社会发展不可或缺的角色。

指出这一点是非常重要的。尽管一本经济学著作、一篇文章或同一作者同时兼任上述两种角色是可能的。从亚当·斯密建立政治经济学体系以来，历史上的一些经济学巨匠，在创新、建立理论体系的同时，往往又提出了一系列制度改革的建议。

但是，在中国当今，早为西学的经济学，"西学东渐"的历史毕竟不长。作为作者，在撰写一篇经济学文章或一本经济学书籍时，首先自己要心中有数，笔下是在叙述"科学理论"，还是在制定"工程方案"？抑或两者兼有？但不管属于哪种，需谨防的是"蜻蜓点水"。两者兼具不是不可以（像经济学巨匠那样），但不要两者都是浅尝辄止、不专业、不精深。作为读者，面对眼花缭乱的经济类文章和书籍，首先要有个大致的判断，作者是"科学家"还是"工程师"？即学会辨别作者日常是擅长经济理论的,还是擅长政策研究的?然后再进一步辨别,作者现时、当下的文章和书籍是在讲学术理论,还是在讲政策制度?因为市场上常有些文章和书籍是"四不像",这让人十分"闹心"。有的明明是在讨论一个很具体的、难以与理论逻辑和科学范式沾上边的经济政策,却往往扛着很时髦的、很"宏观"的纯学术大旗。有的文章似乎在争论、创新一个恢宏的理论框架,但却又少了点经济科学的"范式"和理论抽象的知识体系描述,充斥的全是政策研究的经验材料和历史资料。因此,如果读者不想浪费时间,想有目的地去读书,或汲取理论养分,或了解政策趋势,则读书前学会思考,注意辨别,有所选择,是很重要的。

其实,"科学家"和"工程师"着力的"用功点"是不同的。要知道,一个抽象理论、定理的形成,是按照理论思维的规律,是在剥去大量、具体的复杂现象之后,经人脑心智抽象思考而形成的结果。这是"科学家"的"用功点"。若要从抽象的理论出发,重点去研究和解决一个具体的、复杂的现实问题时,往往又要把理论形成时曾在抽象思考阶段被舍去的具体现象因素再放进现实去,即解决现实问题时要联系当下的具体环境,增加考虑现实问题所涉及的各种因素。此"用功点",往往是要经历一系列具体中间环节的过渡和分析,或许才能使理论指导实际,即研究解决现实问题时的"工程方案"时,若不考虑特定时间点上具体的时空因素,简单搬用产生于某一国家、在某一历史发展环境下的经济学个别理论、结论,去试图解决另一国家当今所遇到的具体复杂问题,这往往不是隔靴搔痒,就是容易出现被诺贝尔奖得主科斯所曾讥讽的"黑板经济学"。

2. 要充分认识到迄今人类对经济社会的认知是很有局限的,是不断发展的。任何一种经济理论都是在人的认知局限性前提之下,基于认识经济社会、能动作用于经济社会,又从曾被作用过的经济社会中抽象思考而形成的,是经济社会发展到某一阶段的产物。

18世纪，曾在经济科学建立之初被推崇、被模仿的物理学，其发展本身经历了从经典力学到热力学、光学、电动力学，直至量子力学的过程。量子力学也并不意味着就是人类认识客观世界的"绝对真理"。据称，人类现在对世界的认识也仅仅占世界的5%，对95%的暗物质世界还尚未认识。最前沿的现代物理学家还正在雄心勃勃地探索把研究微观世界的量子力学和研究宏观宇宙的广义相对论统一起来的"终极理论"。

相对成熟的物理学尚且如此，"年轻的"经济学又何尝不是？从经济学说史的竖截面看，没有古典经济学，如何能产生新古典经济学、马克思经济学？没有托马斯·罗伯特·马尔萨斯（Thomas Robert Malthus），如何能有约翰·梅纳德·凯恩斯（John Maynard Keynes）？从横截面看，在19世纪中期的德国，要摆脱以封建庄园经济、农业经济为主的落后局面，德国社会当时主流的经济理论当然是弗里德·里希·李斯特的"国家经济学"和历史学派，因为反映资本主义工业革命成果的英国古典经济学对当时落后的德国国家经济来说，肯定是隔靴搔痒，且被不屑一顾的，不管新旧历史学派思想是否被当时和后来的主流经济学派所承认。同样，随着美国崛起时工业社会的快速成长和"一战"前西方文明曾一度面临的断裂和崩溃的危险情景，以及城镇化中大量移民潮带来的社会严重冲突，人们普遍感到困惑与焦虑，在曾被称为"乱世之交"的19世纪末20世纪初的美国社会，对当时带有批判性的凡勃仑制度主义经济学自然会得以大盛其世。这是一种经济学说产生的时代必然性。有必然性自然就有其合理性。

今天，我们在对待西方现代主流经济学时，同样应坚持哲学意义上的批判眼光。从学说史角度看，英国工业革命和资本主义兴起的背景，产生了古典经济学。资本主义初期的野蛮"发育期"，催生了社会主义和制度主义对其的批判。德国的崛起，在德国本土经济学上产生了历史学派。进入20世纪,凯恩斯主义和弗里德曼货币主义在美国的交替"坐庄",只是意味着世界主导国家的市场经济发展过程中矛盾与困境的转化,这并不意味着某一阶段主流经济学"历史的终极"。而对落后贫穷国家的增长与发展来说,不管是凯恩斯主义还是货币主义,难道能是解决他们问题的"圣经"?根本不可能。今天,作为现代主流经济学权威的保罗·罗默发出了对动态随机一般均衡模型(DSGE)的批评声,预示着以美国2008年金融危机为转折,开始了美国霸权的衰落和新兴经济力量的崛起,预示着人们对当代主流经济学危机的担忧与革命。过于偏向数学主义的形式化和过于强调均衡静止分析的现有主流经济学,其理论模型已不足以统揽、分析、解释大国兴衰更替历史周期下经济全球化运行的动态演化。因此,从经济学作为一门科学的发展逻辑出发,我们理应展开双臂,期待和欢迎经济学研究将从更全球化、更历史动态性的视角进行理论创新。对在任何时代占主导地位的流行的经济理论,要承认有前人的智慧结晶,既要尊重、学习,但又不能盲目迷信,要敢于怀疑,鼓励创新。

3. 要看到在经济学术史上,不仅主流经济学思想是深刻的,非主流经济学思想同样也是深刻的,但主流与非主流经济学的区别在学术界意见并非完全一致。一般而言,承袭古典、新古典,包括宏观、微观经济学内容在内的现代主流经济学,旨在研究资源配置、经济稳定与增长等问题,即市场经济是如何运行的问题。非主流经济学包括制度学派、奥地利学派、演化经济学派、公共选择学派和历史学派等,旨在研究市场经济是如何形成的,探究制度演变的动力力量、形成路径和演化轨迹。因此往往会跨界涉及社会学、政治学、历史学等领域,会是反映复杂社会的系统研究。至于对特定的经济科学是否应该以及如何与复杂科学相区别,界定研究边界是什么,这是需要探讨的问题。在此,仅就主流与非主流经济学派的概念认识，简略指出以下三点。

第一，要注意到，目前中国经济学界、财经舆论界在介绍现代经济理论时，往往讲主流学派理论太多，对非主流学派讲得甚少，有的甚至认为非主流学派不值一提。此做法有些偏颇。

第二，从经济学术史角度看，主流理论往往是在非主流理论的批评声中不断修正形成的。有的是直接吸收了非主流理论的部分思想进行了完善。经济理论的历史是不断演变的历史。今天的非主流内容可能就是明天主流的内容。人类经济史的实际状况及其演变更是明确地印证了这一点，迄今全球的人类市场经济史事实上是被经济学家人为分割的，并在所谓主流和非主流经济思想特别是由其分别衍生的经济政策共同作用下形成的。在此方面，有着不胜枚举的历史故事和案例。因此，经济理论的创新和繁荣，往往要格外重视非主流理论的批评。

第三，纵观近五百年来的全球经济发展史，几乎无须证明的历史事实是，不管你承认与否，世界各国在发展中其经济实力始终存在着强弱、大小之分，并且始终处在大国兴衰变动更替之中，无非是作为当事人的一代人、两代人在历史场景中不易察觉。特别是进入20世纪资本主义时代之后，在国与国之间事实上永远存在的平等和不平等的竞争中，小国、弱国的经济发展及其特征往往是受世界霸权国家、拥有巨大货币财富实力或国际主导货币国家的影响。并且，又受该霸权国家经济所处的霸权上升或下降的不同历史阶段，或同一历史阶段不同经济周期中繁荣、衰退时特定时期的阶段性特征的影响。因此，在历史上，身处"中心—外围"不同环境下的"外围"国家，出于其经济发展的自身战略需求，自然对指导本国经济发展的理论取向或者"政策嗜好"会有差异。其实，当初德国和美国崛起时之所以分别产生、兴盛历史学派和制度学派，就是最好的例证。但是，今天的"嗜好"并不意味着是明天的"嗜好"。从世界经济史角度看，正像意大利、葡萄牙、荷兰、英国及美国等国，当处于不同时代的霸权兴盛地位时，都是积极推行在今天看来有些不同内容的全球化政策，但在赶超和崛起之初，却都又是无一例外地有着不同程度的贸易保护等体现国家经济主权意志的政策干预和支持。

因此，由此给人以深刻思考：到底什么是理论？理论是研究事物因果之间联系等规律，是知识概念的体系。作为一个有用的理论（好的理论），在不同的时空下，对不同的经济主体（国家、企业、家庭），是否会有不同的标准？作为微观理论，在同一市场机制条件下，作为"选择的科学"，仅是研究有限资源配置的理论[有意思的是，经济学分析已被扩展到称为"经济学帝国主义"的创始者、诺奖得主加里·贝克尔（Gary S.Becker）所研究的歧视、犯罪、自杀、离婚等人的行为]，可以是普适的理论。但是近二三百年来大国兴衰更替史和落后国家不同的赶超史表明，作为指导一个国家经济的长期增长问题，不同的国家，在不同的竞争时空下，研究寻找一国财富和增长的路径倾向和政策选择肯定是有差异的，肯定内生共同的理论倾向、知识基础。可以说，这一分析视角一定也不奇怪。这雷同自然科学中的物理学、化学中的细分类和经济学中的各门应用经济学的细分类，宏观经济理论也许应是分层的。当然，这丝毫不否定（不仅不能否定，而是能充分证明），若是在类比相同的条件下，一个有用的宏观理论（好的理论），自然应是普适的，是不分国界的。当然应强调，在各国经济的竞争的历史动态进程中所采取的政策选择是有些差异的。由此看，要解决经济学研究中一提起就"使人着迷"的穷国富国长期增长问题，基于现成霸权国家说教的现代主流的宏观增长理论自然是不能覆盖解释的。

当下，中国正处于经济转轨的巨大变革时期，世界诸国的大小、强弱之分，也正处于剧烈变动、转化之时。因此，作为经济学家和经济学读者，要充分看到，在课堂教学中的由过去实践所抽象的"教授理论"和在实践发展中已明显反映"教授理论"滞后与不足的差异。要学会识别，课堂教学中的"教授理论"和不同国家经济实践中的理论（非经验）与政策"选择"的差异取向。在当前全球范围内经济学理论研究与创新跟不上真实世界变化的环境下，课堂上不得已，"教授理论"可以继续讲授流行的、主流的经济学，但需要谨而慎之，需要有时空感、历史感。一门好的经济科学教学，往往是在对学生和读者讲授当下主流理论是什么的同时，同样需要讲授当下主流理论的困惑与局限，需要让学生和读者多了解些经济学说史，多了解些经济学术思想的演变、师承关系及学术思想史上过去与现在曾出现的争论及其背景，这才更有助于他们把经济学作为一门发展的科学理论进行融会贯通。正如当今如果只知道亚当·斯密"看不见的手"之市场机能理论，不知道罗纳德·科斯的市场交易是要有成本的非主流经济理论（从制度学派意义上讲），只能说对市场经济只是了解了一半（遗憾的是，迄今这两个"一半"在经济学教科书中又往往是被安排在不同篇章分别阐述的）。因此，对待当代主流经济学理论，我们绝不能盲目迷信，视其为"完美的科学"而不敢挑战与怀疑。

要充分看到，当今全球经济学界对主流理论的各种批评与怀疑，恰恰表明了主流理论的缺陷，表明了这正是给予我们可以探寻创新的线索与空间。同时，也不能采取简单否认、一概排斥的态度，无知地拒绝前人的智慧结晶，盲目自大，视经验性、政策性研究为有普适意义的理论研究。科学研究要讲究"范式"。当然你可以进行颠覆式的"范式革命"，如经济学说史上的"3S"——亚当·斯密、马克思、凯恩斯。即使比不上"3S"，不是"范式革命"，没有如此辉煌的体系式学术创造，部分的颠覆、部分的改善也是可喜的，但是必须是逻辑自洽，能在学术专业群中而非非专业人士中得到多数的承认。总之，在理论研究上，唯有怀疑的、科学探索的态度，百家争鸣的氛围，才是理论创新的明天。

本书介绍的巴菲特金融投资理论及技术，相对于更抽象的理论，是经济学科学麾下应用理论经济学科之一，又如会计学、人口经济学等，是更贴近于现实的场景分析学科。作为一个社会的存在，是嵌入、包含了各种经济因素，同时嵌入、包含了政治、文化、军事等因素，是多维因素共同的组合才成为一个具体的社会。纵观巴菲特等金融投资领域人物的过人之处，往往是，从事的是狭窄领域的事业，但思考的维度、决策的选择是多维的，是全球经济格局的演变轨迹，大国兴衰更替的关系，哲学层面方法论的探索……恐怕这是了解巴菲特金融投资理念的真谛。

是为序。

夏　斌

国务院参事

国务院发展研究中心金融研究所名誉所长

2022年2月27日

自　序

2020年5月的一个清晨，儿子从美国打来电话，告知他被哥伦比亚大学法学院录取的喜讯。我们父子俩在电话的两头欢呼，因为哥大是我们共同的梦想，那里是价值投资学派的发源地，是本杰明·格雷厄姆、巴菲特、李录的母校。在我的鼓励下，儿子从加州大学洛杉矶分校获得经济学和社会学双学位后，选择哥大攻读法律博士（JD），期望成为像巴菲特合伙人查理·芒格和李录那样既精通法律又精通投资的人才。我于2017年进入清华大学五道口金融学院攻读GFD（全球科技与金融发展学者项目），潜心研究巴菲特的投资策略。在我们眼中，巴菲特的投资智慧与快乐人生值得毕生学习和追求。

为什么要写这本书？中外市场上不乏介绍"股神"巴菲特的书籍文献，更有无数人争相效仿巴菲特的价值投资方法。但身边的朋友们普遍反映学习巴菲特的投资方法"知易行难"。我个人认为，所谓"知"也未必是"尽知""真知"，因为这些书籍内容大多局限于巴菲特的投资之道，没有置于巴菲特的成长经历、理论渊源、人生设计和整个经济学、金融学体系的框架中，进行全面系统的审视和梳理。而本书即是这样一种尝试。

第一，本书追溯了巴菲特投资策略的理论渊源。近年来，在研究巴菲特如何获得超额收益的过程中，我阅读了几乎所有关于巴菲特的书籍，发现他的成功绝非历史机遇或个人运气或人脉关系的产物，而是根植于深厚的理论和学术基础。巴菲特在致股东的信件中，多次提到影响他投资习惯的有益书籍，包括《证券分析》《聪明的投资者》《怎样选择成长股》和《就业、利息和货币通论》《论概率》等。我认真研读了这些书籍，并将其核心理念以深入浅出的方式植入本书当中，以帮助读者透彻了解价值投资背后的经济学知识。

第二，本书在经济学、金融学的大背景下解读巴菲特的投资理念。我认为，任何孤立研究巴菲特价值投资的尝试都无异于无本之木，如果把巴菲特的投资原则置于历史、宏观的经济学流变和论争中，则可以更准确、更客观、更全面地认识巴菲特的投资理念，避免机械模仿和盲目崇拜。为此，我系统阅读了《非理性繁荣》《思考，快与慢》《理性的非理性金融》《共同基金常识》等经济、金融、心理学著作，和"咸水学派和淡水学派""巴菲特的阿尔法"相关的国内外学术文献，让读者在深刻认识巴菲特的同时，了解近现代金融投资的重要成果。

第三，本书将巴菲特投资原则进行了科学系统的解析，将价值投资从似是而非的社会学范畴认识，细化为具体的数学和近乎物理原则的操作方法，透过现象看本质，直击概率、赔率、比例的巴菲特投资公式的核心，理性、客观、可读性强。本书在解读巴菲特的投资理念和方法上，有不少原创的地方，可以说，如果有心的投资者将本书细读下来，大概率会对价值投资的多个痛点有系统性的把握和启发。

第四，本书从人生设计层面深度理解巴菲特的投资理念。性格决定命运，巴菲特事业上的成功与他的人生观、价值观密不可分。他既是一位金融投资家，也是一位慈善家、布道者，还是一位幽默大师。本书中巴菲特的"成长经历""与众不同的企业家""布道者"

等相关内容的章节让读者体会到智慧人生与价值投资的内在关联，认识到良师益友和乐观幽默带给人的财富、健康和长寿。

第五，本书从"跨文化"视角，利用本土概念，帮助读者透彻理解巴菲特的理念。中华文化博大精深，虽不似西方有严格的学科分类，但其哲学、经济学思想与巴菲特的投资理念有异曲同工之妙。我将巴菲特的观点与孔子、孙子、王阳明、曾国藩等人的大儒家思想以及六祖惠能的禅宗进行比照，希望会让读者有似曾相识但又耳目一新的认识。

在"真知""尽知"之后，怎样帮助读者做到"知行合一"？本书不仅带领读者将价值投资的前因后果、来龙去脉梳理清楚，同时从"践行"层面，为投资者掌握和运用巴菲特的投资策略指明方向和方法，诸如"复利与复制""生生不息与宇宙法则""劳动收入与资本收入"等篇章，启发读者如何获取财富从而开启自由独立的人生。

本书结构如下：第一章介绍巴菲特的性格与成就。第二章重点介绍巴菲特的企业家身份，伯克希尔·哈撒韦不同寻常的公司系统构建，以及巴菲特的独特管理方式。第三章是本书的核心，介绍巴菲特投资理论形成的原因及过程、投资原则和决策方式、估值方法和选股理念以及他的择时策略和投资风格，从操作的角度全面解析巴菲特投资决策的全过程。第四章介绍现代金融投资理论，给巴菲特的价值投资理论标出理论坐标，以便读者清晰了解巴菲特的投资方法为什么有效、如何有效，以及与其他投资方法的异同和理论根源的区别。第五章介绍巴菲特的布道和大儒家主义，巴菲特不但"成事"，而且"布道"传授他的投资技巧和人生领悟，从中华文化出发理解巴菲特的投资方法，以求从根本上解决价值投资的"知行合一"问题。最后一章介绍巴菲特投资之道的启发，与读者分享我们的领悟。

本书不是我一个人的力量能完成的，天赐卢克宇博士与我合著此书。卢克宇博士是"87后"的年轻知识分子中的佼佼者,毕业于复旦大学和日本筑波大学,他的博士论文通过构建经济环境模型,计算得出最优碳价为42元/吨,与2021年全国碳交易市场碳交易启动价相似。他撰写了本书的"30—35说"及"73—83说"共17说的内容,他严谨细致和活泼风趣的写作风格为本书增色不少。

本书完稿之际,儿子打来电话报告他在哥大法学院第一学期的成绩排名在年级前20%,这意味着他有望进入世界顶尖的律所和投资公司工作。我们约好,如果疫情控制住,我们一起到奥马哈,参加巴菲特一年一度的股东大会。很期待有机会和巴菲特探讨交流。写完此书,自己感觉已经由一个盲目的追随者,逐步成为一位理性的观察者、分析者和践行者。

囿于作者的水平有限,本书难免有不少疏漏甚至错误,敬请大家批评指正。此外,本书借鉴了许多书籍和文章的观点,由于篇幅所限,只在本书的参考书目中标注了一部分,没有一一列出;由于时间仓促,没有联系其作者并逐一致谢。在此,一并表示感谢!

侯　跃

2022年春于北京

目 录

第一章 巴菲特的价值观与成就

第一节 巴菲特的性格和价值观 /003

第1说 从小报童到大富翁 /003
第2说 慷慨与节俭 /006
第3说 焦虑与快乐 /010
第4说 人品与人设 /012
第5说 赞美与自嘲 /015

第二节 巴菲特的能力与成就 /018

第6说 "50后"与99% /018
第7说 运气与能力 /020
第8说 过去完成时与现在进行时 /023

第二章 与众不同的企业家

第一节 巴菲特的管理方法 /031

第9说 基金经理与首席执行官 /031

第 10 说　巴和芒，阴与阳　/033
第 11 说　公众公司与私人公司　/036
第 12 说　集权与分权　/038
第 13 说　民主与集中　/042

第二节　巴菲特的投融资方法　/046

第 14 说　软负债与硬杠杆　/046
第 15 说　保险与银行　/049
第 16 说　规模与增长　/051
第 17 说　回购与分红　/055

第三章　巴菲特投资之道的核心

第一节　巴菲特投资决策理念的形成　/061

第 18 说　输入与输出　/061
第 19 说　教父与师父　/063
第 20 说　宏观大师与投资大师　/068
第 21 说　师长与师兄　/071
第 22 说　定性与成长　/075
第 23 说　错过与过错　/078

第二节　巴菲特的投资原则　/082

第 24 说　投资与投机（所有者原则）/082
第 25 说　贪婪与恐惧（市场先生）/085
第 26 说　低估与高估（安全边际）/088
第 27 说　刺猬与狐狸（能力圈）/090
第 28 说　王子与蟾蜍（护城河）/093
第 29 说　聪明与犯蠢　/096

目 录

第三节　巴菲特的决策方式　/100

第 30 说　信息与噪声　/100

第 31 说　定性与定量　/104

第 32 说　统计与预计　/107

第 33 说　胜率与败率　/110

第 34 说　概率与频率　/113

第 35 说　确定性与可能性　/116

第四节　巴菲特的估值方法　/121

第 36 说　分子与分母　/121

第 37 说　价格与价值　/126

第 38 说　账面价值与内在价值　/129

第 39 说　成长股与价值股　/131

第 40 说　有用资产与无用资产　/134

第 41 说　长期与短期　/137

第五节　巴菲特的选股理念　/141

第 42 说　深度价值与成长价值　/141

第 43 说　快乐行业与痛苦行业　/145

第 44 说　育种与选股　/148

第 45 说　鲜花与杂草　/151

第 46 说　To B 与 To C　/154

第 47 说　科技与消费　/159

第 48 说　基因与品牌　/162

第 49 说　高 ROE 与高 ROIC　/165

第六节　巴菲特的择时策略　/169

第 50 说　危与机　/169

第 51 说　择时原则与卵巢彩票　/172

第 52 说　舍利子与结石　/175

第 53 说　英雄与狗熊　/178

第七节　巴菲特的投资心性和风格　/182

第 54 说　加法与减法　/182

第 55 说　专注与耐心　/185

第 56 说　集中与分散　/188

第 57 说　乌龟与兔子　/191

第 58 说　赢家与输家　/194

第四章　金融投资理论

第一节　宏观投资理论　/201

第 59 说　宏观因素与微观因素　/201

第 60 说　繁荣与萧条　/204

第 61 说　利率与股利　/206

第 62 说　混沌与秩序　/210

第 63 说　周期与阿尔法　/214

第二节　微观投资理论　/218

第 64 说　因子与能力　/218

第 65 说　泡沫与基本面　/221

第 66 说　地产与股票　/225

第三节　有效市场理论与行为金融学　/228

第 67 说　过度自信与锚定效用　/228

第 68 说　淡水学派与咸水学派　/231

第 69 说　行为金融与有效市场　/234

第 70 说　主动投资与被动投资　/237

第 71 说　理性与非理性　/239

第 72 说　预期中的偏差与风险偏好中的偏差 /242

第四节　多元思维投资决策理论 /246

第 73 说　时间与空间 /246
第 74 说　模糊的正确与精准的错误 /248
第 75 说　后视镜与望远镜 /251
第 76 说　理性与感性 /254
第 77 说　惯性与反身性 /257
第 78 说　机构与散户 /260
第 79 说　常态与均值 /263
第 80 说　异值与均值 /266
第 81 说　正态分布与尾部风险 /268
第 82 说　神圣法则与自然法则 /272
第 83 说　生物原则与数学原理 /275

第五章　巴菲特的布道与大儒家思想

第一节　巴菲特的布道 /281

第 84 说　布道与成事 /281
第 85 说　投资首富与世界首富 /285
第 86 说　读一本书与送一只股票 /288
第 87 说　自助餐与诚信 /292
第 88 说　天价午餐与平常心 /295

第二节　巴菲特与中华大儒家思想 /299

第 89 说　巴菲特与大儒家 /299
第 90 说　万世师表与投资圣人 /302
第 91 说　智者畏因与凡夫畏果 /305
第 92 说　知己知彼与百战不殆 /307

第 93 说　心即理与知行合一　/310
第 94 说　结硬寨与打呆仗　/313

第六章　巴菲特之道的启发

第一节　学习巴菲特之道　/319

第 95 说　复利与复制　/319
第 96 说　生生不息与宇宙法则　/322
第 97 说　聪明人与做傻事　/325

第二节　成为巴菲特式的价值投资者　/329

第 98 说　劳动收入与资本收入　/329
第 99 说　普通投资者与不普通投资　/333
第 100 说　更富有与更长寿　/336

致　谢　/341
参考书目　/343
推荐语　/351

第一章
巴菲特的价值观与成就

性格决定命运，能力决定业绩，复利决定财富。沃伦·巴菲特的巨大成就来自他的价值观、能力和对复利的认识与践行。复利的条件是本金、收益率和时间，他白手起家开始积累，收益率长期年均复合增长20%以上，收益率足够高、起步足够早、时间足够长，从而做到全世界凭借投资成为首富的第一人。

同时，巴菲特也是世界排名前列的慈善家，他承诺将99%的财富捐献给社会。大力赚钱，大把捐钱，真是"沧海一声笑，滔滔两岸潮"的快意人生！

第一节　巴菲特的性格和价值观

第 1 说　从小报童到大富翁

> 人生最重要的两天，就是你出生的那天和你明白自己为何出生的那天。
>
> ——马克·吐温

1930年8月30日，沃伦·巴菲特出生于美国中西部的内布拉斯加州的奥马哈市，当时是1929年10月29日美股"黑色星期二"开启的经济大萧条之后的第二年。巴菲特的爷爷欧内斯特·巴菲特是开杂货铺的，爸爸霍华德·巴菲特是证券销售员，受经济大环境的影响，家里有时候吃不饱饭，因此巴菲特小小年纪已经开始运用自己的商业头脑去赚钱了。6岁时，巴菲特在家门口卖"箭牌"口香糖；9岁时，他到加油站的饮料售卖机附近去捡瓶盖，他通过分门别类之后知道哪种饮料的销售量最大、哪个品牌的饮料最好卖。之后，他会从爷爷的杂货店进货，在夏日夜晚挨家挨户到邻居家去兜售。此外，他还当过高尔夫球童，每天可以额外赚3美元。11岁时，巴菲特"首次"进入证券市场,他用自己积攒的114.75美元买入了三股城市设施优先股,买入价为38.25美元。起先,这只股票下跌到27美元,没有交易经验的他被吓得在该股刚涨到40美元时就立刻卖出了,但他出手后这只股票很快涨到了202美元,少赚的这486美元给他上了人生投资的第一课:"投资者必须要有耐心和定力"。

巴菲特妈妈的数学成绩很好,受其影响巴菲特从小就对数字特别敏感,11岁那年,他和朋友一起运用数学原理开发了一套赌马系统,并将分析逻辑写成文章《马童选集》,拿到赛马场上以每本25美分的价格出售,这使他小赚了一笔。

巴菲特从小就善于在计算与统计中找寻乐趣,他的家人对他在数字和概率方面表现出的天赋给予了高度的鼓励和支持。长辈们将各种统计学书籍作为礼物送给他,并且提供了秒表等专业工具,来满足他对计算和统计的兴趣,这些来自家人的肯定和帮助更加培养了小巴菲特的运算能力和兴趣。

13岁时,由于巴菲特的爸爸霍华德·巴菲特竞选国会众议员成功,他们搬家到了华盛顿,小巴菲特并没有因此停止他的赚钱"大计",他开始成为《华盛顿邮报》和《华盛顿时代先驱报》的送报员。这份工作需要他每天早上5:20出门,派送5条路线共500份报纸,不仅如此,他还在送报时额外增加送报的品类并且尝试兜售杂志,这样他每个月可以挣到175美元。到15岁时,他已经积攒了1 200美元,他用这笔钱投资了内布拉斯加一个农场的股权,并通过将农场租给农户进行利润共享。1947年他高中毕业时,在全年级374人中排名第16,可见忙碌的打工生活并没有影响巴菲特的成绩。值得一提的是,那些年间他已经累积送了近60万份报纸,再加上其他方面的投资收入,他一共赚了5 000多美元。

巴菲特的大学学习生活也是非常传奇的,在有了较为丰富的商业实践经验之后,他在这段时间将理论知识进行专项补充。首先,他去宾夕法尼亚大学读了两年本科，自学了100多本商业书籍，随后他觉得在宾夕法尼亚大学很难再有所进步，于是转学回到自己家乡的内布拉斯加大学林肯分校，通过一年的学习获得了经济学学士学位，完成了大学本科的学习。毕业后他报考哈佛商学院，然而哈佛商学院的校友在面试的过程中认为他19岁读商学院过于年轻，劝他两年之后再来申请，这对巴菲特来说无疑是浪费时间。正在这个时候，他偶然读到了一本书，成为他命运的转折点。

是什么样的一本书呢？

这本书就是哥伦比亚大学商学院本杰明·格雷厄姆教授的著作《聪明的投资者》。书中系统的投资学理论使巴菲特受益匪浅，他因此转投哥伦比亚大学商学院的怀抱，申请攻读硕士学位并如愿成为格雷厄姆的弟子，由此改变了他的一生。在1976年为该书的第四版作序时，巴菲特说："1950年年初，我阅读了本书的第一版，那年我19岁。当时我认为它是有史以来投资论著中最杰出的一本，时至今日，我仍然认为如此。"他也十分推崇《证券分析》，这本书是由哥伦比亚大学格雷厄姆教授和戴维·多德（David L. Dodd）教授合著的。

改变巴菲特一生的有三本书，这三本书对他来说是无价的。那么，除了上文提到的《证券分析》和《聪明的投资者》这两本书之外，还有哪本书呢？

第三本书是巴菲特在取得了一定成就后读到的一本书，那就是菲利普·费雪（Philip A. Fisher）所著的《怎样选择成长股》，这本书使得巴菲特取得了更大的成功。1969年，巴菲特说他是85%的格雷厄姆和15%的费雪。2004年，在提到《普通股的不普通利润》这本书时，巴菲特说："如果我没有阅读费雪的书的话，那么比我富有的人将大有人在，我甚至无法计算出35年前我购买他的书所带来的总体收益率，到底有多么巨大。"

三本书和两位老师，造就了一个什么样的大富翁？

沃伦·巴菲特是白手起家、以投资为主业的世界上最富有的人。他是全球市值最大的金融公司伯克希尔·哈撒韦公司（Berkshire Hathaway）的第一大股东、董事会主席和首席执行官（CEO）。2008年3月6日，在《福布斯》杂志发布的全球富豪榜中，巴菲特由于投资成功获得巨额收益，身家达到620亿美元，超过比尔·盖茨的580亿美元，成为全球首富，伯克希尔·哈撒韦资产价值大涨。

截至2021年底，巴菲特拥有伯克希尔·哈撒韦A股238 624股，每股价值约45万美元，市值1 000多亿美元，这只是他捐出了价值400亿美元的35 077万亿股伯克希尔·哈撒韦B股后的财富。

截至2021年，巴菲特已经年满91岁，可他仍然每天坚持工作，在投资市场的第一线上依然举足轻重。他是名副其实的"大富翁"，而且是从白手起家的小报童成长为大富翁！

第2说　慷慨与节俭

如果你懂得使用，金钱是一个好奴仆；如果你不懂得使用，它就变成你的主人。

——马克·吐温

2006年6月25日，当时世界排名第二的富翁沃伦·巴菲特宣布，计划逐年捐出85%的资产交给比尔及梅琳达·盖茨基金会管理，这一消息在世界范围引起震动，他将自己的巨额捐款交给以别人名字命名的基金会来管理，世界上从来没有人这么做过。此时，与巴菲特慷慨慈善的美德相比,他的无与伦比的投资技巧只能屈居第二了。巴菲特说:"我不是财富的热衷者,特别是当世界上60亿人还比我们穷得多的时候。安德鲁·卡耐基说过,从社会获取的巨大财富必将有一天重归社会所有。当我们的财富已扩张到惊人的规模时,我们觉得唯一处理这笔财富的方式就是让它回归社会。"

2021年6月23日,时隔十五年,巴菲特发出声明:"今天对我来说是一个里程碑,2006年,我承诺将我全部的伯克希尔·哈撒韦股份——超过我资产净值的99%——捐给慈善事业,如果加上今天的41亿美元,我已经完成了一半。"在2021年德裕·胡润全球世纪慈善家排名榜上,沃伦·巴菲特排在第5位。他说:"慈善事业将继续把人力和财力结合起来,企业和政府也将如此,他们将为后代创造一个更美好的世界。"

巴菲特已捐出的股票,以捐献时的股价计算,已经超过400亿美元(见表1-1)。

表1-1 巴菲特股票捐赠记录

捐赠时间	股份数(万)	当天股价(美元)	捐赠额度(万美元)
2006-7-14	60.25	2 995.00	180 448.75
2007-7-3	57.24	3 637.00	208 172.79
2008-7-4	54.38	3 999.00	217 448.12
2009-7-3	51.66	2 924.00	151 045.65
2010-7-1	2 454.00	78.81	193 399.74
2011-7-7	2 331.00	76.52	178 368.12
2012-7-6	2 217.20	82.54	183 007.69
2013-7-8	2 287.05	115.01	263 033.95
2014-7-14	2 170.00	128.98	279 886.60
2015-7-6	2 064.00	136.89	282 540.96
2016-7-15	1 961.00	145.97	286 247.17
2017-7-10	1 863.00	170.25	317 175.75

续表

捐赠时间	股份数（万）	当天股价（美元）	捐赠额度（万美元）
2018-7-16	1 770.00	192.00	339 840.00
2019-7-1	1 680.00	214.62	360 561.60
2020-7-8	1 597.00	181.20	289 376.40
2021-6-23	1 506.90	274.66	413 885.15
合计			4 144 438.45

注：2010年，伯克希尔·哈撒韦对B类股票进行了1∶50的拆分。
数据来源：历年媒体报道。

比尔·盖茨在《创造性资本主义》一书中指出，企业家只是受上帝的委托管理财富，最后还得按上帝的旨意把财富回馈社会。在宗教的理念中，商人想进天堂，比骆驼从针眼中穿过去还难，它宣扬商人只有把财富回馈人类社会，死后才能进入天堂。

比尔·盖茨创办微软发家以后，他妈妈安排他去见巴菲特，比尔·盖茨开始不乐意，但会面同时会有《华盛顿邮报》的"女王"凯瑟琳·格雷厄姆（Katharine Graham）在场，他是抱着一睹凯瑟琳·格雷厄姆风采的念头才同意前往的。结果盖茨与巴菲特一见如故，由此开始了他们几十年的友情，情同父子。近年，比尔·盖茨每年都亲临奥马哈现场为巴菲特的伯克希尔·哈撒韦股东大会站台。

超级富豪"股神"巴菲特如此慷慨，然而，他又是出了名的超级节俭。

高中三年，巴菲特都只穿便宜球鞋，从没穿过皮鞋，也因此受到了同学们的讥笑。他虽然曾在2008年超过比尔·盖茨成为全球首富，并且现在位居全球富豪榜的前6位，但他仍住在1958年时在奥马哈花31 500美元买的一栋普通别墅里，而且他说"我不会用我的房子，去交换任何东西"。此外，他的座驾是4.5万美元的凯迪拉克，听说还是辆二手车，并且他坚持不雇佣司机，自己开车。他早餐吃廉价的汉堡，如果昨天股市行情好，他就买3.89美元一份的早餐；如果昨天股市的行情不好，他就吃2.38美元的早餐，两个香肠饼，自己动手打份可乐。

巴菲特午餐喜欢吃当地的牛排和三明治。快餐"三明治"原本是一位妻子为其废寝忘食玩牌的丈夫三明治伯爵所创，简单的食材叠加可以快速解决饥饿以达到节省时间的目的。只不过巴菲特吃三明治不是为了炒股盯盘不下桌，而是他节俭并且习惯了吃这种食物。自2000年起，巴菲特别出心裁地每年拍卖一次与他共进午餐的机会，并将所得收入捐给慈善机构格莱德基金会，这就是著名的"巴菲特午餐会"，中国著名的价值投资者段永平和拼多多的创始人黄峥一起参加过这个午餐会。拼多多上市后，黄峥也捐赠了相当多的股份来做慈善。

巴菲特的爱好不是呼朋引伴、胡吃海塞，他的爱好成本很低，属于清欢类型。他与一位13世纪的前辈一样，痴迷数字游戏，爱好打桥牌，他每周在互联网上与朋友玩12个小时的桥牌。

巴菲特最爱喝可口可乐，他的妻子苏珊·汤普森笑他的血液里流淌的都是可乐，虽然他的伯克希尔·哈撒韦公司是可口可乐公司（The Coca-Cola Company）最大的股东，但他去买可乐还是选在超市可口可乐打折的时候，一买就买几十箱放在家里慢慢喝。

巴菲特的伯克希尔·哈撒韦没有自己的办公楼，说来可能让人难以相信，伯克希尔·哈撒韦拥有8家子公司是世界500强企业，但却从未拥有自己的总部大楼。他仍然租着20世纪60年代就搬进来的办公楼基维特广场，几十年过去了，一直在这里，他说是因为这栋楼的所有者收取的租金价格格外便宜。

巴菲特只有10万美元的年薪，没有额外的奖金。

比尔·盖茨笑巴菲特，说他打高尔夫球时，连手套都舍不得买，他甚至会用创可贴来替代。他唯一的奢侈消费是由伯克希尔·哈撒韦买了一架私人飞机，价值 3 000 万美元，不过也是与其他七位所有者共享合买的"分权所有型"喷气机。

巴菲特不仅要求自己节俭，还要求他的子女从小就要节俭。巴菲特在他的孩子们小的时候，就潜移默化地给他们灌输正确的金钱观和价值观，他说："我已经教会三个儿女如何创造财富，这是我留给他们的最大财富。"

巴菲特是一位有着共同富裕理念的企业家和投资家。

第 3 说　焦虑与快乐

快乐不是一件自我存在的东西，它仅是与其他不快乐事情的一个相对比照，这就是快乐的整个情况。

——马克·吐温

由于多数时候资本市场股票每天的涨跌是逆人性的，所以很多身处其中的普通投资者，无法预料股价的走向趋势，因此情绪随着股价的涨跌而波动，时常处于以下类型的焦虑之中。

- 买的股票跌了，焦虑！
- 买的股票涨了，觉得自己买少了，焦虑！
- 自己买的股票跌了，而身边熟人买的股票涨了，更焦虑！
- 自己买的股票大跌了，刚卖掉的股票却大涨了，更是气得吐血！

所以，不少身处资本市场的人，会处于"涨亦忧，跌亦忧"的情绪困境中，几乎没有一天是不焦虑的。但是，众所周知，焦虑是健康的慢性毒药，是健康杀手。

如何调节自己的投资心态，正确地面对股票价格的波动呢？

"股神"巴菲特的投资哲学可以解答，面对未知的波动，他不是被焦虑围绕，而是每天都很快乐！他说："我每天跳着踢踏舞去上班"，"每天早上去办公室时，我就感觉我要去西斯廷大教堂画壁画一样"。巴菲特的投资方法和策略使他轻松、快乐，他的办公室没有用几块电脑屏显示世界各地股票市场的即时情况，他也丝毫不关注股票每天的涨跌。他认为买股票就是买了公司的一部分，他靠这一部分股权的生产力给他赚钱，他关注的是公司业绩和内在价值，而不是股价每天的涨跌。他每天阅读大量公司的财报等各种报告，从中寻找蛛丝马迹，检视数字之间的勾稽关系，为可能的决策提供依据。他不为股价短期的波动所影响，相反，若是他关心的股票价格下跌了，他反而会更开心，就像他想买的一件好的商品打折降价出售一样，他可以用更便宜的价格购买了，因此不但不应该焦虑，而应该开心才对。

巴菲特为人独立、不随大流，他做事首先是要他自己喜欢，而不是为了别人喜欢。他说："我有一个内部的记分牌。如果我做了什么事，别人不喜欢，但我自己很喜欢，我会感到高兴。如果我做的事，别人纷纷夸奖，但我自己并不满意，我不会因此感到高兴。"他自由地选择与喜欢的人做喜欢的事，如果事情很喜欢，但共事的人不喜欢，他不去做；如果共事的人很喜欢，但事情不喜欢，他也不去做。

巴菲特对忠诚和信任很痴迷，这是他人际关系的"护城河"，也是他快乐的源泉之一。投资是一件关于能力圈的活，如果能力圈的合作伙伴没有绝对的忠诚度，打自己的小算盘，投资决策就容易踏入陷阱。

吸引巴菲特从事证券工作的原因之一，是能够自由自在地过他自己想过的生活，不用天天为了成功而打扮。他是职业的投资赚钱专家，为自己的判断力和决策能成功赚到钱而感到快乐，他说："并非因为我只想得到钱，而是因为我觉得赚到钱，并且看到钱生出更多的钱，是一件很有趣的事情。"这是突破自己并实现自我价值的过程，这让他感到快乐。

巴菲特说："活着，快乐最重要，亿万财富不会带给人能力和成长，反而会消磨人的激情与理想。从一定意义上讲，金钱只是一串无意义的数字，只有拥有乐观、自信、勇敢、勤于思考的性格才能收获快乐而丰富的人生。"

人们在生活和工作中，是极易受情绪影响的，控制情绪固然重要，但避免产生负面情绪的环境，对快乐更重要。

顺性则乐，逆性则苦，巴菲特的处事原则告诉我们，真性情才能真快乐！

第4说　人品与人设

保护好你的信誉，这比金钱更重要。

——巴菲特家族的祖训

沃伦·巴菲特的家庭教育是很严格的，他的人品可从这里得到初步印证。巴菲特的祖先是法国的胡格诺教徒家庭，胡格诺教徒家庭祖训中的"光宗耀祖"并不意味着要发家致富和出人头地，而是将自身价值发挥在服务社会的过程当中。他的父亲霍华德·巴菲特经常借用爱默生的名言教导他："伟大的人，是那些大隐于市，且能保持独立人格的人。"谨慎为本与独立人格等原则和品格在巴菲特的生长环境中不断渗透，潜移默化地成为他人品中的一部分。

巴菲特从事的是投资事业，他不搞短期投资的零和博弈，不像华尔街某些公司一样巧取豪夺。巴菲特的投资是正和博弈，他曾郑重声明："巴尔扎克说每一笔财富的背后，都隐藏着一桩罪恶，但伯克希尔·哈撒韦绝非如此。"简单来说，由于企业短期往往不会产生内在价值的增长，这时你的收益意味着别人的损失，而伯克希尔·哈撒韦不从这种投机中寻找机会，而是专注于企业自身价值长期增长带来的收益。赚市场的钱，不赚他人判断失误的钱。

美国另一位伟大的投资家彼得·林奇（Peter Lynch），从1977年至1990年管理麦哲伦基金，在这13年的时间里，他实现了年化29.2%的复合收益率，是同期美国投资收益率最高的基金经理。他非常敬重巴菲特，他在1994年10月发表的《巴菲特的思想与哲学》一文中提出，为什么巴菲特能成为有史以来最伟大的投资家？为此，彼得·林奇采访了9位与沃伦·巴菲特交往过4年—30年的朋友，大家谈到巴菲特的人品时反馈高度一致："沃伦·巴菲特是一位非常有内涵的人，他热爱事业，与人和睦相处。作为一名投资者，他自律耐心、灵活勇敢、自信决断。"

英雄惜英雄。彼得·林奇还说："沃伦他准确地知道自己是谁，他不会让破坏自己原则、令人不齿的利益冲突折磨自己。"情义比利益更重要，原则比诱惑更重要，做事业最后拼的是人品。人品不行的人，事业做不大，哪怕运气好一时做大了，最后还是要摔跟头，这就是宇宙法则中的均值回归理论。厚德才能载物，德不配位，必有灾殃。

关于巴菲特的人设，他的声誉是让人难以企及的。每年4月底至5月初，近4万名追随巴菲特的信徒们会像朝圣一样，从世界各地涌向巴菲特的故乡——美国中西部小城奥马哈，他们不远万里去到那里，就是为了去现场聆听巴菲特条分缕析、娓娓道来、风趣幽默的投资知识盛宴。那个时节，奥马哈城市的酒店一房难求。近年，每年大约有 4 000 名中国投资者也会赶去奥马哈参加伯克希尔·哈撒韦的股东大会。

伯克希尔·哈撒韦的公司年会就像全美的一次盛会，影响力可与迈克尔·杰克逊的演唱会相媲美。金融家和投资家们对"巴菲特致股东的信"（伯克希尔·哈撒韦公司年度报告）奉若投资"圣经"，大家像念经文一样背诵他的名言。在伯克希尔·哈撒韦 B 股发行前，人们为了抢先阅读他亲自写的伯克希尔·哈撒韦公司年报，不惜花几万美元买一股伯克希尔·哈撒韦的股票。彼得·林奇认为从某种意义上讲，伯克希尔·哈撒韦公司的年报是世界上最昂贵的杂志了。

巴菲特曾经这样教导他的子女："维护一个好名声要花上一辈子的时间，但毁掉它只需要几分钟。" 1991 年，在所罗门事件中，由于所罗门操纵两年期国债市场的竞拍的行为，美国财政部准备马上宣布禁止所罗门参加财政部的竞拍，包括为客户和为公司自己竞拍，这相当于将所罗门置于死地。巴菲特用自己的私人信用担保，以出任临时董事长为条件，并解释这样做可能引发金融风暴，进行游说后，最终财政部与证监会、美联储紧急商议后，不完全撤回决议，他们同意保留所罗门自己参加竞标的权利，只限制了所罗门不能代表客户参加竞标。这样，所罗门仍然可以开展业务，由此保住了所罗门。巴菲特押上自己个人的信用，不仅是因为他的钱在所罗门，重要的是因为他很在乎他的名声，他用自己的名誉和策略挽救了所罗门。

好人品才会有好人设，德与财相匹配，才能赢得人们由衷的喜爱和信任他。

第5说　赞美与自嘲

> 一句好的赞美足以陪伴我两个月。
>
> ——马克·吐温

巴菲特授权的官方传记《滚雪球》中提道,"巴菲特批评一类人,赞美一个人。"他批评一个人时,就是批评他自己。

2014年,巴菲特合作人查理·芒格在《经营伯克希尔·哈撒韦50年的总结》中提道,作为伯克希尔·哈撒韦的董事长,巴菲特的职责之一就是花费很多时间在热情地钦佩他人的成就。

对下属热情的赞美和对自己毫不留情的自嘲,是巴菲特年度股东报告的一贯特色。他认为子公司的CEO都是本专业的世界级专家和奇才,他对他们是赞美和感激多过指导。

巴菲特说:"就像奥美广告公司的天才创始人大卫·奥格威的哲学,如果我们雇用的都是比我们矮的人,我们将成为一家侏儒公司;但如果我们雇用的都是比我们高的人,我们会成为一家巨人公司。我们只愿意与我们喜欢并尊重的人一起工作,这不仅仅将我们获得好结果的机会最大化,同时也可以给我们带来非同一般的美好时光。"

巴菲特从1971年致股东的信中就开始表扬国民赔偿保险公司的杰克·林沃尔特(John Ringwalt)"工作勤奋又很有天分,把自己的想法付诸实践",一直到2021年在信中表扬精密机件公司(Precision Castparts Corp,简称PCC)的CEO马克·多尼根(Mark Donegan)"是一位充满激情的经理,他一如既往地将同样的精力投入到我们收购的业务中。我们很幸运有他来管理"。这 50 年期间，在每年致股东的信中他都会公开表扬旗下子公司的 CEO 和负责人，如喜诗糖果（See's Candy）的创始人玛丽·喜诗女士、内布拉斯加州家具市场（Nebraska Furniture Mark，简称 NFM）的创始人罗斯·布卢姆金（Rose Blumkin，又被称为 B 夫人）、克莱顿家族（Clayton）、哈斯拉姆家族（Haslam）和布卢姆金家族（Blumkin）等家族公司企业家，他提议所有股东向他们以及遍布全国各地的成功企业家们脱帽致敬。

巴菲特认为这些创造者需要美国的繁荣框架和制度才能发挥潜力，反过来，美国需要这些杰出的公民来实现开国元勋所追求的奇迹。也就是说，美国的制度成就了这些企业家，这些企业家也为美国的繁荣和发展贡献了力量。

巴菲特还称赞过伯克希尔·哈撒韦旗下兼任奈特捷公司（NetJet）和中美能源控股公司（MidAmerican Energy，简称中美能源公司）董事长的大卫·索科尔（David Sokol）、盖可保险公司（GEICO）的 CEO 托尼·奈斯利和负责再保险业务的主管阿吉特·贾恩等企业家。

与之相映成趣的是，巴菲特在每年致股东的信中都要自我批评，自嘲自己犯过的错误。一方面，可见他内心强大，深信自己的投资能力；另一方面，瑕不掩瑜，他越批评自己，就越能得到股东的尊重和信任。同时，他在伯克希尔·哈撒韦绝对的控制权，也是他可以自我检讨而不顾忌被"炒鱿鱼"的重要原因。

1979 年，巴菲特就 Homestate 公司运营过程中出现的问题进行检讨："我们在重新整理数据并处理时犯下了几个大错，而且未能及时改进。" 1989 年他评价买入美国航空公司的优先股的行为是"愚蠢的"。2004 年，在对中美能源公司的投资案例中他反思道："冶矿这行，就像是石油探勘一样，希望往往一再戏弄开发商，每当一个问题解决了，另一个问题马上又浮现，就这样一直拖到九月，我们中美能源公司终于举白旗投降。" 2011 年，他同样在致股东的信中直言不讳自己投资决策的失误并对原因进行剖析:"过去几年,我花了20亿美元购买了能源未来控股公司(Energy Future Holdings)发行的多种债券,这是一家为得克萨斯州的部分地区提供服务的电力运营商。对这家公司的投资是一个巨大的错误,从大的方面衡量,将这家公司的前景与天然气价格的前景联系在一起,后者在我们购买后大幅下跌并一直在低谷徘徊。"巴菲特在其投资生涯中对自己的增发股票要求非常严格,2018年,其收购的通用再保险业务使伯克希尔·哈撒韦的流通股股份增长了21.8%,他自我批评,认为以发行了272 200股伯克希尔·哈撒韦股票的方式去收购通用再保险的行为是一个严重的错误:"我的错误行为使得公司股东付出的要比他们获得的更多。"

从以上巴菲特自嘲式的自我批评中可见,他这样一个世界上最伟大的投资家之一,也犯过不少错误。不过,巴菲特的纠错能力是显而易见的,他的学习能力和自我进化能力也是惊人的。只有这样,伯克希尔·哈撒韦50多年来才能愈挫愈勇,胜率远远大于败率。

他经常批评华尔街的某些不正常的现象,也常常与各名校的经济学教授们就现代投资组合理论和有效市场理论打嘴仗,毫不留情。这些都是为了公义而不是为了私利。所以,尽管在追求真理的过程中可能会言辞相向,却不影响巴菲特的形象,反而体现了他的敏锐和仗义执言。

毫不吝啬地赞美激励他人,毫无保留地坦诚自嘲,是巴菲特的过人之处!

第二节　巴菲特的能力与成就

第6说　"50后"与99%

一个池子里的荷花，第 29 天荷花才开了半个池子，最后一天（第 30 天）荷花就开满了整个池子！

——荷花定律

有人说："巴菲特 99% 的财富是 50 岁之后创造的。"是这样吗？

巴菲特小时候的爱好之一就是读书，泡在图书馆里一整天对他而言是家常便饭，在 11 岁的时候他读到《赚 1 000 美元的 1 000 种方法》，这本书让巴菲特第一次知道"复利"这个词。从此之后，"复利"如同种子一样，埋在了巴菲特幼小的心里。这本书告诉巴菲特："如果现在有 1 000 美元，每年增长 10%，5 年就能变成 1 600 多美元，10 年就能变成 2 600 美元，25 年内将超过 10 800 美元。"小巴菲特看到之后非常激动，在朋友家的台阶上宣布自己"在 35 岁前将成为一名百万富翁"。

巴菲特大学毕业时，全部身家是 9 800 美元，主要靠出租弹子球、送报纸之类的经营所积攒的。1954年，巴菲特24岁，在格雷厄姆—纽曼基金工作，月薪1 000美元；他同时拿自己的钱，跟随本杰明·格雷厄姆投资股票获利。1956年，巴菲特26岁，导师本杰明·格雷厄姆宣布清盘退休，这个时候巴菲特返回老家奥马哈，带着14万美元。有人根据资料统计，计算了巴菲特历年的财富如下。

1964年，34岁，个人资产达到400万美元；

1965年，35岁，个人资产达到680万美元；

1969年，39岁，身价2 500万美元；

1973年，43岁，身价3 400万美元；

1974年，44岁，身价1 900万美元（1973—1974年股市危机，身价缩水）；

1980年，50岁，身价破亿，达到6.2亿美元；

1986年，56岁，成功跻身"十亿富翁"俱乐部；

1996年，66岁，身价达到165亿美元；

2017年，87岁，身价达到670亿，成为世界上较富有的人之一；

2021年，91岁，身价达到1 020亿美元（捐款后）。

由此可见，相对于巴菲特91岁时的财富1 020亿美元，他50岁时的财富6.2亿美元才占比0.6%，不到1%。因此，可以说巴菲特的99%以上的财富都是50岁以后赚的。

巴菲特在2006年致股东的信中举了一个例子："从1900年1月1日到1999年12月31日，道琼斯指数（简称道指）从65.73点涨到了11 497.12点，足足增长了176倍，是不是非常可观？那它的年复合增长率是多少？答案却并不让人钦佩，才仅仅只是5.3%，可见复利的力量是多么令人震撼！"

让我们看一下美国投资大师们超越标准普尔500指数（简称标普500指数）及投资年限的数据（见图1-1）。

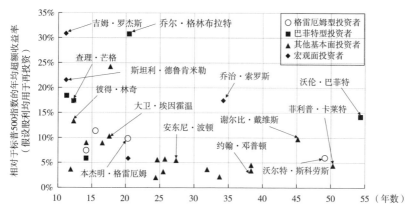

图 1-1　顶级投资者相对于标普 500 指数的超额收益率（考虑股息再投资）

数据来源：《超额收益》，弗雷德里克·范海沃贝克著。

巴菲特并不是 10 年以上所有投资大师中超额收益率最高的，但是他的投资时间最长（超过 50 年），他的超额收益率处于前列，所以他是最富的。

巴菲特的事例告诉我们，财富的积累不但要起步早，复利和活得长也是关键。

第 7 说　运气与能力

在有效市场理论的拥护者看来，如果市场经常是有效的，他们就断言它总是有效的，这两者之间其实有天壤之别。

——沃伦·巴菲特

1965 年春，巴菲特开始掌管伯克希尔·哈撒韦公司，将这家濒临破产的纺织公司改造成大型保险投资企业集团。2021 年年底，伯克希尔·哈撒韦总市值接近 7 000 亿美元，在 50 多年的时间里，巴菲特将它打造成为一家跻身世界 500 强前列、下属子公司中有 8 家以独立实体身份跻身世界 500 强的大型企业集团。在 1965 年至 2020 年年底，伯克希尔·哈撒韦实现了账面价值年化 19.65% 的增长，公司股价年化复合增长率 20%，同期标普 500 指数增长率 10.2%。1964—2020 年，伯克希尔·哈撒韦的市值增长率达到惊人的 2 810 526%，也就是 28 105 倍，而标普 500 指数为 23 454%，即 235 倍，伯克希尔·哈撒韦的市值增长率是标普 500 指数增长率的近 120 倍。仅凭运气，实现这样收益率的概率不到 10 亿分之一。

2013 年，诺贝尔经济学奖获得者、"有效市场假说"（Efficient Markets Hypothesis，EMH）的提出者尤金·法玛（Eugene Fama）教授在接受德国金融媒体采访时说："你选择巴菲特作为标杆，是因为一个简单的事实，那就是他过去做得不错。现在，我对 10 万名投资者说，大家做投资 30 年，然后选出优胜者。这相当于扔了无数次骰子，即使他们中间没有特别突出和特别糟糕的投资者，也会因为运气成分，让很多投资者做得好，让很多投资者表现糟糕。"他特别指出："从统计学意义上讲，这也会产生一个大赢家，这全是运气使然。换句话说，总会有好的结果和特别差的表现，但是你不能很明确地区分谁是因为运气，谁才是技术高明。"这是一段非常著名的讲话，相当于直接否定了巴菲特的投资业绩是靠他出色的投资技巧和能力，而是因为他的运气让他成为数以万计投资者中最幸运的那位，也就是说，哪怕是 10 万只猴子进行投资，也会出现一位巴菲特这样的股神。

巴菲特对此非常介意，尤金·法玛的这番评价是由于二人从根本上信奉的理念就是相悖的。多年来，巴菲特和他的搭档芒格总是在公开场合抨击学院派的有效市场理论和现代投资组合，他们认为，阿尔法、贝塔都是一派胡言，毫无价值；做投资，只要遵从价值投资理论，就能取得超越市场的显著业绩，如果不这样做，就不如购买指数基金，那些靠追涨杀跌、短期博弈进行投资的基金经理，只不过是在忽悠管理费和提成罢了。

那么，关于巴菲特的运气和能力问题，我们如何进行一个客观的衡量呢？

1984年，哥伦比亚大学为了纪念本杰明·格雷厄姆和戴维·多德的著作《证券分析》出版50周年举行了一场研讨会，会上对巴菲特的业绩是来源于能力还是运气进行了辩论，这场辩论决定了依照《证券分析》中的方法进行投资的有效性，如果说巴菲特只是一只幸运的大猩猩，那么《证券分析》所代表的价值投资的意义也就没那么重要；如果说巴菲特的业绩来自自身能力，那么价值投资是通过实践可以证明的伟大投资理念。美国当代著名金融经济学家迈克尔·詹森（Michael C. Jensen）在会议上表示并不相信巴菲特是依靠能力取得成功，他认为基金经理不可能有能力超越市场，巴菲特只是掷硬币比赛的幸运赢家。

为了捍卫老师的荣誉、捍卫价值投资的荣誉、捍卫自己不只是"好运的大猩猩"而是"聪明的投资者"，巴菲特发表了令人信服且非常著名的演讲，对"运气论"进行了反驳。这篇演讲的题目是《来自格雷厄姆-多德村的超级投资者们》（*The Superinvestors of Graham-and-Doddsville*），巴菲特列举了九位直接受格雷厄姆和多德的影响并按其方法进行投资的价值投资者，他们都取得了远超市场的投资记录，如果是投骰子的运气，不会有这么多出色的投资人集中出现在价值投资门下。巴菲特指出："我相信市场上存在着许多没有效率的现象，这些来自格雷厄姆-多德村的投资人成功地掌握了价格与价值之间的缺口。"他列举了多个事实，雄辩地证明了本杰明·格雷厄姆的价值投资理论的伟大之处，也证明了他自己的非凡成就不是靠运气而是能力。

除了巴菲特列举事实以自证以外，学者们源源不断的"他证"也多次印证了巴菲特的能力。美国排名第二的对冲基金 AQR 资本的几位年轻的创始人中，由尤金·法玛的博士学生克里夫·阿斯内斯（Cliff Asness）牵头构建了 QMJ 质量因子，彼德森等人构建了 BAB 因子，然后由 AQR 资本的安德里亚·弗拉奇尼（Andrea Frazzini）等人写了著名的《巴菲特的阿尔法》一文，他们通过分析实证了巴菲特的传奇业绩是通过 QMJ 因子和 BAB 因子的暴露以及 1.7∶1 的杠杆比例（保险浮存金和 AAA 级债券）所获得的，巴菲特的成功不是因为运气，而是因为他杰出的能力。这篇文章用学院派的方法和理论，为巴菲特的杰出业绩进行了实证，即证明了投资具备盈利性、成长性和安全性的高质量公司的价值投资理论的有效性。2019 年，该文获得了美国 CFA 协会的年度大奖，美国 CFA 协会正是巴菲特的老师本杰明·格雷厄姆创建的一家全球性投资专业人士会员组织。

第 8 说　过去完成时与现在进行时

老夫聊发少年狂，左牵黄，右擎苍，锦帽貂裘，千骑卷平冈。为报倾城随太守，亲射虎，看孙郎。酒酣胸胆尚开张，鬓微霜，又何妨！持节云中，何日遣冯唐？会挽雕弓如满月，西北望，射天狼。

——苏轼

在 2018 年的一个全球金融论坛中，某知名国际对冲基金的中国区总经理说："巴菲特、芒格这都是过去的事情。"我们也经常听到身边人说巴菲特是"过去完成时"了，已经不适应现在这个时代了，价值投资早已经不适合现在这个时代了。果真如此吗？

上一次对巴菲特的质疑发生在1999年左右，这是因为，1998年6月30日至2000年2月29日，巴菲特执掌的伯克希尔·哈撒韦失去了44%的市场价值，而同期整体股市上涨了32%，相当于他的投资业绩跑输市场76%。当时，质疑巴菲特的价值投资理论是否有效的声音不绝于耳。然而，现实很快给质疑巴菲特投资水平的人一记响亮的耳光。随着2000年3月开始的互联网泡沫破灭，"非理性繁荣"落幕，股市崩盘，伯克希尔·哈撒韦开始大幅度跑赢市场，并且而后几年也一直处于领先地位。

根据我们从万得（Wind）查到的资料进行统计，结果表明：对其从2000年12月31日到2010年12月31日的收益率进行计算，伯克希尔·哈撒韦的年复合增长率在5.4%，同期标普500指数收益率为-0.48%；2010年12月31日至2020年12月31日，伯克希尔·哈撒韦的复合收益率为11.22%，而标普500指数的复合收益率为11.47%。从2001年1月1日至2020年12月31日综合计算伯克希尔·哈撒韦的年复合回报率为8.24%，而同期标普500指数的复合回报率为5.33%。由此可见，从20年的时间维度来看，巴菲特的伯克希尔·哈撒韦的收益率还是超过了市场将近三个百分点；从近10年的收益率来看，伯克希尔·哈撒韦的收益率也是基本持平，没有超额的阿尔法。

近年来，一路创造收益率奇迹、被人誉为"女版巴菲特"的ARK基金CEO兼首席投资官凯西·伍德（Cathie Wood，又被称为"木头姐"）可谓是风头正盛。然而，实际上她并不是遵循和巴菲特一样的价值投资理念，相对于巴菲特选择拥有稳定发展前景、不会受市场波动而动摇根基的成熟优秀企业而言，她更偏爱那些可以改变世界的、现阶段甚至未盈利的成长股。"女版巴菲特"的称号来源于她与巴菲特相似的盈利能力，因为从投资风格上来看，持股集中于科技类成长股的凯西·伍德，可以说是完全站在以巴菲特为代表价值投资的对立面。

与"女版巴菲特"创造140%平均收益率不同的是，巴菲特的收益率是下降的，究其原因，有以下几点。

第一，资产规模限制收益回报。很多学术论文都已经证明，管理资金的规模与收益率负相关，规模越大，收益率越低，伯克希尔·哈撒韦已经拥有了世界500强中的8家公司，能够投资的标的越来越有限。巴菲特曾在致合伙人的信中就此问题进行阐述："导致投资趋向平庸的罪魁祸首是资产规模，而不是对投资业绩日益激烈的竞争。现在与过去的业绩之间差异的75%都是由规模导致的，我们已经知道基金管理规模的急剧增加，会导致投资选择范围的显著减少。当我们的资本很小时，比如说有1万只可以投资的证券，与之相比，如果我们只有100只可供投资的证券，投资业绩显然会大受削弱。"他还说，在整个20世纪50年代，他用不足1 000万美元的流通市值获得了超过30%的年化回报。而以现在的规模达到超过市场300个基点（3%）的水平都是他梦寐以求的事了。

第二，巴菲特的投资方式受到限制。2000年2月，美国证监会经过权衡，并没有同意伯克希尔·哈撒韦关于对投资信息进行保密的申请，伯克希尔·哈撒韦须遵循市场信息披露原则，将投资标的的名称、买入价格以及买入数量进行公开。这一规则的变化使巴菲特与之前的投资方式被迫告别，他再也无法像过去一样在股价被低估时大量秘密买入，他的买入对象也变相被限制于市值较大且拥有活跃日成交量的企业，因为只有这类企业的股价才能不会由于巴菲特的买入而有明显上涨，他才可以在披露投资信息前完成买入目标的数量。

第三，货币持续宽松。美国近10年来的持续的货币宽松政策，尤其是新冠肺炎疫情以后的大幅度放水，给了市场非常多的流动性。巴菲特的价值投资特点是市场大涨时可能跟不上市场的涨幅，但是市场大跌时却比市场跌得少。近年来由于市场一直采取非常宽松的货币政策，导致巴菲特一直擅长的"利用市场周期性的下跌建仓，经济危机大众恐惧时买入"这一策略无法很好地实施。

那么是不是价值投资就没有用了呢？我觉得并不是这样的。

2021年，借投资以特斯拉为代表的科技股而名声大噪的"木头姐"，却频频出现投资失利，而反观巴菲特借助对科技消费股苹果公司（Apple）的重仓，使伯克希尔·哈撒韦的股价一路高升。这也印证了那句话"股神年年有，而巴菲特永远是巴菲特"。巴菲特从2015年开始建仓到2016年重仓苹果，苹果的持仓占到伯克希尔·哈撒韦普通股总持仓的42%左右，这是他投资思想的进化。价值投资理念从来不是一成不变的，基于未来现金流折现的DCF模型是永不过时的估值利器。他从投资可口可乐、喜诗糖果类的食品大消费，到重仓持有信息科技消费股苹果公司，紧紧围绕着现金流与消费者偏好的演变与时俱进。重仓投资苹果给伯克希尔·哈撒韦的收益率增光添彩，这恰恰证明了巴菲特自我进化的年轻心态，和保持学习、永不落后的投资巨匠精神。

综上，巴菲特的价值投资理念及业绩，不仅从过往的20年来看不是"过去完成时"，从现在和将来看，也是"现在进行时"和"将来时"（见图1-2）。价值投资，自我进化，与时俱进，永不过时！

廉颇尚未老，巴菲特老当益壮！

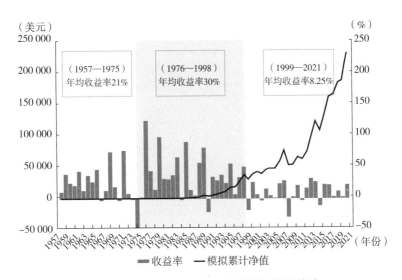

图 1-2　1957—2021 年巴菲特历年收益统计

数据来源：巴菲特致股东的信、Wind。

第二章
与众不同的企业家

沃伦·巴菲特，不但是首屈一指的投资家，还是创建了独特系统的企业家。他的成功，除了他的投资能力，也离不开伯克希尔·哈撒韦别具一格的投资、资金和管理系统：以保险作为低成本、长周期的资金载体；以现金流充沛、回报率高的企业作为投资载体；资金与高现金流企业，投资与融资循环往复，创造了指数级复利。他从管理能力超强的私募基金经理，到以投资为主业的上市公司的董事长和CEO，这一步跨越奠定了他成功的基础。他不是一个人在战斗，查理·芒格是他完美的合作者。芒格设计了伯克希尔·哈撒韦系统，他哲学家式的逆向思维对巴菲特的积极思维是有益的补充。巴菲特的伯克希尔·哈撒韦系统，是"己所不欲，勿施于人"的东方哲学在管理中的实践既，发挥了集团和子公司各自的优势，又避免了"大企业病"官僚主义的侵蚀。这种管理模式引发了一些著名企业的校仿，谷歌的母公司Alphabet就是模仿伯克希尔·哈撒韦系统设计的管理体系。企业家身份让巴菲特的投资能力更强大。

第一节　巴菲特的管理方法

第9说　基金经理与首席执行官

树立独立意识，才能真正做好自己命运的主人。

——《巴菲特给儿女的一生忠告》

1956年，本杰明·格雷厄姆厌倦了投资，打算去加州养老，巴菲特拒绝了成为新的合伙人的机会，他想创业，自己做老板。

1956年5月1日，巴菲特筹集到了10.51万美元，创建了自己的第一支合伙基金。在后来5年时间里，巴菲特先后成立了11家合伙基金，拥有近百名投资人，管理资产达到720万美元。1962年1月1日，巴菲特将全部合伙公司合并为巴菲特有限合伙公司，他将自己的绝大部分钱也投入到了合伙基金。巴菲特运用控制型的投资方法，于1965年春天控制了伯克希尔·哈撒韦纺织品公司并担任董事长。在担任基金经理期间，虽然巴菲特的投资收益在当期算比较高了，但是由于华尔街富达基金的基金经理在1959年、1960年和1961年的投资收益率都超过了50%，而巴菲特的同期的投资业绩分别为25.9%、22.8%和45.9%，同期道指涨幅为20%、-6.2%和22.4%，虽然投资业绩比道指收益高，但巴菲特还是不可避免地承受了有一些投资者将他与其他投资者相比较的压力。另外，在1969年，他认为股市已经涨得太高，风险比较大。而且，他管理的资金规模不断扩大，对他秉承的"烟蒂型"投资方法是个挑战，他生平第一次发现，找不到可以买的股票了，于是他将新加入的680万美元闲置，并做空了700万美元的股票来保护现有投资组合。此时，巴菲特不再希望承受这些压力，并且有了新的想法和安排。

他在1969年写信给合伙人："如果管理合伙公司，我会不由自主地竞争，我不想一辈子被要超越一个投资野兔的想法完全占据，能够慢下来的唯一途径就是停止。"他宣布在1970年初关闭合伙公司，"我不适应这个市场环境，我不想因为费力去玩一个我不理解的游戏，而破坏相当好的记录"。巴菲特将他的投资人推荐给了他诚实的朋友比尔·鲁安——后来投资业绩非常显著的红杉基金创始人。

1957—1968年，在巴菲特运营合伙基金的这一时期，道指平均年化收益率为9.1%，他的基金年化复合收益率高达31.6%。与其他知名的基金经理相比，巴菲特的投资业绩已经可以算得上美国投资历史上非常好的表现了。

与巴菲特合伙基金的投资人要么拿走现金，要么换成伯克希尔·哈撒韦的股票或多元零售公司的股票（后来合并到伯克希尔·哈撒韦），换成股票的人都不约而同地将收益交给巴菲特去再投资却不进行分红。伯克希尔·哈撒韦股票当时也没有在主板上市流通，这意味着巴菲特合伙基金的投资人对巴菲特的资金管理能力高度认可和信任。

宾夕法尼亚大学大沃顿商学院金融学教授杰里米·西格尔在《股市长线法宝》中提到伯克希尔·哈撒韦时表示："这是一家封闭式基金，其投资组合既包括上市公司股票，也包括那些未上市公司的股票。"后来,伯克希尔·哈撒韦以上市公司的形式,可以买卖股票而不是基金份额,不分红、不派息,利润全部用于再投资,以产生复利和超额回报。巴菲特找到了一个没有直接压力又有源源不断低成本资金的独特的组织形式,在自己成功的同时,也给了信任他的投资者巨额回报。

从巴菲特合伙企业到伯克希尔·哈撒韦上市公司,从基金经理到 CEO,这是巴菲特成功道路上的关键一跃。

第 10 说 巴和芒,阴与阳

真诚的朋友,良好的书本和沉睡的良心,这就是理想的生活。

——马克·吐温

2021 年,有一则新闻引起了中国投资者的注意,美国每日新闻公司董事长、97 岁的查理·芒格逆势买入阿里巴巴股票并持续加仓。查理·芒格是谁?

一阴一阳之谓道。如果说沃伦·巴菲特是伯克希尔·哈撒韦公司这枚硬币的阳面,那么查理·芒格就是硬币的阴面,没有只有阳面的硬币。巴菲特与芒格的关系正如阴阳平衡的乾坤图,无论是性格还是投资风格,都是彼此的互补。一本名为《巴芒演义》的书,把巴菲特和芒格的名字合在一起,形容他俩是 62 年志同道合的黄金搭档,恰如其分。伯克希尔·哈撒韦 50 多年来一直保持动态、持续、高速成长,其传奇成是由金融界的两位天才共同铸就的,那就是广为人知的"股神"沃伦·巴菲特和他背后最默契的灵魂搭档查理·芒格。他们宛如双龙戏珠、阴阳双生的太极图模式，是他俩合作摘取了人类投资史上最耀眼的明珠。

1924年1月1日，查理·芒格出生于美国内布拉斯加的奥马哈市，与巴菲特是同乡。芒格高中毕业后去密歇根大学学习物理，19岁应征入伍进入加州理工学院专攻热力学和气象学。1946年，芒格申请就读哈佛大学法学院，1948年毕业，当时与他同届的学生有335人，他是12名优秀毕业生之一。芒格从法学院毕业后去了洛杉矶，开了一家律师事务所，从事律师相关的工作。此时，巴菲特和芒格两人互不相识，但缘分却早已开始。回溯芒格的成长历程，与巴菲特有很多相似的地方，两个人的家庭都小有名气——芒格的爷爷是州议会的议员和联邦法官，父亲是有名的律师，巴菲特的父亲是国会众议员；他们大学时都经历过转学——芒格从密歇根大学转到加州理工学院，巴菲特从宾夕法尼亚大学转到内布拉斯加大学；他们都申请了哈佛大学被拒——芒格由于大学时入伍没有本科学历（后来经重要人物推荐后被录取），巴菲特是因为年龄太小；而最重要的共同点是他们都酷爱阅读。芒格小时候也在巴菲特爷爷的杂货店打过工，让人不禁感叹，他们是注定要成为朋友的人。

巴菲特和芒格的相识要追溯到1956年巴菲特从纽约回到奥马哈，开始了他的私募股权投资生涯。在去埃德温·戴维斯医生家募资的过程中，巴菲特发现戴维斯医生并没有对投资细节表现出任何兴趣，就同意投资10万美元，这是一笔占他们家积蓄很大一部分的资金数额，这令巴菲特非常好奇。戴维斯医生解释说是因为巴菲特让他想起了查理·芒格，因为他们非常像，所以才信任他。这是巴菲特第一次听到查理·芒格的名字，并对他如此高的人格魅力产生了兴趣。1959年芒格回老家奥马哈奔父丧，两人在戴维斯医生的介绍下终于有了第一次会面，两人意气相投，一见如故。当年巴菲特29岁，芒格35岁。在这次见面谈话中，巴菲特说服了芒格转行从事投资管理工作,芒格的投资公司后来合并进了伯克希尔·哈撒韦公司,他自己则担任了伯克希尔·哈撒韦的副董事长。

巴菲特以芒格为标准提出《选择合伙人的建议》:"选择比你更聪明的人、选择不会在你面前炫耀他的高明的人、选择在你犯下重大错误时不会事后诸葛亮也不会生你气的人、选择慷慨大方会投入自己的钱并努力为你工作而不计报酬的人、选择能够在漫漫长路上与你结伴同游给你不断带来快乐的人。"查理·芒格就是这样完美的合伙人。

能将生意与友谊完美结合的人,少之又少。而巴菲特和芒格两人,却能把它们完美地结合在一起。查理·芒格素有伯克希尔·哈撒韦"幕后智囊"和"最后的秘密武器"之称。按照巴菲特的长子霍华德·格雷厄姆·巴菲特的话:"我父亲只是我所知道的'第二聪明的人',查理·芒格才是最有智慧的。"比尔·盖茨也认为:"如果没有芒格的辅佐,巴菲特恐怕很难做得这么好!"

处女座的巴菲特和摩羯座的芒格,在工作上简直是天作之合,一个善于抓细节,一个善于做统筹。巴菲特和芒格都是理性乐观、诚实正直的人,性格上巴菲特温和,芒格严肃;巴菲特强于精算和投资,芒格强于逻辑和法律;巴菲特专心于伯克希尔·哈撒韦,芒格还投了其他公司;巴菲特的主要精力都在工作上,芒格的兴趣爱好广泛,喜欢钓鱼、造游艇、建房子。

芒格是一位极喜欢阅读的人,知识非常渊博,是一位跨学科的思想家。在一本名为《查理·芒格的智慧:投资的格栅理论》的书中介绍了芒格的投资理论,是将物理学、生物学、社会学、心理学、哲学、文学和数学进行跨学科融合。

巴菲特谈芒格时饱含感情:"我的投资生涯乐趣不断,如果没有和查理搭档的话将会大为失色。他一路秉承自己的'芒格主义'。虽然多数人会给查理冠以商人或者慈善家的头衔,我却认为他更像一位老师。正是因为他对我们的教导,伯克希尔·哈撒韦才得以成为一家更有价值而且受人尊敬的公司。"

97岁时,芒格在谈与巴菲特的关系时坦率直接:"沃伦和我不必对我们做的每一件小事都意见一致,我们相处得很好。"

在巴菲特和芒格合作的60年里,他们从未发生过争吵。

第11说　公众公司与私人公司

我们的弓上有两个弦。

——沃伦·巴菲特

巴菲特说:"我们的弓上有两个弦",即伯克希尔·哈撒韦公司的业务由持有可控的"私人公司"和非可控的"公众公司"股票组成,巴菲特在致股东的信中,将伯克希尔·哈撒韦的资产比喻成一片森林中的五个树丛。

一、第一根弦:可控的私人公司

伯克希尔·哈撒韦"森林"中最有价值且可控的"树丛",是它所控制的上百家非保险企业,伯克希尔·哈撒韦对这些未上市的私人公司往往都是100%控股,至少也不少于80%,如北伯林顿铁路公司(BNSF)、伯克希尔·哈撒韦能源公司(BHE)、喜诗糖果、内布拉斯加州家具市场、克莱顿住宅(Clayton Homes,100%持股)等众多子公司。

伯克希尔·哈撒韦拥有的第二个可控"树丛",是它与其他各方共享控制权的四家公司。卡夫亨氏为 26.7%,Berkadia 公司和德州电力传输公司均为 50%,Pilot Flying J 公司为 38.6%。

伯克希尔·哈撒韦的第三个可控"树丛",是它持有的价值 1 120 亿美元的美国国库券和其他现金等价物,另有 200 亿美元的杂项固定收益工具(2018 年年底)。

伯克希尔·哈撒韦的第四个可控"树丛",也是它的核心价值,是一批财产/意外险业务的优秀保险公司。这些公司 53 年来一直提供保险"浮存金",这种资金无成本甚至略有盈利,如伯克希尔·哈撒韦再保险公司、盖可保险公司、国民保险公司(National Indemnity)等。保险集团的负责人阿吉特·贾恩(Ajit Jain)在 1986 年加入了伯克希尔·哈撒韦公司,巴菲特说他的能力是独一无二的。

二、第二根弦:不可控的"公众公司"普通股

伯克希尔·哈撒韦"森林"中排名第五的"树丛",是巴菲特收集的不可控的"公众公司"普通股股票,一般都是购入许多大型公司 5% 到 10% 的股权。截至 2020 年末,伯克希尔·哈撒韦的净资产为 4 432 亿美元,其中二级市场,如苹果公司、可口可乐、美国银行(Bank of America)、穆迪公司(Moodys)、美国运通(Americam Express)、比亚迪等股票投资市值 2 812 亿美元,占净资产的比例为 63.45%。前五大重仓股市值 2 006 亿美元,占伯克希尔·哈撒韦全部净资产的比例为 45%;前十大重仓股市值 2 281 亿美元,占伯克希尔·哈撒韦全部净资产的比例为 51%;前十五大重仓股市值 2 406 亿,占伯克希尔·哈撒韦全部净资产的比例为 54%。

巴菲特和芒格设计的伯克希尔·哈撒韦系统,通过将五个"树丛"合并成整片森林的方式,协同效应明显,集团的价值被最大化

了。形成"1+1＞2"的聚合效应，因此伯克希尔·哈撒韦整体市值远远大于各个部分的简单相加。

安德里亚·弗拉奇尼等人发现，伯克希尔·哈撒韦在1980—2011年平均拥有63%的私人公司，其余的37%投资于公共股票。伯克希尔·哈撒韦对私营公司的依赖度随着时间的推移不断增加，从20世纪80年代初的不到20%，增加到2011年的80%以上。

2021年，巴菲特在致股东的信中提出："生产性资产，如农场、房地产，当然还有企业所有权，都能产生大量的财富，多数拥有这些资产的人都会得到回报。所需要的条件非常简单：时间的流逝、内心的平和、充足的多元化以及交易和费用的最小化。"不过，他经常提醒投资者决不能忘记，他们的交易费用支出就是华尔街的收入。

关于外界对这种综合性业务的质疑，巴菲特解释说："1958年，菲利普·费雪写了一本关于投资的极好的书。在这本书中，他将经营一家上市公司比作经营一家餐厅。他说，如果你在寻找食客，无论是汉堡配可乐还是带有异国情调的葡萄酒配法国美食，你都可以吸引顾客并获得成功。但是，费雪警告说，你不能随意地从一个口味转换到另一个，因为你给潜在客户的信息必须与他们进入你的场所后发现的是一致的。"他认为无论资产端还是负债端，伯克希尔·哈撒韦都形成了自己的特色和风格，伯克希尔·哈撒韦的投资者也熟悉并且认同了这一风格。他说："在伯克希尔·哈撒韦，我们提供汉堡和可乐已经56年了。我们珍惜它们所吸引的顾客。"

第12说　集权与分权

本公司有关财务决策一向是属于中央集权，且决策集中于最高当局。但在营运方面却是极端授权予集团子公司或事业体的专业经理人。

——沃伦·巴菲特

巴菲特的伟大投资业绩，一方面来自他坚持的价值投资策略，另一方面源于伯克希尔·哈撒韦独特的组织结构。丹尼尔·佩科在《巴菲特和查理·芒格内部讲话》一书中，认为巴菲特将资本配置带入了美国商业思想的前沿领域。巴菲特本人在《经营伯克希尔·哈撒韦50年的总结》中说："一个企业集团，比如伯克希尔·哈撒韦，是完美的设置，用以理性地配置资本，并且是以最小的成本配置……我们的结构优势，是令人敬畏的。"

受困于有限合伙投资人的各种压力，合伙企业每年的分红使收益不能再投入产生复利，而且合伙人的资金进进出出导致巴菲特能掌控的资金具有不确定性。因此，1969年，巴菲特选择解散合伙企业，专注于以伯克希尔·哈撒韦为投资平台的组织形式，这种组织形式的改变能更有利于他的价值投资策略的实施。相较于合伙企业，以伯克希尔·哈撒韦上市公司为投资平台具有以下组织优势。

第一，巴菲特不能收取管理费和后端分成，相当于免费为投资者打工。早期，他本人在伯克希尔·哈撒韦占了约45%的股份，其他股东大部分是对他极其信任的亲属和好友。相较于合伙企业的弊端，公司形式的投资平台既能让他放松、放手去干，又能让他继续保持受委托的身份，两全其美。

第二，他继续享有普通合伙人式的决断权。

第三，伯克希尔·哈撒韦公司每年赚取的利润不分红，继续由巴菲特用于投资，巴菲特认为他的投资能力远胜于其他投资者，与其分红还不如交给他继续投资。

第四，不同于拿走合伙公司的投资份额，投资者需要用钱时可以转让股票，不会影响巴菲特用于投资的资金。

解决了组织问题后，巴菲特又着手解决资金问题。他和芒格从投资喜诗糖果的商业特性中悟出了募资方式，一是不断投资于再投入资本要求少、但能够源源不断贡献现金流的公司，如此循环往复；二是收购保险公司提供低成本甚至负成本的保险浮存金；三是以公司的AAA级信用发低成本债券。这三个方式可以解决所需要的投资资金来源问题。

巴菲特和芒格设计好组织模式和资金模式后，伯克希尔·哈撒韦公司的管理方式问题就迎刃而解了，伯克希尔·哈撒韦总部是发挥巴菲特投资长处的特殊形式的投资公司，而子公司一方面是保障总部的正常运营，另一方面是为总部提供用于投资的资金。总部负责任命子公司CEO等关键人，在经营上对子公司充分放权管理。

伯克希尔·哈撒韦总部负责资本配置，子公司将资金提供给总部，计算资金成本。总部计算子公司的考核业绩，对子公司奖金的计算只有两个关键变量，一是规模增长率、市场占有率份额增加；二是盈利能力、综合成本率和利润率。

巴菲特认为无论是能力和忠诚，都需要长期的监督。因此总部需要对子公司不定期审计、定期考核，根据各子公司的业绩考核计算绩效和薪酬。

此外，伯克希尔·哈撒韦总部还有一个重要职责，就是负责树立并传播良好的公司文化，以独特的伯克希尔·哈撒韦文化，来保障公司的持续合规运营。日后，巴菲特的大儿子霍华德·格雷厄姆·巴菲特将接替巴菲特担任董事长，以确保伯克希尔·哈撒韦文化的传承。

芒格说身为董事长兼CEO的巴菲特主要职责是，配置资本用于投资普通股和购买子公司、选聘子公司CEO、热情地表扬子公司

CEO。"己所不欲，勿施于人"，子公司收购的对象大多是由于税收、继承等原因卖掉控股权的家族企业，其继承人中的原经营者仍想继续经营。在伯克希尔·哈撒韦收购这些企业以后，巴菲特让企业原来的家族成员继续经营，但需要对其进行职业经理人式的考核。

这个系统架构的安排形成了伯克希尔·哈撒韦总部 26 人、子公司 36 万人的超级简洁管理体系。芒格说独特的伯克希尔·哈撒韦系统（管理系统和政策）是确保成功的保障，各事业集群在总部的授权下负责经营管理，有极大的自治权；在强化自身竞争力的前提下，将多余的资金交总部配置。这种"统分结合"的组织形态，能大大提高效率、节约成本。谷歌的母公司 Alphabet 就是从伯克希尔·哈撒韦学习的这个管理模式，效率极高。

伯克希尔·哈撒韦以财险和再保险为主体，通过低成本的浮存金及 AAA 级债券的融资，用于购买高质量的私人公司控制权以及公开上市公司的普通股，形成了总部负责"投资端"，保险等控股子公司负责"负债端"，提供利润及现金流的模式。伯克希尔·哈撒韦这种自由现金流正循环资本配置模式，结构一旦形成便极其稳定，如此循环往复，时间越长，复利效应越大。

如果不是伯克希尔·哈撒韦独特的组织结构和资本配置模式，遇到大幅回撤跑输市场时，巴菲特将无法从容面对。从 1998 年 6 月 30 日至 2000 年 2 月 29 日，伯克希尔·哈撒韦股票回撤 44%，而标普 500 指数整体上涨 32%，巴菲特跑输市场 76%。如果是共同基金，基金经理将不得不面临赎回和基金规模锐减的问题。但由于伯克希尔·哈撒韦独特的系统保障，在 2000 年互联网泡沫破灭后，伯克希尔·哈撒韦股价反而上涨了 26.6%，而同期标普 500 指数下跌 9.1%，巴菲特跑赢市场 35.7%。

伯克希尔·哈撒韦资本配置系统，是巴菲特长期阿尔法的保障。而共同基金公司的基金经理面对市场的不确定性，随时面对赎回风险，在动荡不安的市场条件下从事投资活动，其在资金和杠杆等方面受到的约束比巴菲特要大很多。

系统决定成败！

第13说　民主与集中

民主是一件很伟大的事情，但在投资决策方面却是个例外。

——沃伦·巴菲特

巴菲特不相信多数人做出的决策就是正确的决策，他说："我对着镜子决策。"镜子中只有自己，这意味着他相信自己的理性判断。他认为与许多人商量决策是愚蠢的，投资行业的特点也要求他在收购前保密，以免造成信息外泄，引起股价波动而导致收购失败。

芒格认为伯克希尔·哈撒韦的成功基于以下两个解决问题的方式，一是长期避免官僚主义，二是很大程度上依赖于深思熟虑的领导人决策。一方面决策人巴菲特一直保持进步，另一方面巴菲特会请来更多像他自己一样的人当参谋。芒格说："巴菲特，当年34岁而已，控制了伯克希尔·哈撒韦大约45%的股份，并且在当时完全被其他大股东所信任。他能够建立任何他想要的系统。并且他做到了，创造了伯克希尔·哈撒韦系统。"

伯克希尔·哈撒韦的最终决策人是巴菲特，他进行非常迅速的资本配置决策，有时候还不到五分钟。巴菲特五分钟决策的说法，源自巴菲特每年致股东信里的"并购广告"，原文是，"假如你有一家公司符合以下我们所列的条件，请尽快与我们联络：

- 巨额交易（每年税后盈余至少有一千万美元）；
- 持续稳定获利（我们对有远景或有转机的公司没兴趣）；
- 高股东报酬率（并甚少举债）；
- 具备管理阶层（我们无法提供）；
- 简单的企业（若牵涉到太多高科技，我们弄不懂）；
- 合理的价格（在价格不确定前，我们不希望浪费自己与对方太多时间）。

我们不会进行敌意购并，并承诺完全保密，请尽快答复我们是否感兴趣（通常不超过五分钟），我们倾向采用现金交易，除非我们所换得的企业内含价值跟我们付出的一样多，否则绝不考虑发行股份。我们欢迎潜在卖方向那些过去与我们合作过的伙伴打听，对于那些好的公司与好的经营者，我们绝对可以提供一个好的归属。

巴菲特的快速决策源于能力圈，在其能力圈内的好东西，他很快就能知道；不在他的能力圈里的公司，无论多久他也无法决策。

巴菲特说："这是 50 年的准备以及 5 分钟的决策。就拿投资可口可乐来说吧，我喝可口可乐有 60 年时间了，我从中看到了几个关键要素，便在 1988 年购入了该公司的股票。"他认为重大决策是根本不需要耗费多少时间的，如果你耗费很多时间进行投资决策，你反而会陷入麻烦。

芒格在巴菲特的决策过程中，实际担任着发现风险和帮助巴菲特解决"犹豫点"的角色，芒格给巴菲特带来了法律观念，正如盖可保险公司 CEO 路易斯·辛普森所说："沃伦将查理作为最后的检验，如果查理也想不出任何理由不做某件事情，他们就会放手去做，查理没有思维定式，他的想法与众不同，常常会得出一些有趣的结论，他能把注意力集中到那些对决策非常重要的事物上，查理会提很多否定意见，不过他和巴菲特最终会得出相似的结论。"

巴菲特投资决策有明显的特点：第一，巴菲特做尽调只需要标的公司提供两页纸，如果你不能用两页纸把一个项目说清楚，说明你对该项目没有理解透彻，或者这个项目本身不够好。第二，巴菲特投资的一个重要因素是标的公司的老板对自己所做的事情富有激情，他认为只有对某件事情充满无限的热爱，才能坚持下去。第三，巴菲特主要投资消费品行业，以及投资他所熟悉的领域。他投资苹果公司的逻辑，也是将苹果作为以科技为手段生产消费品的公司。第四，巴菲特从不在压力下购买公司，并且他从不依赖于有偏见、支持交易的帮助者的建议。

在几十年的合作中，芒格与巴菲特在投资决策中也有很多有趣的小故事。例如，收购通用再保险是金额巨大的一笔投资，巴菲特罕见地没有和芒格商量，芒格曾公开承认等自己知道伯克希尔·哈撒韦要收购通用再保险时，收购已经进行了很久。1998年9月16日，伯克希尔·哈撒韦召开股东大会表决对通用再保险的收购，芒格却没有参加，巴菲特首次用真人大小的纸板芒格，让"芒格"搞怪似的坐在主席台上，并播放芒格标志性的录音"我没有什么好补充的"，以此"幽默"了芒格一下。然而，正如芒格所料，收购通用再保险后果然遇到了不少麻烦。巴菲特和芒格两人紧密团结，克服了不少困难，通用再保险最终成为伯克希尔·哈撒韦保险浮存金的提供大户。

除投资以外的决策，巴菲特对于子公司是极端的、民主的，像对待"委托人"一样对待"代理人"。

他说："如果我们的工作是管理一支高尔夫球队，而且杰克·尼克劳斯和阿诺德·帕尔默两位著名的职业高尔夫球手愿意为我们的球队打球，他们两个人谁都无须得到我的挥杆指令，因为他们知道自己如何挥杆。"

该集中时集中，该民主时民主，这既保障了决策的效率和准确的概率，又充分发挥了专业人和职业人的优势，避免了组织的官僚主义。在投资决策中巴菲特"收放自如",堪称管理的艺术大师。

巴菲特的主要三项工作符合企业管理的最优法则,分别是配置资本、选拔优秀管理者、打打桥牌。

第二节　巴菲特的投融资方法

第 14 说　软负债与硬杠杆

令聪明人破产的三个方法是：酒（Liquor）、女人（Ladies）和杠杆（Leverage）。

——查理·芒格

想破产，用杠杆。

伯克希尔·哈撒韦有一种特殊的结构，是巴菲特超级成功的原因，那就是"软负债"与"硬杠杆"。

格雷厄姆说："任何使用保证金交易的非专业投资者都是在投机。"巴菲特一直教育投资者避免使用杠杆。87岁时，巴菲特接受媒体专访时再度重申，投资者不应借钱炒股。他说："对我而言，借钱炒股是疯狂的、是有精神病的，这是冒着你所拥有和所需要的，去冒你不需要的险。"巴菲特指出："就算让你博赢一倍财富，你也不会更开心。"

据《巴菲特的阿尔法》一书分析，巴菲特自1976年以后投资的平均杠杆率为 1.7∶1，杠杆是他创造超额收益的主要原因。这部分杠杆的主要来源，是巴菲特大量使用旗下保险公司的"浮存金"以及 AAA 级信用发债的低成本资金来投资。巴菲特投资的实际波动率为 23.5%，远高于市场平均水平 15.3%，这当然也是因为伯克希尔·哈撒韦的杠杆导致收益大、波动也大。

杠杆本质就是负债，是借来的钱。巴菲特加的杠杆，都是"软负债"，时间长，可控制，可承受。

一、巴菲特早期的杠杆

巴菲特在创业起步阶段的合伙企业，曾以 4% 的保底收益条款募集了 10.51 万美元的合伙人资金，当时他个人储蓄已有 10 多万美元，但是他自己只象征性地出了 100 美元投入基金。由于基金初期是保本的，他相当于加了近一倍的杠杆。

之后，巴菲特与芒格合作，通过控制收购蓝筹印花公司获得储值卡预付资金，并将喜诗糖果的不用资本再投资、溢出的现金用作杠杆。

巴菲特受喜诗糖果的启发，将伯克希尔·哈撒韦的资金不再投入纺织行业，新增投资都投入现金流充沛而资本再投入要求小的公司。他用现金和银行的并购贷款收购了国民赔偿保险公司，之后用保险公司的浮存金再投资，如此循环往复，就形成了他的伯克希尔·哈撒韦保险投资系统雏形。

二、伯克希尔·哈撒韦的软负债与硬杠杆

截至 2021 年 9 月 30 日，伯克希尔·哈撒韦公司网站数据显示，以美元计价，伯克希尔·哈撒韦合计总资产为 9 207.58 亿元，合计总

负债为4 396.83亿元，所有者权益为4 810.75亿元。在伯克希尔·哈撒韦的总资产中，流动资产为2 313.87亿元，其中现金及短期投资为1 491.98亿元；总负债为4 396.83亿元，其中非流动负债为3 925.51亿元。在非流动负债中，长期负债为1 208.05亿元，递延所得税负债为822.48亿元，其他负债为1 894.98亿元。每股账面价值（透视）31.64万元，每股账面价值（有形）24.71万元。

负债合计：是指企业承担并需要偿还的全部债务，包括流动负债和长期负债、递延税项等，即为企业资产负债表的负债合计项。

保险资金负债端：伯克希尔·哈撒韦旗下的保险公司主要是盖可保险、通用再保险公司、伯克希尔·哈撒韦再保险和BH Primary。其保费来源基本都是财险（包括车险）、巨灾保险、再保险和意外险，与寿险不一样，这种保费都是收取后投保人不能够退保的，所以伯克希尔·哈撒韦的负债成本非常可控。

有息负债：伯克希尔·哈撒韦享有AAA评级，高评级享有低融资利率，并在2002年发行了第一张带有认股权证的负息票优先票据。

递延所得税负债：巴菲特说，"伯克希尔·哈撒韦拥有两个低成本的、没有风险的财务杠杆来源，一个是递延所得税，另一个是保险浮存金。"伯克希尔·哈撒韦不支付未实现资本收益的任何税收，递延缴纳资本所得税，相当于免费使用资本所得税进行再投资，这种复利效用也是非常明显的。截至2021年9月30日，伯克希尔·哈撒韦递延所得税负债822.48亿元，占总资产的8.9%，占净资产的17%。

1996—2018年，伯克希尔·哈撒韦用于收购控股公司的净现金支出合计约1 350亿美元，为同期投资上市公司股票相应金额的3倍。

巴菲特能够取得巨大的成功，是由于他为伯克希尔·哈撒韦设计了一个独特的负债模式。伯克希尔·哈撒韦过去41年的保险浮存金成本为-2.1%，不仅没有成本，还获得了补贴，发行低息甚至负息的债券，以及零成本、零风险的递延所得税。可以说，巴菲特的伯克希尔·哈撒韦是几乎无风险、低成本的"软负债"，以及永不会被拆掉的"硬杠杆"。

这种"软负债"和"硬杠杆"的设计，是人类历史上最独特的创新，巴菲特在很早之前就发现并实践了，所以他取得了巨大的成功。

第15说　保险与银行

> 保险是最有价值的投资，它不会让你一下子赚很多钱，但能管住现在的钱，挣到将来的钱，保证一辈子都有钱。
>
> ——沃伦·巴菲特

伯克希尔·哈撒韦是一家保险投资集团。巴菲特在2021年致股东的信中说道："伯克希尔·哈撒韦的大部分价值存在于四大业务，价值最大的是我们的财产和意外险业务，53年来一直是伯克希尔·哈撒韦的核心业务。我们的财务实力，加上伯克希尔·哈撒韦每年从其非保险业务中获得的巨额现金流，使我们的保险公司能安全地遵循以购买股票为主的投资策略，这对绝大多数保险公司来说是不可行的。那些保险公司，出于监管和信用评级的原因，必须以购买债券为主。"

巴菲特的一个著名投资理论就是将保险公司看作是"永远不死的奶源提供者"。巴菲特以保险作为伯克希尔·哈撒韦的主营业务是可以从其成长历程中找到源头的，他深受导师格雷厄姆的影响，格雷厄姆正是盖可保险的董事，巴菲特的硕士论文研究的就是盖可保险。

巴菲特于1967年首次收购国民保险公司与国家消防和海洋保险公司，1996年收购盖可保险，1998年收购通用再保险，保费收入累计增长1 472倍，年复合增长率达16%。

财产险相对于寿险的好处有以下两点，一是负债成本低，财产险浮存金不同于寿险准备金，寿险准备金需要承诺收益率，保险公司很容易为了短期竞争承诺较高的收益率，造成负债成本过高而受损。二是现金流更稳定，寿险可以退保，意味着准备金可能会被随时支取，而财产险中，车险一年一缴，不会遭遇大规模支取和挤兑。

保险为伯克希尔·哈撒韦提供资金来源，而银行等金融股是伯克希尔·哈撒韦投资普通股中的主要部分。

在按照行业分类的近十年收益率中，标普500指数的金融股以15.63%的收益率排在了长期收益率的第五名。而银行股、金融股作为巴菲特普通股持仓的第二大重仓行业，找出其背后的投资逻辑是什么，也许能更好地理解巴菲特长期以来的超额收益是如何做到的。

到2021年初，巴菲特的伯克希尔·哈撒韦持有的金融类公司有富国银行、美国银行、美国运通、万事达（Mastercard）、维萨（Visa）、穆迪公司、美国合众银行（U.S. Bancorp）、美林银行（Merrill Lynch）、同步金融公司（共同财务公司）、纽约梅隆银行（Bank of News York Mellon）和高盛集团（Goldman Sachs）。

对于巴菲特持仓的银行和金融股进行数据整理可以发现其具有以下特点，第一，持有期限长。从1989年至2021年5月基本清仓计算，对富国银行的持有期达到31年；在2011年前后购入美国银行、万事达及2012年购入纽约梅隆银行，至今已持有10年以上；对高盛集团持仓年限13年、同步金融公司持仓年限4年。第二，收益率高。富国银行在1989年建仓时成本只有8.49元，31年的持有期收益率达到了1 800.80%；持有期27年的美国运通收益率达到了1 839.34%。第三，分红稳定。持有的全部银行和金融股大约在10

年间进行40次左右的分红,平均每年4次,每季度1次。

巴菲特挑选金融股的背后逻辑有以下的三点。

第一,银行是经济的大动脉,经济的复苏意味着银行业务的扩张,长期来看,银行业总体资产负债表的扩张速度应是与经济体的扩张速度成正比的。

第二,美国的银行管理层有很强的动机去回馈股东。

第三,巴菲特是价值投资者、银行与金融股的股价平稳上涨、长期及快速增长的股息,都是他长期持有的重要原因。

巴菲特在投资保险和银行股时,都留足了安全边际。盖可保险公司、通用再保险、富国银行、美国银行等都是巴菲特在这些机构面临危机时介入的,富国银行、美国运通和美国银行是优先股转股的形式,通用再保险是换股的形式。

保险浮存金为负债端的主要来源,银行等金融股既分红又股价增长,是巴菲特投资端的"压舱石"。保险和银行则是伯克希尔·哈撒韦的基本盘。

第16说　规模与增长

基金规模:胜利是最大的失败。

——约翰·博格

基金的巨大规模将均值回归这一法则从比较普遍变成完全普遍。基金从小规模向大规模发展的过程中,会一定程度上失去创造可观回报的优势。

根据 Siblis Research 的数据显示（见图 2-1），2021 年 9 月，在纽交所、纳斯达克、美国柜台交易市场上市的美国公司总市值为 48.6 万亿美元，美国前 500 强的上市公司市值为 38.4 万亿美元，美国 2020 年 GDP 仅为 21 万亿美元。2021 年年底，伯克希尔·哈撒韦的 A 股与 B 股总市值约 6 700 亿美元，占美股总市值的 1.3% 左右；美股前 500 强约占总市值的 80%，美股前 10 强约占总市值的 20%。

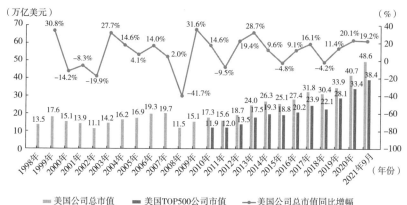

图 2-1　历年美国公司总市值及同比增幅

数据来源：Siblis Research。

将伯克希尔·哈撒韦股价年均增长率与标普 500 指数作对比可以发现：1988—1997 年，标普 500 指数年均上涨 18.1%，伯克希尔·哈撒韦年均上涨 31.6%；1998—2007 年，标普 500 指数年均上涨 5.9%，伯克希尔·哈撒韦年均上涨 11.9%；2008—2018 年，标普 500 指数年均上涨 7.3%，伯克希尔·哈撒韦年均上涨 7.2%。由此可见，伯克希尔·哈撒韦在第一阶段遥遥领先，第二阶段大幅领先 6%，第三阶段基本持平。因此，随着伯克希尔·哈撒韦的规模越来越大，要想如同规模还小的时候一样大幅领先标普 500 指数，对巴菲特来说挑战和难度越来越大。

实际上，巴菲特的投资思想从烟蒂股到优质股实现跨越以后，投资可选择的范围变大，美国运通、可口可乐、《华盛顿邮报》、比亚迪和苹果公司等都给伯克希尔·哈撒韦带来了巨额的回报。然而，这些回报被大规模的资金量带来的负面影响给摊薄。在1999年7月5日的《商业周刊》上，巴菲特开始讨论规模大、钱多的烦恼，他说："就在几年前我们还因为资金不足，不得不经常卖掉这个去买那个，那时候我的想法比钱多，现在开始我的钱比想法多了。"芒格在2008年的维斯科金融公司股东大会上也表示，"由于我们的钱实在太多了，所以我们买了卡夫食品（Karft Foods）这样的企业，我们现在只能接受较低的回报。"

伯克希尔·哈撒韦如此巨大的规模，对巴菲特和芒格的投资模型来说是个不小的挑战。约翰·博格（John Bogle）认为："过大的基金规模会抑制较高回报的获得，有三个主要理由分别是基金投资组合可选择的股票范围缩小、交易成本增加、以组织为导向且更少地依赖有见识的个人。"在伯克希尔·哈撒韦公司，除了第一条外，其他两条不是问题。

相较于共同基金只能投资上市公司普通股，伯克希尔·哈撒韦系统的优势是可以控股优质的、有安全边际的私人巨型公司。近年，伯克希尔·哈撒韦在上市公司普通股上投资的比例越来越小，而是更倾向于收购巨型的家族企业。

通过以上分析，我们知道大规模资金带来的负面影响是常人难以解决的，那么巴菲特是如何应对的呢？

巴菲特使用的是对熟悉行业的高质量超额收益股进行集中持有的方法，从而突破大规模限制高收益的魔咒。巴菲特发现，世界上很多巨额财富，都来自对一家单一的奇妙行业的拥有。如果你了解这一行业，你涉足的其他行业就不必太多。通过把自己的投资范围限制在少数几个易于理解的行业中，一个聪明智慧、见多识广和认真刻苦的人就可以比较准确地判断投资风险。巴菲特近年的上市公司普通股投资方面，在 IBM 上略有失手后，迅速转投苹果公司且大获成功，巴菲特在苹果公司这个单一公司上下重注，苹果公司的市值占到伯克希尔·哈撒韦普通股投资的 40% 以上，并且他已经持有 6 年以上，大概率还要长期持有下去。

在解决大规模限制高收益的问题后，对于投资标的的选择上，通过多年的经验，巴菲特也有了新的思考。巴菲特经过观察发现，30 年前的世界最大的 20 家公司，一个都不在现如今最大的 20 家内。芒格在学习时思考竞争优势的更替，"看到曾经很深'护城河'的企业可能就垮掉了"。旧的物种死去，新的物种出现，一代又一代更新换代，有些时候那些旧的"护城河"曾经看上去非常深，但是在新的时代已经不适用，变成明日黄花了。原来的巨无霸公司，会被新时代的新技术、新模式、新业态毫不留情地替代。大润发在中国大陆的销售额曾经超过沃尔玛和家乐福，但是，在互联网商业的冲击下，不得不将企业卖给阿里巴巴。大润发的创始人黄明端不无感慨地说，打败你的不是你的竞争对手，而是这个时代。

这个时代有着强者恒强、弱者迅速被淘汰的特点。这可以通过马太效应进行解释。马太效应出自圣经《新约·马太福音》一则寓言："凡有的，还要加倍给他叫他多余；没有的，连他所有的也要夺过来。"马太效应适用于单周期内的事物只朝一个方向不断发展壮大的现象。然而，从大的周期来看，均值回归还是要起作用。

互联网企业享受马太效应所带来的无限扩张，解决了传统企业的官僚和懈怠毛病，规模扩大时边际效用并没有递减。亚马逊等公司持续保持组织的活力和创新力，引领消费者的需求，坚决与"大企业病"作斗争。在资产管理行业，巴菲特领导的伯克希尔·哈撒韦也如互联网头部公司一样，不断扩充模型的容量，力求在更长的周期内，提高胜率和提升盈亏比。

巴菲特通过不断地学习和进步，力图使伯克希尔·哈撒韦的匀速、快速、复利式增长模型保持有效,这是一项"前不见古人,后不见来者"的事业。91岁的巴菲特仍然带领投资巨舰伯克希尔·哈撒韦充满活力地航行。

第17说 回购与分红

分红回报是公司成长中最为可靠的部分。

——本杰明·格雷厄姆

上市公司回购股票历来被市场投资者解读为利好,巴菲特也肯定了公司回购股票对投资者是积极正面的消息。他说回购的收效看似缓慢,但随着时间的推移会产生强大的力量,投资者简单地就拥有不断扩大的企业股份份额。

据统计,2011年以来,每年标普500指数中有80%的公司都开展回购。2010—2020年,美国上市公司累计向股东分红4.5万亿美元,并进行了约6.5万亿美元的股份回购,一些上市公司甚至举债回购。

股份回购一方面可以提升公司股价,另一方面可以加强投资者的信心。有研究显示,在过去10年,股票回购贡献了标普500指数40%的牛市涨幅。巴菲特在2021年致股东的信中,对其重仓的苹果公司回购操作所产生的影响做了细致的分析:"伯克希尔·哈撒韦从2016年末开始购买苹果公司的股票到2018年7月初,持有的苹果公司股票(经拆股调整后)略多于10亿股。在2018年年中完成购买,伯克希尔·哈撒韦的一般账户持有苹果5.2%的股份,伯克希尔·哈撒韦的投资成本是360亿美元,苹果公司平均每年派发约7.75亿美元的定期股息。在 2020 年，通过出售所持苹果公司头寸的一小部分，伯克希尔·哈撒韦获得了 110 亿美元后，仍持有苹果公司 5.4% 的股份。苹果公司一直在回购其股票，大幅减少了流通股票数量，从而使得伯克希尔·哈撒韦在苹果公司的股权份额增长而没有成本。"

关于回购和分红，巴菲特的观点是："理论上，企业本来就应该不时给股东发钱。不过，我们不是通过分红来发钱，而是通过回购来发钱。大多数公司都会根据分红政策向股东发钱，如果它们持有的现金超过了企业需求，在股价被低估时，回购完全行得通。"2018 年，伯克希尔·哈撒韦改变投资策略，由于外部标的太贵，难有合适的投资对象，转而回购自家股票。巴菲特总计投入了约 510 亿美元用于股票回购，2021 年前三季度，伯克希尔·哈撒韦股票回购总额为 206 亿美元，而 2020 年全年为 247 亿美元。

从本质上讲，回购实际上就跟其他股票交易决策一样，低估时买入，只不过买入对象是自家股票而已。回购股票是将现金分配给需要现金、选择通过出售股票给原公司来套现离场的人，巴菲特认为"这是一种储蓄工具"。当公司股价低估时，回购是比分红更好的选择。回购相对于分红的好处在于，股东收到分红时要交红利税，而回购却不用。低价回购后注销股票，实际上是增厚了全体股东的单位权益。

在中国 A 股市场，回购也已经成为上市公司维护股东权益的重要手段，仅在 2021 年前 9 个月，A 股回购完成金额就接近 1 036 亿元。

不过，对回购和分红也要辩证地看。在《怎样选择成长股》一书中，菲利普·费雪观点鲜明地指出，如果公司利润再投资的收益率保持高水平，分红率低反而有利于公司长期价值的成长，往往分红率低的公司更有长期投资价值，而分红率高的公司往往缺乏内生增长的机会。

"涌入的现金潮水，或许会促使伯克希尔·哈撒韦公司在未来的 12—18 个月里，最终开始一次现金分红，尤其是如果 80 岁的巴菲特不能找到他自己所称的'大象',或是大额的兼并对象时。"《巴伦周刊》在十几年前的文章中这样分析。但是,这个猜测落空了,在该文章发表后,巴菲特的伯克希尔·哈撒韦至今一直没有分红。

伯克希尔·哈撒韦历史上仅有的一次现金分红,发生在 1967 年。当时每股分红 0.1 美元,共计分红 10.17 万美元。如果不分红的话,这笔资金放到今天大约价值 17 亿美元。

在 1984 年致股东的信中,巴菲特对分红进行了解析。他认为,有很高资产与盈利比的重资本行业,其盈利是"受限制"的,这样的企业为了保持其竞争地位,就需要将盈利投入到再生产中去而不能被分配;而且这种盈利还受到通胀的侵蚀。除非有其他资本金的增加,一家持续分配"受限制"红利的企业,将注定会湮灭。与"受限制盈利"不同,巴菲特的观点是"非限制的盈利"被留存只发生在一个理性的情况下,那就是每一元钱被留存的盈利都至少会被转化为一元的市场价值。

爱迪生联合电气公司的股票价格,低到了只有账面价值的 1/4,意味着每当有一块钱的盈利被留存在公司用于再投资,这一块钱只能被转化为 0.25 块的市场价值。但是,尽管存在这样"金子换成铅"的处理方式,大多数的盈利还是被再投资到了企业里面,而不是被分配给股东。

伯克希尔·哈撒韦已有超过 50 年未分红,因为在巴菲特看来,资金在他手中比在股东手中要好。在 2012 年的致股东的信中,巴菲特谈到了分红问题。他认为,对于那些想要获取收益的投资者来说,更好和更节税的办法是每年卖出一小部分伯克希尔·哈撒韦的股票。

不过,巴菲特更喜欢投资大比例分红的公司,他拿着收到的红利再去投资高收益的股权,以发挥他的投资专长。

巴菲特的老师格雷厄姆的观点一针见血:"分红回报是公司成长中最为可靠的部分。"

第三章
巴菲特投资之道的核心

经实证研究，巴菲特的阿尔法（超额收益）主要源自他对上市公司普通股的投资能力，而不是因为他投资控股私人未上市公司，而实际上，他对于上市公司普通股和私人公司的投资方法是一样的。价值投资，知易行难。解析巴菲特的投资实践，以利于读者能更好地理解和实践价值投资，做到知行合一，是本书的核心和重点。巴菲特的本领不是如齐天大圣孙悟空一样前世不明，他的投资理论是有来源的，通过了解他的投资理论的进化过程，我们可以直截了当地知晓他的"输入"，从而更好地理解和掌握他致股东的信和各种采访中关于投资讲话的"输出"。由于我的博士论文是实证研究巴菲特的阿尔法以及其在中国公募基金中的运用实践情况，所以我对巴菲特的研究有自己的观点和角度。

本书的这一部分全面解析了如下几个方面，第一，巴菲特投资理论的形成过程；第二，巴菲特主要的投资原则，他的五大投资原则是他成功的基础；第三，支撑这些投资原则的数学和统计学方面的决策依据，他基于贝叶斯理论、凯利法则的胜率、赔率和投资比例进行投资决策；第四，巴菲特的估值方法是他决策依据中赔率的计算方式；第五，巴菲特的选股理念是他的复利和"护城河"的基石；第六，他的择时策略是他安全边际形成的保障；第七，他的投资心性和风格是他阿尔法的重要部分。

第一节 巴菲特投资决策理念的形成

第18说 输入与输出

> 拥有好的心智并不足够，更重要的是如何好好运用。
>
> ——勒内·笛卡尔

巴菲特的伯克希尔·哈撒韦公司年报（《巴菲特致股东的信》）、股东大会上回答股东提出的问题以及他的关于投资的文章和采访视频，可以视为巴菲特的"输出"。形成巴菲特价值投资思想体系的全部知识，可视为巴菲特的"输入"。

《巴菲特之道》一书的作者罗伯特·哈格斯特朗（Robert Hagstrom）曾说："就像你即使买了一本教你如何像老虎伍兹（泰格·伍兹）一样打高尔夫球的书，你也不可能成为像他一样超级成功的高尔夫明星一样，通过阅读《巴菲特致股东的信》，以及收看巴菲特在股东大会上的答疑，也很难成为巴菲特式的投资者。"巴菲特每年对伯克希尔·哈撒韦投资业绩的总结分析，幽默风趣且富含超高的教育意义，市场上一直存在大量的投资者热情地学习巴菲特的投资理念。然而，知易行难，成为知行合一的巴菲特式价值的投资者凤毛麟角。是什么原因导致价值投资慕道者众多，而成为价值投资的实践者却寥寥无几（据统计不到5%）？

巴菲特毫不吝啬地分享着自己的投资理论心得和实践，作为价值投资的布道者，他不厌其烦地通过各种形式推广传播价值投资理论。他的言论和文字就像投资的"指明灯"，从1956—2021年，65年来从未间断，已经成为投资界的"哲学"符号。他详细地阐述了自己所有的商业智慧，包括投资、经营、管理、用人、财务、会计、税务，以及宏观经济等各方面的本质规律。同时，也阐述了他对世界和人生的看法。他的语言生动形象，所有的比喻都恰到好处并直指事物的本质。

巴菲特的投资理论大音希声、大道无形、言简意赅、饱含哲理。特别值得注意的是，该理论看懂了并不代表理解了，理解了并不代表能实操，简单操作了并不代表能长期坚持。

我们注意到中国能学好巴菲特价值投资的人，一般具备西方和东方的双重文化背景。比如著名的企业家兼投资家段永平，他拥有浙江大学学士学位和中国人民大学硕士学位，后来去到美国生活；高瓴资本的创始人张磊，他是中国人民大学国际金融专业毕业，随后去耶鲁大学就读的商学院；喜马拉雅资本创始人李录，他在南京大学学物理专业，然后去哥伦比亚大学念的商学院硕士和法律博士（JD）；《巴菲特致股东的信》和《巴菲特之道》的译者杨天南，具有中国和西方的双重教育背景；虽为本土教育背景的但斌，也是常年处在改革开放的前沿深圳并经常参加各种出国培训活动等。

那么，单纯只具备东方文化背景的投资者，如何学会巴菲特式的价值投资？这是一个课题，这个课题有以下两个解决方案。

第一，将价值投资的理念与中国文化结合起来。巴菲特清教徒式的世界观与中国的儒家文化有异曲同工之妙，站在中国文化的角度去思考价值投资理念,将价值投资理念的"枝"嫁接到中国文化的"大树"上,这样从"我"出发,中华文化为本,价值投资为用,方能更好地理解价值投资并运用好价值投资理念。

第二,不单纯学习巴菲特的"输出",更应掌握巴菲特的"输入"。巴菲特不是像孙悟空一样不知从哪长出来的,他是受到了一系列的"滋养",才形成了系统的价值投资理念。人们普遍知道的是他受到了老师格雷厄姆和费雪以及合作伙伴芒格的启发,然而除此之外,成就他的还有凯恩斯主义以及统计学理论、概率论等知识体系。

巴菲特的跨学科输入,是他坚持不懈地学习、实践、进化、迭代的结果。要学习好巴菲特的投资方法,不但要学习他的"输出",还要深入了解他的"输入"。同时,将西方价值投资的"枝"与中国文化的"树"结合起来,才会久久为功,知行合一。

第19说 教父与师父

> 本杰明·格雷厄姆是位好老师,他天生就是一位好老师。
> ——沃伦·巴菲特

本杰明·格雷厄姆,被誉为"现代证券分析之父""华尔街教父""价值投资先驱",并且他还是巴菲特的老师。

可以毫不夸张地说,没有本杰明·格雷厄姆,就没有沃伦·巴菲特如此巨大的成就;没有沃伦·巴菲特,本杰明·格雷厄姆也不会像今天一样为世人所知。人类最美好的关系,就是相互成就。

巴菲特在回忆他的老师格雷厄姆时是这样说的:"我很荣幸有机

会来谈谈本杰明·格雷厄姆,我这一生有时候运气很好,运气最好的一次是1949年,当时我19岁,在内布拉斯加州林肯市,我拿起了一本名为《聪明的投资者》的书,这本书不但改变了我的投资理念,而且完全改变了我的人生。如果不是读了这本书,我不会是现在的我,也不会过现在这样的生活。从这本书里我获得了坚定的投资理念,这个理念从读过这本书以后就没有改变过,只是多多少少变通了一些,而这正是本杰明·格雷厄姆的理念引领我走上了正确的道路。"

巴菲特在2014年致股东的信中回忆道:"我已记不起当时花了多少钱来买《聪明的投资者》一书的第一版。但无论花了多少钱,都可以强调出本(本杰明·格雷厄姆)的格言,价格是你支付出去的,价值是你所获得的。我做过的所有投资当中,买本(本杰明·格雷厄姆)的书就是最好的投资,我买的那两本结婚证除外。"

格雷厄姆是巴菲特的老师和几近父亲般存在的人,巴菲特的大儿子的名字就是霍华德·格雷厄姆·巴菲特,霍华德是巴菲特父亲的名,格雷厄姆是本杰明的姓。巴菲特说:"我遇到格雷厄姆就像去往叙利亚大马士革市的路上遇到信徒保罗一样。信徒保罗是和耶稣基督同年代的人,年龄比耶稣小一点,后来保罗成为基督教最伟大的传教士,而我就是格雷厄姆的信徒。"

本杰明·格雷厄姆(1894—1976)是美国著名的"现代证券分析之父"。沃尔特·施洛斯(Walter J. Schloss)认为是格雷厄姆提高了证券行业的地位。格雷厄姆让"炒股"从一件原本只是凭感觉、赌运气、靠内幕的击鼓传花游戏,变成一门可以分析、推理、论证的科学。凭借《证券分析》和《聪明的投资者》两部投资圣经,格雷厄姆当仁不让地被称为"华尔街教父"。

格雷厄姆的自传《格雷厄姆:华尔街教父回忆录》与罗杰·洛文斯坦(Roger Lowenstein)的《巴菲特传》这两本书中这样介绍本杰明·格雷厄姆,1894年出生于伦敦,刚满周岁举家迁到纽约,父亲开办了一家进口中国商品的公司。九岁时父亲去世，母亲把全部积蓄投入股市亏完。1914年从哥伦比亚大学毕业，到华尔街打拼，开始收益很高，1929年股市崩盘，1930年加杠杆抄底失败，基金几乎解散。当1934年格雷厄姆和多德合著被誉为"华尔街圣经"的《证券分析》一书问世时，这位年过40岁的作者，已经有整整5年没有拿到一分钱的回报了。

格雷厄姆认为股市短期并不是一个能精确衡量企业价值的公平秤，而更像是一台投票机。市场存在投资者情绪波动的"市场先生"，无数的投资人会参与市场投票，有些是理性的，有一些却是感性的，有时股票的价格会同理性价值评判相去甚远。

那个时代流行洛布的投机理论，只是把股票看作一张薄纸，只要有人愿意接盘就行。格雷厄姆和多德第一次提出把"股票看作企业所有权的一种凭证"。

格雷厄姆在《聪明的投资者》一书中提出"安全边际"，他认为"投资者应该在他愿意付出的股价和他估计的股票实际价值之间有一个较大的差价。这同开车时留有一些余地是同样的道理。如果这个差价留得足够大，投资者就应该是安全的。"

对巴菲特而言，接触格雷厄姆的"股票看作企业所有权的一种凭证""市场先生""安全边际""基本面"等理念，就像发现了罗塞塔石碑一样，极具启示意义。巴菲特视格雷厄姆为一个英雄，地位和自己父亲一样崇高。格雷厄姆在哥伦比亚大学商学院的授课是苏格拉底的对话方式，巴菲特的同学抱怨说大多数时候巴菲特抢先回答问题，课堂就像是格雷厄姆和巴菲特的对话会议。巴菲特得到了格雷厄姆在哥伦比亚大学执教22年以来唯一给过A+的成绩。

毕业后，巴菲特申请加入格雷厄姆－纽曼公司工作，并且不计任何报酬。然而，格雷厄姆拒绝了这一要求，他更想把一些工作机会留给犹太人。继而巴菲特回到奥马哈，到其父亲开办的巴菲特-福尔克证券经纪公司工作。两年后,也就是1954年,格雷厄姆通知巴菲特为他工作已经不存在什么障碍了,巴菲特没问报酬,即刻飞往纽约上班,没想到年薪竟高达12 000美元。1956年,格雷厄姆离开纽约去洛杉矶并到加利福尼亚大学洛杉矶分校免费兼职授课前,他的合伙基金投资者物理学家霍默·道奇向格雷厄姆提出了一个投资者非常关心的问题:"谁将继承您的衣钵?"格雷厄姆提到沃伦·巴菲特。巴菲特回到奥马哈开创巴菲特合伙基金的时候,霍默·道奇只与他简单地谈了几句,就给了他12万美元,让他管理,这样由格雷厄姆介绍过来的投资者还不少。

1936—1956年,格雷厄姆-纽曼公司在这21年间的年均收益率保持在17%,与同期标普500指数年均14%的增长水平相比无疑是更优秀的。并且,这个统计数字未将他最成功的投资项目——政府雇员保险公司(盖可保险)计算在内,因为他已经将其股份分配给了公司股东。

"吾爱吾师,吾更爱真理"《巴菲特传》中如此描述。1976年,格雷厄姆提出与巴菲特合著《聪明的投资人》修订版,然而两人在一些观念上产生了根本性的分歧。巴菲特希望新增一个专门论述何为"优秀企业"(例如喜诗糖果)的章节,而格雷厄姆认为"这样的关于定性分析预测的内容对于一般读者太过艰深了"。另外,在资产配置上,二人也未能达成统一,格雷厄姆建议投资于股票的资产占其总资产上限为75%,其他配置债券;而巴菲特更加激进,认为有十足的把握时可以全部配置股票。师徒两人各执一端,巴菲特坚定不移地主张自己的观点,甚至因此放弃了为这本对他而言非常特别的著作修订版合著的机会,改为为此版作序。后来巴菲特说,格雷厄姆的立场就是老师,他的书是面向普通投资者的,他把普通投资者当作自己的学生,所以强调可以把握的定量分析和分散投资,这样对专业水平的要求低一些,对普通投资者投资的感受也更好。

诺贝尔经济学奖获得者罗伯特·席勒（Robert J. Shiller）曾说过，格雷厄姆和凯恩斯是早期的行为金融学家。这源自格雷厄姆提出了"市场先生"的概念，即"由于人们的贪婪和恐惧的情绪变化，造成市场波动，使股票经常被错误定价"。在克服这一人类天性时，格雷厄姆强调"投资者要成为市场先生的主人而不是仆人，要利用好市场波动"。格雷厄姆的"市场先生"理论也包含周期理论和统计学上的均值回归理论。

1929年后，格雷厄姆观察到，美国土地富饶、生产充足却发生了经济危机，是货币理论发生了问题，他提出就像与黄金挂钩一样，将货币与一篮子商品挂钩，来解决需求不足问题。他就此写作了宏观经济著作《储备与稳定》一书。该书成书于1937年，比《证券分析》晚3年，比凯恩斯的《就业、利息和货币通论》只晚1年。格雷厄姆在他的自述《格雷厄姆：华尔街教父回忆录》中提道："如果我的名字能流芳百世的话，我希望他们会将我当作商品本位货币计划的创始人。在大多数关于货币理论的标准性著作中，你都可以发现我在经济学上的一个创新。"

巴菲特关于资源股的投资理论大概率发源于格雷厄姆的商品货币理论。

文化和智力的寿命比金钱更长，同时，格雷厄姆还是诗人和剧作家。他在80岁寿诞时的演说结尾引用了他喜爱的英国诗人阿尔弗雷德·丁尼生《尤利西斯》中的几句诗：

"来吧，朋友，追求美好的生活永不嫌晚，

为了寻找新生活，行动起来吧，不要贪图安逸，

去摧毁一切障碍。"

第20说　宏观大师与投资大师

> 投机者可能不会造成伤害，因为泡沫是企业稳定流动的产物。但当企业成为投机漩涡上的泡沫时，情况就严重了。当一个国家的资本发展成为赌场活动的副产品时，这项工作很可能做得不好。
>
> ——约翰·梅纳德·凯恩斯

众所周知，约翰·梅纳德·凯恩斯是《就业、利息和货币通论》的作者，是著名的宏观经济学理论凯恩斯主义的奠基人。他创立的宏观经济学与弗洛伊德所创的精神分析法、爱因斯坦发现的相对论一起并称为"20世纪人类知识界的三大革命"。

对一个人最好的尊敬就是经常引用他的话，在巴菲特致股东的信中，除了格雷厄姆引用最多的就是凯恩斯。巴菲特经常引用凯恩斯的三句名言分别为：

- 困难不在于如何接受新思想，而在于如何摆脱旧思想；
- 我宁愿模糊的正确，也不要精确的错误；
- 对于我们的名声来说，遵循传统惯例而失败要好过违背传统惯例而成功。

巴菲特是做投资的，而且巴菲特主要是自下而上研究，他并不关注宏观经济，可是他怎么会如此重视凯恩斯，甚至在致股东的信中多次引用凯恩斯的名言呢？从巴菲特那里我才知道，原来世人都知道凯恩斯是一个伟大的宏观经济学家，却少有人知道凯恩斯还是一个伟大的投资大师，甚至可以说，凯恩斯的投资成就完全可以和经济研究成就相媲美。

巴菲特在1988年致股东的信中，以他的老师戴维·多德教授与凯恩斯进行对比，他认为著名经济学家凯恩斯能够实践应用自己的学术研究思想，从有限的个人资产开始，逐渐变得更加富裕。事实上很多经济学家研究了一辈子经济，自己却并不富有。凯恩斯开始是一个择时的投机者，主要依据的是他的商业与信用循环理论，后来经历了很多挫折与反思之后，才转变成价值投资者。

凯恩斯是格雷厄姆同时代价值投资者的先驱。凯恩斯负责管理剑桥大学国王学院的捐赠基金，从1927年至1946年凯恩斯去世为止，他一直是这家基金会的唯一负责人。数据表明，在凯恩斯管理该基金的18年里，基金会取得了平均年回报率为13.2%的业绩。

凯恩斯是行为金融投资理论的开创者。与格雷厄姆的"市场先生"一样，凯恩斯对资本市场投资者的心理活动早有研究。凯恩斯对于投机和投资的区别这样表述："我用'投机'一词表示对市场预测的心理活动，用'从事企业'（投资）一词表示对资产在其整个寿命期间未来收益的预测活动。"巴菲特感慨地说："有史以来对交易精神描述得最好的章节就是凯恩斯著作《就业、利息和货币通论》的第12章。文中说，动物精神导致人们进行各种交易，就所有的交易而言，第一眼看起来都是一片光明，很难看到不利的方面，也看不到执行上的问题。我就看不出来，所以我也犯过那种错误，做过一些愚蠢的交易，将来还会进行愚蠢的交易，在那些愚蠢的交易中，会体现出动物精神。我向你保证，我会努力控制自己的动物精神，假如我失控的话，请指望查理来帮我。"

巴菲特非常推崇凯恩斯的投资思想，特别推荐凯恩斯的两本名著，一本就是《就业、利息和货币通论》，另一本是《投资的艺术》。除此之外，巴菲特一定读过凯恩斯的《论概率》。

凯恩斯在《论概率》一书提出的"概率论理论"依赖期望值，

而非实际的结果。他认为"在我们有资格进行谨慎衡量之前，要求我们必须知道确定的结果是毫无道理的"。按照这种观点，在给出一个政策之前，我们可以对其可能的结果作出一些预测。但是，最终这项政策的结果会是什么样子，则没有办法知道，也没有义务进行解释。

剑桥至今仍流传着凯恩斯的名言："事实改变之后，我的想法也随之改变。您呢，先生？"1935年，凯恩斯在给当选首相萧伯纳的信中说："我的新理论得到充分理解，与政治、感情和热情融为一体的时候，我无法预测它对于行为和事物究竟会产生怎样的影响。"

凯恩斯建议独立的投资者，先要学会思考，识别哪些信息是别人硬塞给你的"坏东西"，千万不要轻信所谓"投资专家"发出的信号。

1930年以后，凯恩斯开始转而专心投资股市，将外汇和商品期货投机视为"费力不讨好的游戏"，在偶然性事件带来的"巨大不确定性"面前，任何理解和分析都可能毫无用处。这一时期，凯恩斯更关注的是企业内在价值，操作上也更像一个长期价值投资者。唯一和过去一样的是，他继续使用杠杆，以放大投资的收益。他从20世纪20年代采用的是自上而下的宏观策略，转变为在20世纪30年代自下而上挑选公司的价值投资者。

1944年，在布雷顿森林会议召开期间，凯恩斯提出建立国际货币基金组织（简称IMF）和世界银行（简称WB）的方案并获得通过。在1946年3月召开的这两个组织的第一次会议上，他当选为世界银行第一任总裁。

英国前首相丘吉尔曾说："如果有两个经济学家，一定会有三种不同的看法，因为其中一个经济学家是凯恩斯，他会中途改变自己的想法。"凯恩斯反唇相讥："事实改变之后，我的想法也随之改变，您呢，先生？"没有证据表明，凯恩斯和丘吉尔有过这样一次对话，但这确实很符合这两个人的性格特点。

凯恩斯的学问、政治、投资、布道，无论哪个方面，都对巴菲特产生了深远的影响。

第21说　师长与师兄

我对他的感激无以言表。

——沃伦·巴菲特谈查理·芒格

2022年1月1日，是查理·芒格的98岁生日。巴菲特数次提过对他的投资思想主要产生影响的三个人：本杰明·格雷厄姆、菲利普·费雪和查理·芒格。本书有一篇"巴与芒"，主要介绍了巴菲特与芒格的合作关系，本篇则重点对芒格的学术思想进行阐述，以纪念芒格先生的98岁生日。

19世纪60年代早期，巴菲特存在两种固有的投资思维方式，一种是"钻牛角尖"式的热衷于细节，另一种是格雷厄姆式的"以公司的终结时即账面数据进行定量估值"，而不是芒格强调的"以公司继续生存的未来创造的价值进行估值"。

在《滚雪球》一书中，巴菲特说：赫布·沃尔夫是我见过的最聪明的人之一。一天，赫布对他说："沃伦，如果你在一个黄金堆里找一根黄金做的针，那么找这根针就不是更好的选择。"巴菲特有个习惯，隐藏得越深的东西，他就越喜欢。他把这看作一个寻宝游戏，赫布帮他走出了这种思维方式。

《滚雪球》第三部分"黄金堆"章节中写道：20世纪60年代早期，芒格探索寻找着大生意，他并不理解巴菲特对本杰明·格雷厄姆的迷恋。芒格觉得格雷厄姆的缺点在于"他认为未来更多的是危险,而不是充满机会"。芒格开始努力让巴菲特撇掉格雷厄姆沉闷的悲观主义。这种悲观主义是巴菲特干弯腰捡"烟蒂"而只能吸上最后一口"苦差事"的精神支撑。格雷厄姆以严格的定量标准来衡量安全边际,比如市净率的2/3、市盈率10倍等。

1929年的大股灾带来的悲观情绪,已经刻在了巴菲特的父亲霍华德和格雷厄姆等上一代人的灵魂深处,也直接深深影响了下一代的沃伦·巴菲特。当时格雷厄姆的安全边际观点主要是,第一,基于对公司未来盈利预测受多方因素影响的特性,预测出的未来盈利本身存在非常大的不确定性,因此预测必须遵循保守原则。第二,足够的安全边际意味着企业内在价值远高于其市场价格,例如价值远高于价格的50%以上。第三,格雷厄姆的定量分析法存在合理误差,解决这一问题的办法是分散投资,将资金投资于多只股票从而形成一个投资组合,做到将风险分摊,从而盈利概率就大得多。格雷厄姆认为,"一定要分散投资至少10只、最多30只股票"。

芒格不赞成巴菲特的这种"灾变理论",力求改变巴菲特对企业价值衡量的思路。芒格希望巴菲特不仅仅是以纯粹的数据条件来对安全边际进行定义,还可以将思路拓宽到更多有效因素上(定性)。巴菲特对"安全边际"的观点从定量的公司账面价值低市盈率(PB)、市净率(PE)转向对公司未来的前景、管理层的能力、公司的特许经营权、品牌、利润率、销售增长率、净资产回报率等与公司增长有关的因素;从完全不了解公司、只通过看报表买卖股票,到调查研究并深入分析公司、加大投资成功的概率。

巴菲特在一次股东大会上说,芒格让他从一只猩猩迅速进化成为人类,应该指的就是芒格把他从这种深深的惯性影响中拉出来,从捡"烟蒂"的定量转变到接受定性理论的安全边际。

芒格对巴菲特在寻找优秀股方面的影响更早、更大。在1997年的伯克希尔·哈撒韦年会上，巴菲特表示，查理（芒格）对他的影响显然超过费雪。在寻找优秀企业方面，费雪的思想使他的眼界稍有扩大，而查理在这方面的作用要高于费雪，不过费雪的论述比较全面且系统。

在2004年的伯克希尔·哈撒韦年会上，巴菲特表示："我的学习也并非一成不变，就寻找好企业来说，就受到查理和费雪这两位的影响很大。"芒格宣扬的理念与费雪相似，所以巴菲特从他们两个那里得到了相似的启示，但遇见芒格的时间更早，在1959年遇到的芒格，1962年去纽约见的费雪。

1998年，巴菲特在佛罗里达大学商学院回答学生的提问时，学生问："你是否买入过数据显示达不到买入条件的公司？定性和定量因素各占多少？"巴菲特回答："最好的买入发生在数据显示你最不应该买入的时候，因为那时候你可能对公司的产品非常关注，而不仅仅是犹如'烟蒂'般的价格，这时候正是买入的好时机。"

芒格在集中投资方面与费雪观点一致。芒格说："我总是喜欢我佩服的人认同我的观点，所以我对费雪的印象非常好。找到好投资不易，所以尽量集中投资，这对我来说是一个明显的好理念。"

芒格在卖出方面与费雪的观点不一样。芒格和巴菲特认为格雷厄姆投资方式的股票必须要卖出，因为假如你买的是糟糕的企业，那么你迟早还是要把它出售的。假如你买了一组糟糕的企业，你指望其中有一些能够被并购或者发生什么事件，你需要转手。但是，假如你买的是一家好企业，那么你基本上用不着转手。

费雪认为股票在以下三个条件下可以卖出，一开始就买错了的股票、随着时间推移变坏了的股票、以及增长多年市场到了尽头的股票。

芒格说："我不太认同费雪的（卖出原则），我觉得有些生意可以永远拥有。"

在卖出的观点上,格雷厄姆的安全边际观点与费雪的涨到尽头即卖出是一致的。可口可乐市盈率增长50倍以上,伯克希尔·哈撒韦还没卖,从这件事可以看出,芒格对巴菲特的影响很大。

从以上巴菲特和芒格的言论可以看出,芒格对巴菲特投资思想的影响不在费雪之下。芒格的投资思想与费雪有许多相同之处,费雪的观点在早期比芒格更全面和系统,后期芒格通过不断学习,完善和提升了他的投资思想体系,这在《穷查理宝典》一书中有描述和阐释。芒格有跨学科知识的"格栅理论",他当律师的时候即对人类误判心理学有深刻的研究,后来行为金融学才逐渐兴起。

投资模型是社会学的范畴,然而芒格协助巴菲特将伯克希尔·哈撒韦投资体系设计成接近于"物理法则"的系统,最大限度地减少失误和最大概率地保障成功。

在《经营伯克希尔50年的总结》一文中,巴菲特在一个单独的章节里写道,"查理理顺了我的思路。"当巴菲特管理小规模资金的时候,"烟蒂"策略非常有效,他早期的大部分收入来自以低廉价格交易的普通公司,本杰明·格雷厄姆教了他这个技巧。但"烟蒂"投资法的主要弱点是资金扩大到某个规模就会失效,对大规模资金就不那么好用了。

"上天派了芒格,来打破我的烟蒂投资习惯,并且为建立一个可以将大的投资规模和满意利润相结合的方式指明了方向"。巴菲特认为热爱建筑设计的芒格最重要的建筑功绩,是设计了今天的伯克希尔·哈撒韦系统:"他给我的设计图很简单,忘记你所知道的以低廉的价格买入平庸的公司,相反,要以合理的价格买入卓越的公司。"结果,伯克希尔·哈撒韦依据设计师芒格的设计图建立起来了,巴菲特自己的角色是总承包人。

更长寿,更富有,更智慧,更快乐,这是芒格的人生写照。

第22说　定性与成长

> 如果你与村夫交谈不离谦卑之态，与王侯散步不露谄媚之颜，孩子，你就会在低眉与抬头之间，感受到人格的尊严和伟大。
>
> ——鲁德亚德·吉卜林

巴菲特说："读了费雪的两本书《怎样选择成长股》和《股市投资致富之道》之后，我就想去找费雪当面请教。当我见到费雪时，他本人和他的思想都深深打动了我。费雪非常像我的导师格雷厄姆，为人也非常谦逊，在精神上也非常慷慨，也是一位非常杰出的老师。"巴菲特经常致谢的"两师一友"，其中"两师"一位是本杰明·格雷厄姆，另一位就是菲利普·费雪，而一友则是查理·芒格。1987年，巴菲特为推荐费雪的《怎样选择成长股》，特别在《福布斯》杂志上撰文，他称费雪像格雷厄姆一样，是投资界的巨人。

现代投资理论中成长型价值投资的开创者是菲利普·费雪，1907年出生于旧金山，1928年毕业于斯坦福大学商学院，2004年3月，费雪以96岁的高龄辞世。而他一直到去世前4年，还在工作。

菲利普·费雪早年接受《福布斯》杂志采访时说过，从20世纪30年代的2只股票开始，他总共持有过仅仅14只核心股票，这是一个很小的数目。但这么多年里，它们为他赚了很多钱，其中最少的收益都是7倍的投资回报，最多的收益甚至能达到几千倍。他不喜欢把时间浪费到赚许多次小钱上面，他需要的是巨大的回报，他说为此他愿意等待。杜邦、陶氏化学、纽柯钢铁、惠普电脑这些著名的公司都是他的核心股。

1959年，费雪的名著《怎样选择成长股》开创性地提出了"成长股"这一概念和理论，巴菲特的好友——红杉基金创始人比尔·鲁安，把菲利普·费雪的投资思想介绍给了巴菲特。巴菲特看了费雪的书后说："运用费雪的技巧，可以了解这一行，有助于做出一个聪明的投资决定。我是一个费雪著作的狂热读者，我想知道他所说过的一切东西。"

费雪认为许多定性的因素，如保持销售增长率的能力、好的经营管理以及研发能力，是优秀投资项目的重要特征，他指出这些因素可以用来衡量股票的长期潜力。芒格非常赞同费雪的观点，认为做大生意时需要寻找的正是费雪说的这些品质。

巴菲特在接触到费雪之后，深刻认识到"以合理的价格买入卓越的公司，要好于以低廉的价格买入平庸的公司"，从学习费雪开始，巴菲特从"深度价值"进化到了"成长价值"。

比起格雷厄姆的方法，费雪的方法可能需要更多的商业经验和洞察力。到了20世纪60年代中期的美国股市，格雷厄姆的方法可能会很长时间找不到可投资的目标，而且也很难应用于大资金。

对于此前"85%来自格雷厄姆，15%来自费雪"的言论，巴菲特后来接受采访表示："我认为我是100%的菲利普·费雪和100%的本·格雷厄姆。他们两人的观点并不冲突，只是侧重点不同而已。"巴菲特认为格雷厄姆与费雪的区别，是估值时运用定量与定性的侧重点不同，定量是以资产为基准的估值方法，定性是以收益为主的估值方法。

费雪认为，在投资中选对赛道往往比努力更重要，要重视公司的成长性，重视利润率，重视管理层的好坏，与优秀的人同行，与优质的上市公司一起成长。很多人投资的缺陷就在于他们希望什么交易都涉及，但是一个都不精通，泛而不精，广而不专。

巴菲特学习了费雪的"聊天法"（scuttlebutt）便是，走出去，与竞争对手、供应商、客户们交谈，彻底弄清楚一个行业或者一家公司实际上是如何经营运作的。他认为运用费雪的"聊天法"对企业的信息做一个更直观、更客观、更详细的评判，再结合师从格雷厄姆的定量分析方法确定企业的安全边际，将大大提升投资的成功率。

巴菲特在费雪和彼得·林奇的观点基础上形成了自己的"能力圈"和"护城河"原则。"能力圈"原则提倡投资者要培养自己的能力圈，能力圈内要做到对企业的商业运转模式彻底清楚，能力圈外应多去与企业家交朋友，而不仅仅是在办公室看报表，这样才能提升对行业真实情况的认识，将圈外发展进圈内。同时，巴菲特更加注重"护城河"原则，他提出公司的特许经营权，以及品牌、专利等能带来未来收益，而且无形资产在竞争中能让公司保持优势地位。这些因素在公司报表上基本都无法展示，定量分析无法发现这种高质量公司的价值。

巴菲特认为分散投资买股票就像开"杂货铺"，对每一个公司都不熟悉，他喜欢在能力圈内集中投资优秀的公司。

巴菲特对定性分析方法的强调是在 1965 年年底，他觉得合伙人应该了解一个新的基本准则："我们远远没有像大多数投资机构那样，进行多样化投资。也许我们会将高达 40% 的资产净值投资于单一股票，而这是建立在两个条件之上：我们的事实与推理具有极大可能的正确性；并且任何大幅改变投资潜在价值的可能性很小。"正在此时，巴菲特刚通过"高度可能性的洞察力"，运用品牌定性分析的方法投资美国运通大获成功。后来，巴菲特投资可口可乐和《华盛顿邮报》都是采用的这个估值逻辑。

巴菲特说："如果我没有阅读费雪的书，那么比我更富有的人将大有人在，我甚至无法计算出 35 年前我购买他的书所带来的总收益率，到底有多么巨大。"巴菲特"活到老，学到老"，他的投资理论，正如菲利普·费雪的儿子肯尼思·费雪所言："以每个十年计，巴菲特都在进行自我进化。"

菲利普·费雪非常喜欢英国诗人鲁德亚德·吉卜林那首著名的诗歌《如果》，他认为巴菲特敢于创新、敢于否定过去创造的荣耀、质疑现有的规则、对前人的智慧辩证地接受等品质，在某种程度上，是对吉卜林品质的永恒体现。

第23说　错过与过错

> 套用罗伯特·本切利（Robert Benchley）的名言："要一只狗教小孩子忠诚、忍耐，并且能够滚三圈再在地上躺好。"这就是经验传承的难处。不过无论如何，在犯下错误之前，最好能够先反省一下以前的那些错误。
>
> ——沃伦·巴菲特

再伟大的人也会犯错，难的是犯错后敢于承认错误，并勇敢地改正。在认识到自己的错误时，人其实已经具备很高的智慧了。论语中提到："吾日三省吾身。"《左传》中提到："人孰无过？过而能改，善莫大焉。"

巴菲特经常在年报中反省自己在投资中犯过的错，而且开玩笑说责任大部分是芒格的，不过自己会因说谎而长"长鼻子"。

芒格在《经营伯克希尔50年的总结》中说："虽然主动作为的错误是普遍的，但几乎所有大的错误都是源自没有购买，沃尔玛发展得极为顺利的时候，没有购买它的股票。"他认为巴菲特主要是

"错过"而不是"过错"。

每个投资人在决策中都会犯错，甚至可以说错误是决策的一部分。在高度不确定的商业环境下，试图预测未来几十年中哪些公司会成功，哪些公司会失败，如果想做到百分之百正确，几乎是不可能的。有人请巴菲特分享一下自己失误的投资经历，他幽默地反问："你有多少时间？"值得称赞的是，很少有人会比巴菲特本人更直言不讳地批评自己犯下的投资错误。巴菲特自己提到犯过的错误至少有以下这些。

• 第一个错误就是买下伯克希尔·哈撒韦纺织厂的控制权，称其为他做过的最糟糕的决定之一，"价值2 000亿美元的错误"，并表示如果当时没有一而再、再而三地投钱改造这家濒临倒闭的纺织厂，而是直接收购一家优质保险公司的话，他的财富会多2 000亿美元。

• 在买下伯克希尔·哈撒韦不久之后，又买了巴尔的摩百货公司和多元零售公司（经营一般后与伯克希尔·哈撒韦合并）。

• 1993年，发行25 203股伯克希尔·哈撒韦股票收购德克斯特制鞋公司，然而这家公司的价值迅速归零，而那些增发的伯克希尔·哈撒韦股票在2019年底市值超过85亿美元。

• 1994年，3.58亿美元投资于美国航空的特别股，投资后停发股息（后来解决）。

• 1998年，在收购通用再保险时与伯克希尔·哈撒韦换股，以发行大量伯克希尔·哈撒韦股票筹款收购的方式实际损伤了股东权益。随后经努力扭转局面，通用再保险为伯克希尔·哈撒韦提供了大量浮存金，逆转为成功投资。

• 2006年，清空白银头寸，之前买错了白银。

• 2008年，以24.4亿美元买入爱尔兰银行，当年亏损89%清仓。

• 所罗门的投资，因为便宜而买入，成为大股东后所罗门深陷国债期货丑闻，后来艰难脱身。

- 2011年，第四季度披露持有107亿美元的IBM股份，但到2018年初已经全数抛售，难言收益，及时换成苹果股票后才大赚。
- 2012年，投资英国零售巨头特易购亏损4.44亿美元；投资卡夫亨氏市值大幅缩水。
- 2016年，以370亿美元全盘收购精密铸件公司，支付价格过高；

巴菲特提到的"错过"，即伯克希尔·哈撒韦没有实现的机会收益有以下这些。

- 1966年，出售在合伙企业中购买的5%迪士尼的股份。
- 购买沃尔玛的股票，由于价格上涨而停止购买，并将买的股票都卖了。
- 1991年，错过联邦国家贷款协会房地美的股票，少赚14亿美元。
- 1993年年底，1 000万股资本城股份以每股63美元获利了结，然而，到了1994年年底，该公司股价上涨35%（损失了2.225亿美元的差价）。

以上"错过"的案例都在巴菲特的能力圈范围内，他承认这是他本应识别的或可以处理得更好的获利机会，相对来说，不在他能力圈范围内的，他认为并不能算"错过"。巴菲特坦言，其实很早之前他就认识了亚马逊CEO杰夫·贝佐斯（Jeff Bezos），同样很早就认识了微软的比尔·盖茨，他们的财富都比巴菲特多，但伯克希尔·哈撒韦却并没有投资他们，这是因为他们都不在巴菲特的能力范围内，所以不存在错过或不错过。根据巴菲特的说法，迄今为止他最大的错过是"不执行"，比如了解房利美——这是他能力范围内的业务，决定买入，但最后并没有执行；还有医药股，当克林顿政府提出医疗改革方案后，所有的医药股都崩盘了，伯克希尔·哈撒韦本来可以买入医药股大赚特赚的，因为巴菲特能看懂医药股，却没做这笔投资。

巴菲特谈到他的教训——欲速则不达。他及时总结，列出负面清单，避开垃圾股，以买入好公司替代买入便宜公司，并且他不但要选择最好的公司，还要有好的经理人，避免与"巨龙相逢而不是杀死他们"，不要与垃圾公司去缠斗。

人非圣贤，孰能无过？敢于承认错误的人是内心无比强大的智者和勇士。失败是成功之母，没有失败的教训和反思，就不会进步。从捡烟蒂到专注于成长股，认清时代的变化，君子豹变，与时俱进，巴菲特的伯克希尔·哈撒韦享受了时代的巨大红利。

相比巴菲特取得的不朽的成功，他的"过错"与"错过"微不足道，值得我们学习的是他的虚怀若谷，以及他的"过去的事情不放在心上"朝前看的乐观精神。

第二节　巴菲特的投资原则

第24说　投资与投机（所有者原则）

我曾为格雷厄姆工作，在学校也曾跟他学习，他的三个基本概念分别是将股票看作生意、对待市场应持有的正确态度以及证券买入过程中的安全边际。

——沃伦·巴菲特

约翰·梅纳德·凯恩斯在《就业、利息和货币通论》第12章当中指出，股票收益的来源有两方面，一方面是实业，分红和利润增长；另一方面就是投机。

短期博取差价，零和博弈的行为是投机；长期持有，伴随公司的内在价值的提升赚取经济利润，是投资。格雷厄姆在1934年版的《证券分析》中指出："投资业务是以深入分析为基础，确保本金的安全，并获得适当的回报。不满足这些条件的就是投机。"投资是做蛋糕，投机是分蛋糕；投资是基于价值的变动，投机是基于价格的变动。买入一个股票之后，如果指望这个公司能不停地产生收入和创造价值，不断产生自由现金流从而获利，这种行为是投资；而如果只是"期待有人以更高的价格尽快买走"，就是投机。投资的收益，是来自投资物所产生的财富；而投机的收益，则是来自另一个投机者的亏损。

在市场上，根据投资风格的不同，投资者获取利益的方式可能是通过投资，也有可能偏爱投机方式，还有可能将二者结合市场投资环境做战略替换。

相对于以分析企业基本面的投资方式来说，利用市场情绪以及信息不对称性进行投机的方式所承受的风险是巨大的。在经历了惨重的投机失败后，马克·吐温幽默地总结过很多有关投机的段子："10月是炒股最危险的月份，其他危险的月份有7月、1月、9月、4月、11月、5月、3月、6月、12月、8月和2月。""人的一生，只有两种情况不应该参与投机：输不起的时候和输得起的时候。"高瓴资本创始人、《价值》一书的作者张磊说："对机会主义和风口主义尤要警惕。流水不争先，争的是滔滔不绝，长期主义不仅是一种方法论，更是一种价值观。"

关于投资的方式，一些伟大的投资大师关于其特性也发表了相关言论。格雷厄姆就投资与投机的动机进行阐述："从动机上，投机者的兴趣在于预测市场波动并从中获利，投资者的主要兴趣则在于按合适的价格购买并持有证券。"在投资标的选择上，芒格的中国弟子李录说："短期创造不了价值，这是肯定的，但长期也不见得就能创造价值。很多比较差的公司时间越长，对价值的毁灭越严重。投资是一件实事求是的事。"在投资关注点上，凯恩斯认为："投资是一项对资产在其寿命期内收益进行预测的活动，而投机则是一种预测市场心理的活动。"

巴菲特是专注于以投资方式来获取收益的，他经常引用其老师格雷厄姆的一句话："股市短期是投票机，长期是称重机。"巴菲特强调:"投资的罗塞塔石碑,是记住股票乃企业所有权的一部分,这一原则为理性投资者提供了基石。"

价值投资的第一条原则就是"买股票就是买公司的一部分股权"。巴菲特的投资极具持股的成本特征和时间特征,他的换手率是极低的。格雷厄姆说过:"最聪明的投资方式就是把自己当成持股公司的老板",这也被巴菲特认为是有史以来关于收益理财最重要的一句话。

巴菲特既是企业家,又是投资家,他以实业的眼光做投资,擅长打持久战,而不是游击战。从他投资一家农机公司并推行裁员以提升企业效益的操作受到质疑以后,他发誓不再进行清算式投资。无论是伯克希尔·哈撒韦纺织厂还是《布法罗晚报》,他都不以裁员来改善业绩,而是以增加其他业务或聘请更为专业的管理层等方式来提升企业的综合能力。他通过运用资本,对华盛顿邮报、通用再保险、所罗门兄弟等公司进行价值再造而获利,投资可口可乐、美国运通持有数十年之久,不离不弃。

分散地投资不熟悉的公司、频繁地买卖股票不是巴菲特的投资风格,与文艺复兴基金的创始人詹姆斯·赛蒙斯(James Simons)和麦哲伦基金经理彼得·林奇相比,巴菲特投资的集中度更高而换手率更低。巴菲特的持仓时间如下:前10大股票持仓为32.7个季度,换手率为1%;前20大股票持仓是27.3个季度,换手率是1.22%;平均持仓是28个季度,换手率为1.85%。

"少就是多""慢就是快",以买股票就是买公司部分所有权的心态,选择优质的公司,然后大比例地集中、长期持有。巴菲特认为掌握了基本的事实和逻辑后,正确的概率极大。因此他投资单个股票的限额是该类投资总金额的40%,并以买入之后永不卖出为目标,通过极低的换手率,控制了手续费和资本利得税等交易成本。长期持有,时间能熨平风险的同时还能产生复利效应。

有人则不认为投资与投机有区别,认为要么只有投资,要么只有投机。

在资本市场，只有一种东西从来不会陷于熊市，那就是愚蠢的想法。投机就是投机，千万不要自以为是在投资。如果把投机看得太认真，它就会变得十分危险，投资者必须严格限定自己投机的赌注。

第25说　贪婪与恐惧（市场先生）

勇敢并非没有恐惧，而是克服恐惧，战胜恐惧。

——马克·吐温

在现代投资理论中，市场的波动是风险，可以通过贝塔对风险进行衡量。以全市场的整体表现为基准，个股的风险，根据其偏离市场的距离也就是标准差或方差来表示，偏离市场线越远，则其贝塔系数越大，风险越大。学院派认为：市场参与者只能通过加大风险的承担来获取收益，没有谁能战胜市场，巴菲特也不例外。这个观点曾引发了一场长期的争论，巴菲特认为，贝塔是一个学院派生造的概念，市场的波动对价值投资者而言是定价错误的良机而不是风险，价值投资者可以利用市场的定价错误而获取超额收益。巴菲特说过，"要在别人贪婪的时候恐惧，而在别人恐惧的时候贪婪"。近年新兴的行为金融学代表人物诺贝尔经济学奖获得者丹尼尔·卡尼曼（Daniel Kahneman）、罗伯特·席勒（Robert J. Shiller）、理查德·塞勒（Richard Thaler）等，从行为金融的角度对金融市场的波动和定价错误进行了有效解释，为巴菲特式的主动投资者通过"市场先生"情绪的波动取得超群业绩提供了有力的理论支持。

关于市场的波动,早在巴菲特之前,其老师格雷厄姆就已经从价值投资的角度进行过解析,他认为,人的情绪导致了市场的波动,市场先生集合了所有投资者的情绪,会导致股价的剧烈变化。将市场报价想象为一个名叫市场先生的人,他是一个乐于助人的热心人,每天都来给你一个报价,从不落空。市场先生的报价也不一定稳定,这个可怜的家伙有着无法治愈的精神病症,在他感觉愉快的时候,只会看到企业的有利影响,在这种心情中他会报出很高的买卖价格;在他情绪低落的时候,他只会看到企业和世界的负面因素,在这种悲观情绪中他会报一个很低的价格。此外他还有一个可爱的特点:不介意被忽视。如果你今天对他的报价不感兴趣,明天他还会给你带来一个新报价,是否交易完全由你抉择,在这种情况下,他的行为越是狂躁抑郁则越是对你有利。

市场和交易者之间是一种互动的关系,市场的走势会影响交易者的决策与心理,交易者的决策与心理会反过来影响市场的走势。市场由众多的个体组成,个体的心理或行为一旦形成"羊群效应",就会形成一种具有强大影响力的力量,这种力量可以主导市场的走势,这种力量就是"市场先生"。

市场情绪会主导市场价格的走势,那么,市场情绪又是如何形成的呢?在交易领域,所有的交易者都会面临两大心理障碍:贪婪与恐惧。恐惧,起源于人对未来的不确定性。贪婪,源于欲望,贪婪驱使你去冒险,去尝试,去交易,它是你盈利的动力之源,但是过度贪婪往往会付出惨重的代价。正是每位交易者的"恐惧与贪婪"情绪汇集而成了市场的"贪婪与恐惧"情绪。

为什么"市场先生"如此有诱惑力呢?

从生物学的角度进行解析,人类会对自己成功的预测产生兴奋愉快的感觉,从而上瘾;对自己失败的预测会产生巨大的恐惧,甚至可能形成逃避。神经科学领域新的突破研究证明，人类往往是偏爱遵循某一趋势的动物。具体来说，人类对事物做出的决策是在大脑中进行的，而大脑对趋势的感知是天生的，这意味着，即使趋势并不真实存在，只要一件事连续发生两三次，大脑就会自动地预感到他会再次发生，这是大脑部位的前扣带皮层和阿肯伯氏神经核在起作用，并且一旦事件真的再次发生，人体就会释放多巴胺，从而使大脑充斥着一定程度的快感。

这种情况在股票市场上随处可见。例如一些投资者看到某种股票连续上涨几次，那么就会凭此预期它会继续上涨，而一旦市场应验这种预测，这些投资者的大脑中的化学成分会相应发生变化，从而产生大量快感使之很容易就对自己的预测上瘾。然而当股价并未按预期上涨反而下跌时，产生的资金亏损会刺激大脑中处理恐惧和忧虑的部位——扁桃核。这会带来一种困兽共有的反应——"要么战斗，要么逃跑"。这好比警铃响起时，人的心率必然会加快，股价大跌时投资者生理上也必然会感到害怕。

著名的心理学家、2002年诺贝尔经济学奖获得者丹尼尔·卡尼曼（Danid Kahneman）和他的合作者阿莫斯·特沃斯基（Amos Tversky）研究证明，资金亏损所带来的痛苦程度是等额盈利所带来的快感程度的两倍。也就是说，人们在赚取收益时的满足程度是远低于亏损带来的痛苦，因此投资者往往因为对亏损的承受能力在价格接近底部时达到峰值，从而非理性卖出，等不到价格调整的回升，或者是拒绝在低价时买入拉低成本等操作。

就如格雷厄姆所说："如果没有股市行情，一般投资者的情况可能会更好一些，因为这样的话他就不会因为其他人的错误判断而遭受精神折磨了。"

市场先生在消灭价值的同时，也在创造价值。巴菲特式投资者获得的超额收益正是最好的证明。

第26说　低估与高估（安全边际）

> 投资就是等待着好打的慢球，等待不用费脑子的事。
>
> ——沃伦·巴菲特

市场先生对企业价值的低估与高估，给巴菲特式的价值投资带来了"安全边际"的说法。一直以来，巴菲特说伯克希尔·哈撒韦投资是不择时的，本文分析，巴菲特是以估值代替了择时，通常他是在目标公司被低估时买入，被高估时卖出。

1934年，本杰明·格雷厄姆和戴维·多德在《证券分析》一书中指出："市场价格经常偏离证券的真正价值，因疏忽或偏见引起的对某一证券价值的低估可能会持续很长时间，而由于投资过热或人为的刺激因素造成的价值高估同样有可能会持续很长时间。"他们指出，在进行证券分析时，投资者无法制定出一套适用于所有普通股"正确的估值规则"。他们很早前就观察到，普通股的价格不是通过精确计算得到的，而是人类一系列行为间相互作用的结果。

在巴菲特的投资生涯中，始终谨遵其老师格雷厄姆经常提到两项投资原则："一是不要亏损，二是不要忘记第一条。""不要亏损"的理念可以在安全边际的两个部分中体现，低市净率与低市盈率。价值投资的策略主要基于对"无知、人性贪婪、大众心理、交易成本"等投资现象的观察，进而寻找价格偏离价值的机会。

关于对市场未来走势的预测，凯恩斯超前地提出了投机性市场的影响，其1921年在《论概率》一书中断言："在决策理论意义上，概率是模糊的,其无法精准测度。"凯恩斯认为,由于基本面的模糊,金融交易中无法避免地充斥着"幻想元素"。1936 年,凯恩斯在《就业、利息和货币通论》中指出:"完全竞争的市场在生活中不存在,人们的经济行为总是受到心理因素的影响,由此导致市场的失灵。"他应用人们熟悉"选美活动"的规则及现象,研究和解释股票市场波动的规律。凯恩斯认为金融投资如同选美,需要利用好其他投资者的心理,投资人买入自己认为最有价值的股票并非至关重要,只有正确地预测其他投资者的可能动向,在低估时买入、高估时卖出才能在投机市场中稳操胜券。投机就是要猜别人怎么想,利用别人的情绪波动进行零和博弈。

与理性人假设下的期望效用函数不同,对于价格偏离价值的现象,可以将心理学领域的研究应用于经济学当中进行解释。1979 年,丹尼尔·卡尼曼和阿莫斯·特沃斯基提出了行为金融学重大成果"前景理论",他们认为:"个人基于参考点的不同,会有不同的风险态度,人的决策选择取决于结果与前景的差距,而非结果本身。"前景理论证明了市场会出现低估或高估现象的原因。随后的一年,理查德·塞勒提出"禀赋效应",指的是"当一个人一旦拥有了某项物品,那么其对该物品价值的评价要比未拥有前大大增加"。理查德·塞勒通过探索"有限理性""社会偏好""缺乏自我控制的后果"等人格特质,进一步阐释了人的决策由什么构成。他认为:"完全理性的经济人不可能存在,人们在现实生活中的各种经济行为必然受到各种非理性的影响"。2014 年,罗伯特·席勒认为,市场已然是一个良性运作的"人因工程",随着对导致泡沫及相关问题的心理学因素的认识提升,可以通过创新来进一步改善市场的功能。市场的短期波动本质上受心理驱动的观点已经得到了广泛的认同,投资观念可以像病毒一样扩散,信息技术的发展进一步加速了泡沫的动态形成,而泡沫的产生指的是价格增长的消息以一种心理感染的方式激发投资者的热情，从而产生对股价的低估或高估。

格雷厄姆在《聪明的投资者》一书中提道："聪明的投资者是现实主义者，他们向乐观主义者卖出股票，并从悲观主义者手中买入股票。"巴菲特坚持低概率的本金损失，强调买入时的低价以及股价低于公司内在价值的"安全边际"。安全边际是巴菲特一直坚守的格雷厄姆信条，多年来，一直没有改变。

学习巴菲特的投资方法，安全边际是最主要的"入口"。

第27说　刺猬与狐狸（能力圈）

> 认识你自己。
>
> ——苏格拉底最喜欢的，刻在雅典德尔斐神庙上的话

芒格说："在伯克希尔·哈撒韦，我们是只知道一件大事的刺猬。"此即"能力圈"原则，强调只专注于自己能力范围内、可以理解的、熟悉的领域，对领域中的企业进行深入分析，从而得出投资决策的一种方法。1996年，巴菲特在致股东的信中直言："投资人需要的是对选定的企业进行正确评估的能力"，这被后人评价为巴菲特的四个经典智慧之一。

受费雪理论的影响，巴菲特从不触碰自己不懂的企业。"我们所做的没有超越任何人的能力范围"，巴菲特说："我做投资与做管理没什么两样，没有必要去做非同寻常的事，以追求非同寻常的结果"。他始终坚持只做能力范围的事，不受任何舆论的影响，不被市场的任何波动左右，他认为在自己能力以内的行业执行投资决策已

经足够使他与众不同。

巴菲特之所以是常人无法模仿的对象，是因为他对其坚守的原则有着超强的执行力。罗伯特·哈格斯特朗在他的《巴菲特之道》一书的序言中指出："世界在进化、成熟，变化是永恒的，但投资原则始终坚如磐石，正如巴菲特曾说过的，这就是原则被称为原则的原因。"

巴菲特的价值投资五原则分别是：买股票就是买公司所有权的一部分、市场先生、安全边际、能力圈、护城河。

中国有句古话："生意不熟不做"。这其实就是巴菲特的"能力圈"原则。于是他向费雪学习，坚持构建自己的朋友圈，强化自己的能力。

巴菲特的能力圈培养可以从其成长历程中见微知著，巴菲特从小在他爷爷的杂货铺打工，开始贩卖百事可乐和可口可乐，后搬家到华盛顿，他就开始送报纸，11岁时就跟着做证券经纪商的父亲学习买卖股票，硕士论文是研究导师本杰明·格雷厄姆任董事长的国民保险公司（盖可保险），等等，他后来最成功的投资莫不与此相关。

与芒格是一名律师相比，巴菲特实际上是一位保险精算师。他认为赛马、保险、桥牌、股票的逻辑是一样的，都是概率和赔率的游戏。他以保险为核心打造伯克希尔·哈撒韦企业集团，这是他专业范围的事，在别的保险公司浮存金只能投资债券的情况下，他的保险公司却能将大量的浮存金投资于股票。由此，巴菲特解决了永久性资金的来源问题，况且这种资金是低成本甚至负成本的。与公募或私募基金的同行相比，他毫不担心资金的短缺，也不用承受投资业绩短期波动的压力。除了保险浮存金以外，他投资于能不断产生自由现金流而自身的再生产投入资金要求较少的公司，这些公司为他的再配置提供源源不断的资金。基于此，巴菲特构建了一个"硬杠杆"，这是世界上最特殊的金融杠杆，他最早明白和发现这种特殊性，并最早应用于实践，所以他成为世界上通过投资最富有的人。他运用了这个杠杆,几十年如一日地坚守他的投资原则,在能力圈的范围内,利用好市场的波动,集中、长期投资在有安全边际的高质量公司,享受公司业绩成长所带来的时间的复利。

小时候贩卖可乐的经历,以及邻居是可口可乐的CEO,使他可以在能力圈内从容地大量买入可口可乐的股票,成为其最大的股东,获利巨大。小时候送报纸的经历,使他熟悉报业,《奥马哈太阳报》《布法罗晚报》《华盛顿邮报》成了伯克希尔·哈撒韦的"收费站"。

从能力圈出发进行投资,不去追逐时髦的概念,守住本心,方得成功。

巴菲特关于能力圈的洞见来源于菲利普·费雪,费雪相信:"投资成功只需做好几件事即可,其中之一便是在能力圈内投资。"费雪总结自己早期的错误是:"由于超出我的经验范围,开始投资于自认为很了解的领域,但实际上完全不是,那是一个我没有相应知识背景的领域。"

关于怎样确定能力圈边界,巴菲特给出了具体的方法便是,"写出自己真正了解的企业的名字,在它周围画一个圈,然后衡量这些企业的价值高低、管理优劣、出现经营困难的风险大小等方面,再排除掉那些不合格的企业。

与界定能力圈相比,坚守能力圈更为困难,因为这需要抵挡住能力圈之外的利润诱惑。就像孙悟空给唐僧画了个圈,让他无论如何别出圈,以免受到白骨精的诱惑。但是最后,唐僧却还是被妖怪骗出了圈掳走。股票市场的涨涨跌跌,对人性的冲击太大了,只有坚持"生意不熟不做"的能力圈原则,才会在短线冲高时不追、在股价下跌时不惧、在没买的股大涨时不后悔,平心静气、夜夜安眠。

可以用英国哲学家以赛亚·伯林的著作《俄国思想家》中的经典篇章《狐狸与刺猬》类比对能力圈的解释:与其像狐狸一样的无所不知,但只是肤浅地知道而没有深层次的认知,受到各种引诱而进退失据，还不如像刺猬一样，坚守能力圈。如何做到坚守能力圈？就如李录所言，要"诚实地面对自己"。知之为知之，不知为不知！要如巴菲特和芒格一样，不单纯只看财报，还要持续跨学科学习进化、深入企业调研，从自己的生活常识、工作学习经历、忠诚的朋友圈中去发现机会。在能力圈内专注与专业地持续投资，市场必有回响。

投资，说到底就是认知能力的变现。巴菲特说："我的老师（格雷厄姆）告诉过我一句话，永远不要去做超过自己能力范围的事情。"

查理·芒格在《经营伯克希尔·哈撒韦50年的总结》时说："特别地，巴菲特决定限制他的业务于少数类型，而且最大化地专注于此类型，并持续如此地做了50年，非常出色。"

投资坚守能力圈，安心，放心，开心！

第28说　王子与蟾蜍（护城河）

> 简单地根据历史去推测未来是危险的。
> ——约翰·梅纳德·凯恩斯

"烟蒂股"湿漉漉，又脏又难吸。成长型、高质量、有"护城河"的白马公司才值得长期持有。

1981年，巴菲特在致股东的信中说："大部分的经营阶层很明显地过度沉浸于小时候所听到的，一个变成蟾蜍的王子因美丽的公主深深一吻，而被救的童话故事。由此认为只要被他们优异的管理能力一吻，被购并的公司便能脱胎换骨。"他坦率直言，这些投资者自认为是公主，可以用魔法去拯救宛如蟾蜍的垃圾股，他们往往沉浸在自己的幻想里，"即使在她的后院早已养满了一大堆蟾蜍"。

巴菲特主张投资者应在开始的时候就买入"王子"型高质量的公司股票，而不是"蟾蜍"型的垃圾股。幻想将"蟾蜍"变"王子"，一方面概率太小；另一方面过程太痛苦，成本太高。

从捡烟蒂式地寻找股价低于内在价值的股票，到以合理的价格购买含金量大、成长性高、未来自由现金流稳定的高质量股票，这是费雪和芒格给巴菲特的巨大启发。费雪看重一个企业的竞争壁垒，巴菲特提出的"护城河"理论也是基于此。竞争优势包括研发和销售团队的水平，在产品或者服务上所体现出来的优势，以及公司为维护这种优势所做的努力。高质量公司有以下特征：高盈利性、高增长、高分红、净资产收益率高、总资产收益率高、负债率低、投入资本回报率高。高质量公司意味着可以产生大量的可自由支配现金流，在消费型企业"To C"的业务中有强大的品牌知名度，在同业竞争中往往拥有定价权，科技型企业有远超竞争对手的专利数量。高质量的"王子"型公司的内在价值实际上并不能以账面价值进行简单的衡量，该类公司在消费者的心理账户上有极高值，从而形成"护城河"。

晨星公司（Morningstar）是目前美国最主要的投资研究机构和国际基金评级的权威机构。晨星公司高管帕特·多尔西写了一本《巴菲特的护城河》，书中认为企业的"护城河"包括无形资产、转换成本、网络效应、成本优势、规模优势等方面，高投资资本回报率ROIC是关键因素。晨星公司评价一只股票的等级取决于两个因素：一是股票预期公允价值的贴现，二是公司"护城河"的规模。"护城河"有两个基本特性，高转换成本和规模经济。我们认为拥有牢固"护城河"的公司，能在较长时期内实现超额收益，还可以让投资者减少交易成本。

1993年，巴菲特在致股东的信中首次提出了"护城河"概念："最近几年可口可乐和吉列剃须刀在全球的市场份额实际上还在增加。他们的品牌威力、他们的产品特性以及销售实力，赋予他们一种巨大的竞争优势，在他们的经济堡垒周围形成了一条'护城河'。"巴菲特认为，相比之下一般的公司没有这样受保护的竞争优势，就像彼得·林奇说的那样，销售相似商品的公司股票，应当贴上竞争有害健康的标签。

1995年，在伯克希尔·哈撒韦的年度会议上，巴菲特对"护城河"概念作了仔细的描述："奇妙的，又很深、很危险的'护城河'环绕的城堡。城堡的主人是一个诚实而高雅的人。城堡最主要的力量源泉是主人天才的大脑；'护城河'永久地充当着那些试图袭击城堡敌人的障碍，城堡内的主人制造黄金，但并不都据为己有。"巴菲特喜欢的是那些具有控制地位的大公司，这些公司的特许权很难被复制，具有极大或者说永久的持续运作能力。由此可见，产品特性、特许权、品牌、低成本等，都是"护城河"的主要来源。

马克·塞勒斯对巴菲特持久"护城河"理论做了进一步完善，他认为，持久的"护城河"是一种结构性竞争优势。也就是说，如果你的竞争对手明知你的秘密却仍然无法模仿的话，你就拥有了这种结构性竞争优势，那才是真正的"护城河"。

中国著名的企业家兼投资人、曾与巴菲特共进午餐的段永平说过："投资确实就是买未来的（自由）现金流，未来（自由）现金流最大的保障就是'商业模式'，商业模式里最强的就是垄断，或者叫'护城河'，能涨价的东西就表示他有'护城河'。"

如何定量分析"护城河"？

诺贝尔经济学奖得主尤金·法玛的博士生克里夫·阿斯内斯提出了质量因子（QMJ）的构建方法如下：质量评分标准＝盈利性＋增长性＋安全性，用盈利性、成长性和安全性构建的质量因子，以及贝塔因子（BAB），几乎能够全部解释巴菲特超额收益阿尔法，可见"护城河"的高质量选股原则在价值投资中的重要地位。

在现实经济周期中，企业衰败是不可避免的行业现象，其比例高达97%，而只有3%的企业可以做到不论面对市场经济如何变化都能常青，在这么低概率遇到"王子"的情况下，如何获取收益？本书认为，避开"蟾蜍"、只待"王子"出现是重点——要找到长坡厚雪的高质量公司"滚雪球"。

资产管理就是投资于"三好学生"：一是好行业，二是好企业，三是好价格。

第29说 聪明与犯蠢

不犯蠢其实要比大多数人想的更难，人类总是自以为是，免不了做蠢事。

——查理·芒格

巴菲特无疑是公认聪明的投资者，然而他也有犯错的时候。其老师格雷厄姆曾提出："无论着眼于短期还是长期，人总是会犯错误的，人的竞争能力也有限。股票未来表现的好坏，是由其公司业务的好坏所决定的，仅此而已，不可能有其他原因。"而格雷厄姆在其著作《聪明的投资者》第一章中表示，投资中有以下的一些行为并不是犯错，而是属于"不明智"的犯蠢之举：

- 自以为在投资，实则投机。
- 在缺乏足够的知识和技能的情况下，把投机当作一种严肃的事情，而不是当成一种消遣。

- 投机投入的资金过多，超出了自己承担其亏损的能力。

查理·芒格说："我们每天在做的事，并不是为了努力变得聪明，而是尽量别做蠢事。"在2015年的一场股东大会上，芒格嘲讽学界广泛传播的有效市场假说："我知道这就是扯淡"，他还说"我从不相信伊甸园里有一条会说话的蛇，我对识别蠢话有天赋。我没有什么别人所不具备的洞见，我只是比别人更执着于避免愚蠢"。芒格认为其他人试着变得更聪明，而他全部的尝试就是不做蠢事。想在生活上领先他人，只需要不犯蠢，活得久就行了。不犯蠢其实要比大多数人想得更难，因为人类总是自以为是，免不了做蠢事。

这是一个有趣的现象，最聪明的人如芒格，时时聚焦于如何避免犯蠢，然而傻瓜却始终认为自己在做聪明的事。聪明的投资者普遍有以下特性。

第一，能够分辨自己是在投资还是在利用市场情绪投机。投资意味着对股票长期持有，利用公司的业绩提升牵引的股价上涨获利，投资于高质量成长型公司，长坡厚雪滚雪球；而短线投机是利用市场的误判，比如绩优股不实传言或市场恐慌导致的短线机会，或利用行为金融学进行"壁虎式"的操作，分散而高频。短线操作一定明白自己是在零和博弈，不是建立在能力圈非常了解的公司。投机就是投机，不要自己"傻子"般地自以为是投资。投机不要过于集中，尤其不要在垃圾股上被套后，产生敝帚自珍般心理学上的禀赋效应和处置效应，不断加大仓位以致掉落陷阱，"傻子"大都会蒙蔽自己，误将投机当投资。

第二，要有安全边际，永远不要亏钱。好股还要有好价格，好股价格过高也同样会损失。"傻子"型的投资者自以为是，刻舟求剑，在茅台等优质股在70倍市盈率上时还买入，还自称是"价值投资"。1970年代，美股的"漂亮50"也由于市盈率过高而增速下降跌得损失惨重。再好的公司，市盈率倍数过高，泡沫太大，也会造成亏损，这种心理学上的过度自负也不是聪明的投资者。

第三，控制好自己的情绪，利用好"市场先生"。聪明的投资者利用市场，傻子被"市场先生"所操纵。市场先生的情绪波动，聪明人在别人恐慌时贪婪，别人贪婪时恐惧，低吸高抛；不明智的人恰恰相反，会高买低卖。

巴菲特在接受采访时曾经说："一个人的成功有时候和智商的关系不大，就是若你的智商高达160，其实可以随便去掉30，对投资而言就够了。"他认为在投资方面，真正重要的不是你的智商有多高，关键在于你是否情绪稳定，对自己做出的决定可以坚决地执行。投资中不用在意他人的意见和想法，哪怕有人说巴菲特做错了，他也不大在乎，因为他坚信自己的判断。

第四，聪明的投资者理性而清醒，很清楚运气和能力的边界。巴菲特曾形象地比喻："如果你是池塘里的一只鸭子，由于暴雨的缘故水面上升，你开始在水的世界之中上浮，但此时你却以为上浮的是你自己，而不是池塘。"有些人错把市场的普遍上涨当作自己的选股能力，这种随波逐流的投资者，不是能力强是运气好，并不是聪明的投资者。

第五，诚实地面对自己。巴菲特说："靠谱是比聪明更重要的特质"，投资是通过认知差来利用市场的错误定价而获利的游戏，投资者要清醒地知道自己的能力圈，并坚守在能力圈内投资，不要误判、不要过度乐观，自己骗自己会在错误的道路上越走越远。

第六，慎用杠杆。巴菲特多次强调杠杆的风险性："我们不会让伯克希尔·哈撒韦杠杆化，如果我们去做的话，会赚得更多。"他用长期资本举例说这些非常聪明的人（长期资本的创始人中有两位诺贝尔经济学奖获得者）也因为对杠杆的使用不当把生意做砸了，"用自己的钱，有很多年的经验，结果最后却一败涂地"。

第七，不要做空。巴菲特警告说不要做空，许多人因做空被毁灭，股市是非常不理智的地方，可能价格会远远偏离价值。在股市里面做空，会让不明智的人破产。

威廉·格林在其畅销书《更富有、更睿智、更快乐》中提出，最成功的投资人普遍具有以下独特的习性和个性：

• 独行侠和反传统信仰者。他们质疑普遍的投资价值观，也因为自己更合理、更缜密又客观地思考，获得丰厚的利益。

• 一流的游戏玩家，他们能够在市场和人生中，将获得长期成功的概率最大化、将遭遇灾难的风险最小化。

• 擅长忍耐的纪律风行者。他们汲取各领域的洞见，拥有预测市场走向的犀利直觉，并奉行财务纪律，对痛苦有着强大的忍受力。

聪明的投资者，更富有，更睿智，更快乐！

第三节　巴菲特的决策方式

第 30 说　信息与噪声

> 之所以我们常常会做出糟糕的决策，都源于忽略了噪声对决策的影响。噪声是随机的，但却是致命的。
>
> ——丹尼尔·卡尼曼

市场信息的有效性历年来都被各路学者所争论。美国著名经济学家尤金·法玛于 1970 年提出有效市场假说。所谓有效市场是指"在一个市场当中，如果无法通过利用某一信息集合来形成买卖决策以赚取超过正常水平的利润，那么该市场对这组特定的信息集合是有效的"。支持有效市场假说的学者认为，股票价格是市场上有关公司的所有可用信息的真实反馈，投资者并不能以投资不同股票的方式来获得比市场指数更高的收益。

巴菲特对此并不赞同。巴菲特以及其他格雷厄姆的弟子们，按照格雷厄姆所传授的基本面信息投资分析策略进行投资，大多成功地获得优于市场指数基金的收益。

这是为什么呢？这得从贝叶斯定理说起。

贝叶斯定理研究的是概率的数学计算，描述的是当信息的有效性不能确定时，人们在根据不确定性信息做出分析和决策的过程中是如何计算各种可能结论的概率的。我们不需要深究贝叶斯定理具体是如何进行计算的，我们只需要知道它的逻辑：根据已知的信息和发展状态推测未知事件的发生概率，并不断根据新出现的信息，实时调整相关结论的概率。

巴菲特的价值投资策略正是贝叶斯定理的完美执行。巴菲特在执行投资之前对一家企业的价值判定并非一蹴而就，而是通过对信息不断地分析累积得到一个确定性很高的结论时，才会出手。例如他判定一家企业现阶段虽然股价低迷，但是品牌口碑和业界影响力犹在，这使他燃起投资的兴趣；随后他又发现，管理层的能力是值得信赖和肯定的，那么股价未来上涨的概率又增加了一些；不但如此，这家企业在改善现阶段运营不善情况的同时不断回购公司股票，展示出对公司未来发展的信心。巴菲特通过渐进式的分析，得到一个确定性概率很高的结论——能够证明某企业是一家好公司的证据越来越多，那么这家公司股票价格上涨的概率则会越大，下跌的概率也就越小（见图3-1）。

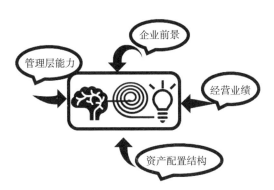

图 3-1　市场上的有效信息使投资者做出理性决策

那这些"证据"从何而来呢？

巴菲特在1994年的股东大会上详细探讨了其通过财务报表信息来判断企业内在价值的方式为，就内在价值而言，任何会计报告中的数字本身都毫无意义。会计报告只是指导方针，告诉你如何获得内在价值。你要试着弄清楚这生意目前正在做什么、随着时间的推移你可能会得到什么、你对得到这个结果会有多确定，以及将这门生意与其他选择的比较。会计数字对我们很有帮助，在某种意义上，它通常指导我们应该思考什么。也就是说，巴菲特对企业内在价值的衡量是通过对其基本面信息进行分析，结合自身的知识储备和判断，找出数字背后的商业运作逻辑。经过合理分析的有效信息就是证明一家公司是好公司的"证据"。

巴菲特的投资思路看似简单，但在进行有效信息分辨时却存在很多困难，因为市场上充斥着大量的信息，包括可以帮助投资者做决策的信息，也同时存在着会影响决策质量的消息——噪声。

金融市场中的噪声是指"虚假的或者失真的消息，是一种与投资价值无关的消息，这种消息可能是市场参与者主动制造的，也可以是市场参与者判断失误造成的"。它导致非理性交易者们的资产估值出现偏差，当市场因为消息的扩散而受到持续的负面影响，理性交易者们可能也会做出非理性决定，加入这个明知是错误的"游戏"，从而导致资产价格和资产实际逐渐脱离（过高或过低）。

这同样可以用贝叶斯定理来解释：当能够证明某企业是一家好公司的噪声越来越多，那么这家公司股票上涨的概率越小，下跌的概率越大。

其实不管是在发达的金融市场还是市场机制相对不够完善的市场，噪声都是普遍存在的。行为金融学鼻祖、诺奖得主丹尼尔·卡尼曼认为："只要做判断，就会有噪声，而且比你想象的要多得多。"他在2021年出版的《噪声》中提出："之所以我们常常会做出糟糕的决策，都源于忽略了噪声对决策的影响。噪声是随机的，但却是致命的。"在当下的投资环境中，投资者们不可避免地被噪声影响而做出一些不理智的决策，因此造成市场上理智的套利者对于市场的正确预测却反而难以实现（见图3-2）。

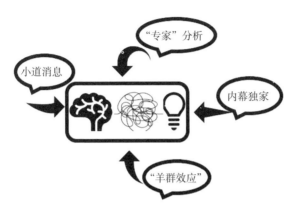

图3-2　市场上存在的噪声使投资者做出非理性决策

在投资市场上流通的五花八门的大量消息中，如何提取出真正有价值的信息是投资者应该考量的重点，以帮助自己做出更好的决策。丹尼尔·卡尼曼强调："很多人都认为多数时候自己是对的，但我们需要知道自己的决策中是有噪声、存在偏差的，那么在做决策时就需要多一些谦卑、更加细致和审慎。"在分辨市场上可以获得的是有效信息还是无效噪声时，巴菲特的建议是要保持独立思考："任何宣称能清楚预见未来的人都很可疑，思考是绝对不能外包的。"他认为只有投资者真正了解了投资标的实际的盈利机制后，才会对消息有自我的识别和判断，而不是盲目听从所谓专业人士的分析或小道消息就进行投资决策。

第31说　定性与定量

> 定量分析可以帮助你赚确定性高的收益，而定性分析可以帮你赚到大钱。
>
> ——沃伦·巴菲特

证券分析可以分为两大类：定量分析与定性分析。

定量分析是根据可量化的投资标准和策略建构数学模型，并利用模型对数据进行计算分析，得到分析对象的各量化指标以参考在一个较低的价位买入，关注的是好价格和安全边际。定量分析始于巴菲特的老师本杰明·格雷厄姆，他喜欢研究公司的档案和年报，定量分析找到那些价格被严重低估、几乎不存在投资风险的投资标的。

定性分析是通过对投资标的业务性质、管理层能力、未来行业发展趋势等无法用统计数据表达的因素进行分析，参考在一个合适的价位买入，这类分析方式对价格敏感度不高，关注的是好公司。定性分析主要以菲利普·费雪为代表，他关注的重点是增加公司价值的因素，与格雷厄姆只购买便宜的股票不同，费雪只投资于内在价值有成长潜力的投资标的。

在巴菲特的投资生涯中，对定量分析与定性分析的运用则是一个不断进化的过程。

早期，巴菲特的投资方法是师承格雷厄姆的"烟蒂"投资法——以寻找非常便宜的股票为目标，获取无风险的收益。1958年巴菲特运营合伙基金时期，他在给合伙人的信中写道："投资一个低姑且有很好（安全边际）保护的项目，是获得证券长期收益的可靠手段。"但随着格雷厄姆定量分析方法的普及，巴菲特发现单纯根据定量分析能够发现的质优价廉的股票越来越少。在1966年度致合伙人的信中，巴菲特说："过去10年市场正在加速变化，导致以定量分析为基础可以明显确定的价廉质优股票数量急剧减少。"在1969年5月29日致合伙人的信中，巴菲特感叹："过去20年里那些强调定量分析因素的分析师能够利用的投资机会一直在持续不断地减少，现在几乎已经完全消失。"

应对运用定量分析法吃力地分析市场变化趋势，巴菲特在好友查理·芒格的影响下，逐渐把费雪的定性分析方法与定量分析方法辩证结合，戏称自己为"85%的格雷厄姆和15%的费雪"，并形成了巴菲特式的投资分析方式：既能够定量分析确认股价被低估，又能够定性分析公司质地优良。1964年，巴菲特对美国运通大规模投资就是一个强调在定量分析的基础上结合定性分析的应用，他对这一投资项目抱有坚定的信心，截至1965年，他对美国运通的投资就占了其仓位的三成以上："将价值数百万美国运通的股票像铲东西一样铲进合伙公司"。巴菲特在后来给合伙人的信中写道："购买正确的公司（有合适的前景、天生的行业条件、管理等）意味着价格会一路走好……这也是能让收银机真正唱歌的原因，但是这并不经常发生，就和洞察力一样。当然，定量分析不需要洞察力，数字会如一根球棒一样狠狠击中你的头。因此，大钱往往是那些能够做出正确的定性决策的投资人赚到的。"

随着巴菲特将定量分析与定性分析结合运用得越来越成功，投资业绩也给了他满意的答案，这也使他的投资分析体系逐渐成熟。哈格斯特朗在《巴菲特之道》中对其评价是："如果今天有机会再做一次表述，巴菲特可能会承认他的方法50%来自格雷厄姆，50%来自费雪，二者平分秋色。"以1988年巴菲特对可口可乐的投资为例，当时可口可乐的市盈率已经高达 13 倍且比其他股票的平均价格还要高 15%，这样的价格远不符合格雷厄姆的投资标准，但考虑到可口可乐未来行业发展前景、管理层能力以及市场占有率等因素，巴菲特认为他是在以雪佛兰的价格购买奔驰。这就是属于典型的巴菲特式的投资分析方式。

然而，巴菲特表示，当资金量越来越大时，定量分析方法会越来越难以适用。2013 年，巴菲特在马里兰大学演讲时，就定量与定性方法在其投资策略影响比重的变化进行了回应："目前，我们是更多的费雪和更少的格雷厄姆，因为我们运用的资本更大了。若是较小的资本，我们会寻找更高的安全边际和更便宜的股票。"

无论在巴菲特的投资决策中，定量分析与定性分析对其影响的占比如何变化，巴菲特始终强调，定性分析需要在定量分析的基础上与之结合。他在 1964 年致合伙人的信中阐述过两者的关系："我要再次强调，必须进行定量分析，而且定量分析是必需的也是最根本的分析，但同时定性分析也是十分重要的。我们喜欢良好的管理，我们喜欢良好的行业，我们喜欢在原来类似休眠一般昏昏沉沉的管理层或股东群体中具有一定数量的'骚动者'，但是，我们真正要的是价值。"

在市场上，能同时满足巴菲特这种将定量分析与定性分析辩证结合标准的股票是非常难得的，更多的时候是有发展前景的好公司价格非常高不适合买入，或者价格低的便宜公司但发展前景堪忧，面对这种找不到达标的投资标的的情形，巴菲特的选择是等待。

他在 1984 年致股东的信中说："最近十多年来和现在一样，实在很难找得到既符合我们对公司'质'的标准要求又符合我们对股票的价值相对于价格'量'的标准要求两全其美的股票。我们尽量避免降低标准以进行妥协；尽管我们发现什么事都不做却是最难以做到的一件事。"

可见，巴菲特式的投资分析方法是："定量分析可以帮助你赚确定性高的收益，而定性分析可以帮你赚到大钱。"在形形色色、五花八门的股票中，只有在以定量分析的基础上，再将定性分析作为决策依据，才是真正看懂了巴菲特的投资分析之道。当然，在投资机会到来之前，等待是必要的。

第32说　统计与预计

明天股价涨或者跌，世界上只有两个人知道：一个是上帝，另一个是骗子。

——华尔街名言

大部分人依然执着于通过各种可能方法对短期内股票价格的涨跌进行预测。他们相信能够通过已知的数据或现象，利用归纳法统计、总结出确定性的交易范式用以指引投资决策。利用归纳法的思维来总结规律是相信行情具有一定的相似性与重复性，也就是人们所说的"历史会重演"。

事实并非如此。巴菲特说："在金融界，对于过去表现进行统计所产生的证据要小心，如果历史书是致富的关键，那么福布斯400的富豪榜单将由图书管理员组成。"可见，利用归纳法统计历史数据得出的一般规律，虽然可以解释过去的股市进程，但是对预计未来的股市没有绝对的指导性，更无法解释"黑天鹅"这种小概率事件（见图3-3）。

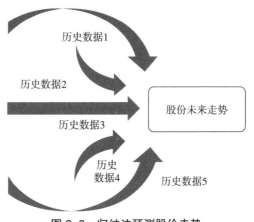

图 3-3 归纳法预测股价走势

对于股市短期走势的预测,很多伟大的投资大师也没有更好的办法。美国先锋集团(Vanguard Group)创始人约翰·博格解释说:"统计资料表明,证券分析师大约只有 10% 的概率能够猜中市场是处于谷峰还是谷底。而投资者如果想赚钱,就必须既要猜中什么时候是谷峰,以便能及时卖出;又要能猜中什么时候是谷底,以便能及时买进。连续猜中两次(成功一次)的机会只有 1%,连续成功两次的机会更是只有万分之一。"对短期股价波动这种随机事件的发生,据他所知,在他从业的 30 年间,从来就没听说过有人可以连续两次预测成功。

这一观点与本杰明·格雷厄姆的看法完全一致。他说:"如果说我在华尔街 60 多年的经验中发现过什么的话,那就是从来没有人能够成功地预测股市变化。"

巴菲特在 1980 年致股东的信中也说:"对于未来一年的股市走势、利率以及经济动态,他不会做任何预测,过去不会、现在不会、将来也不会,股价预测对了解股市发展没有帮助。"他认为,投资者真正要关心的是该公司未来的收益变化,而不是股价波动,否则就是舍本逐末。因此,巴菲特说:"未来永远是不确定的。在大家普遍看好时,你只能花高价从市场买入股票。不确定性反而是长期价值者的朋友。"

那么在面对股价的波动时,巴菲特具体是怎样进行决策的呢?巴菲特从不预测市场,只专注于企业的内在价值。他所遵循的是一种演绎法思维,以反映客观规律的理论认识为核心,围绕这一核心从已知的事物推测未知的部分。他在1994年的股东大会上详细阐述了这一逻辑,投资者要清楚了解投资标的的商业运作模式,从而可以推测出企业未来的规划以及项目实际会带来的现金流,进而能够衡量企业的内在价值。巴菲特在投资上运用的这种演绎法又称为投资中的第一性原理。

需要注意的是,巴菲特的说法主要是提醒人们不要草率地基于对数据的归纳来预计未来股市的走势,并不是指统计归纳法是无用的。相反,在科学发展的进程中,几乎所有重大的科学发现都是由归纳法与演绎法结合运用得出,归纳是认识的基础,归纳本身离不开演绎;而作为演绎出发点的公理、定律、假设都是归纳的结果。也就是说,前人留下的智慧正是经过无数的统计归纳得出的,在归纳得出的客观规律的基础上,可以通过演绎法指引未来的长期走势(见图3-4)。

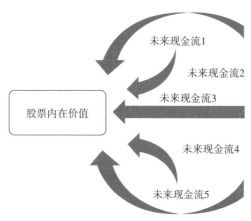

图3-4 演绎法衡量股票内在价值

巴菲特正是运用演绎法衡量企业价值进行决策，从而形成了他独有的价值投资理论。他是以企业内在价值为核心，认为股价的波动是围绕内在价值而变化的，虽然短期股价波动是随机事件，但长期来看，股价回归与企业内在价值是有必然联系的，所以巴菲特才会说："股票的短期走势是不可预计的"，既然这样，也就没有必要在这方面枉费心机了。而"长期走势是可以预测的，如果预测股市长期走势的话，我就觉得非常容易。格雷厄姆曾经告诉我们为什么会如此，尽管短期来说股市是一个投票机，但长期来说股市却是个称重机"。

我们学习巴菲特，一定要明白，不预测市场走势，努力研究企业内在价值才是投资成功的秘诀。这样可以分析得出股票的长期走势，并在长期走势中利用股价波动来获取收益。这种研究企业内在价值的方式，需要应用演绎法。而演绎法作为第一性原理的推理基石，必须不断地通过跨学科学习、不断收集更多的思维模型，掌握的思维模型越多越可能制定出最优的投资策略。正如芒格所说："就确定未来而言，没有比历史更好的老师……一本 30 美元的历史书里，隐藏着价值数十亿美元的答案。"也就是说，当你通过不断学习，收集的思维模型越多，那你能解答的问题也就越多，从而推测的信息也会越丰富，投资的决策也就越准确。

第 33 说　胜率与败率

从承担最小的风险来获得最大的收益。

——凯利公式

在巴菲特的投资生涯中，价值投资分析与凯利公式正如其投资的左膀右臂，两者缺一不可。在分析评估投资回报率与投资成功概率之后，就轮到凯利公式出马了，它将用数学方法描绘胜率与败率同仓位的关系。

凯利公式是什么？1956年，物理学家小约翰·拉里·凯利（John Larry Kelly Jr.）提出了凯利公式，主要用来在博弈和投资中确定最优的下注或投资额，它指出在一个期望收益为正的重复性赌局或者重复性投资中，每一期应该下注的最优比例。最初被用于21点、轮盘等博弈游戏，后来被爱德华·索普（Edward O. Thorp）率先运用于赌博和股票交易上，并且取得巨大成功。

有传闻说，巴菲特在1968年受人所托去评判爱德华·索普是否为可靠的资金托管人，事后，巴菲特不但对索普的评价非常高并且相互交流分享了很多投资心得。在那次会面中，爱德华·索普将凯利公式分享给了巴菲特。之后，在巴菲特的投资策略中，凯利公式的影子随处可见，尤其是其核心思想的体现——以承担最小的风险来获得最大的收益。

凯利公式的具体表达是在一个期望净收益为正的独立重复赌局（即赢面大于0的博弈）中，计算出获得长期总本金增长率最大化的投注比例，算法如下：

最佳仓位（f）＝[（净赔率×胜率）－败率]/净赔率

即：$$f = (pb-q)/b$$

胜率 p 指获胜的概率；败率 q 指失败的概率；净赔率 b 指减去押注本金之后的净收益是本金的多少倍。

凯利优化模式可表达为：

$$2p-1=X$$

即投资者的持仓（X）等于2倍的胜率减去1。这个凯利优化模式告诉我们，投资者应该在胜率高于50%时才能下注。同样，当胜率达到100%时，理论上是可以100%持仓的。

"在成功概率高时下大赌注，这就是凯利优化模式的简易表达，这也是价值投资资金分配的根本原则。"

凯利优化模式描述了一个赌徒如何既"使自己的资金量呈指数增长"，同时避免遭受赔光一切的可能，是一种对风险进行精算的模式。运用到投资市场中，它是一种非常好的资金管理方式，既减少本金亏损概率，又使收益达到最大。

巴菲特将凯利优化模式充分运用到伯克希尔·哈撒韦的投资资金分配上。他强调凯利公式的概念是一个理性思维的过程，在成功概率未达到预计的标准前，要克服各种各样的诱惑，耐心等待，直到最佳机会出现，才可以进行重点投资。他认为凯利公式从数学的角度对胜率和仓位进行解释是非常直观的，该公式有助于投资者更好地理解投资资金的分配过程。

2013年，芒格曾在的一个采访中对巴菲特2009年大举加仓富国银行的投资逻辑进行解释，他说，这一增持行为是由于巴菲特当时对富国银行有着巨大的信息优势。巴菲特比别的投资者更清楚富国银行是2008年的金融危机中相对来说遭受损失最小的银行，同时他对富国银行的企业文化、风控能力以及风险敞口等方面也都更加了解。也就是说，经过巴菲特对富国银行的衡量，可以得出其投资风险非常小的结论——就算整个美国银行股全部崩盘，富国银行也会是最后的那个。利用自己这个信息优势，巴菲特选择押大赌注。这是一个典型的利用凯利优化模式进行投资决策的案例，现在来看，当时的这一投资操作也确实是对富国银行完美地"抄底"。

如上所述，凯利优化模式对于像巴菲特这种投资于几家企业的集中投资者来说，是把控仓位的有效判断工具。与此同时，在运用凯利公式进行衡量时，要注意它的以下三项制约条件。

第一，着眼于投资长期的成功概率。在赌局中，即使21点的玩家已掌握了打败庄家的模式，成功也未必能在前几副牌中显现出来。对投资也是同一道理。在短期来看，投资者即使选对了投资标的，但市场对其业绩成长却没有及时地回应，市场价格随机波动，很难进行预测，这就需要投资者将眼光放长，等待市场将价格向价值修复的机会。

第二，在投资中使用杠杆是需要谨慎考虑的。借贷进行投资是具有很高危险性的，巴菲特等投资大师均不提倡这种投资方式。如果投资者将凯利优化模式运用到借贷投资的操作中，那么股市短期内的一次下跌就可能迫使投资中断。

第三，对于胜率的判断要相对保守。如果投资者对于某项投资成功概率的判断高于其实际的成功概率，那么，过多地持仓将会使面临的风险变得不能承担。对于这种情况的有效控制方式是谨慎的持仓占比——将凯利优化模式中的成功概率保守使用。对胜率进行打折处理即是变相地提高持仓的安全性。

第34说 概率与频率

如果你一辈子只打20次孔，每做一次投资就打一个孔，孔打完了，一生的投资也完成了，那么就要对每一次打孔都进行很细致的斟酌。

——沃伦·巴菲特

概率和频率影响投资决策。

如果你所调查的环境仅有几种有限的可能性，那么概率计算就只是一个简单的算数问题。比如一个骰子只有6个面，落地时任一面向上的概率都是1/6。

如果存在无限多种可能的结果，或有无限多的案例，那么你就可以通过频率分布得出概率。也就是说，通过对各种可能进行分类，你将发现在不同分类上会出现不同的频率分布，根据大量的频率分布可以推测出概率。这就是在气象上预测长期天气的方法，也是保险公司根据驾驶员的不同类别分布而设立不同的汽车保险费率的方法。同样，在股票分析上也可以如此。

具体如何利用概率和频率的概念指导投资决策呢？

在实际操作中，往往没有足够的信息得出频率分布，投资者需对更多的信息进行主观筛选，尽可能多地收集相关的有效信息并进行彻底分析，得到大量的频率分布，从而推测出投资某股票成功的概率为40%、50%、70%等。

当有新的信息出现时，根据贝叶斯定理，随时调整相关结论发生的概率：如果X情况发生，成功概率为55%；如果在X情况发生的条件下Y情况发生，成功概率为70%。

解决概率的问题之后，就需要了解：什么时候动手？答案是：等待最佳时机。当你通过概率分析，得知投资成功是大概率事件时，就是你行动的时候。

芒格曾用赛马的案例生动地解释过这个问题："就连傻瓜也能看出，一匹马如果具备负重轻、记录好、位置好等优势，就比另一匹记录不佳、体重超重的马更有可能取胜。但是当你看到劣马的赔率是1∶100而良马的赔率只有2∶3时，从统计的角度而言，你很难说哪一个赌注更好，因为盈利的潜力并不令人激动。最切合实际的做法应该是，耐心等待，直到良马出现有利的赔率时再动手。"

如果此时你得到信息，另一匹马也具有很高的胜算，而且赔率更加吸引人，那么这才是你应该下大注的对象。芒格对此的解释是：

"人类并没有被赋予在任何时候了解任何事情的天赋，但那些努力工作、寻找和筛选错误定价背后下注机会的人，偶尔会发现一个机会。"他进一步说："当世界提供这样的机会时，聪明的人会下重注。而在其他时候，他们不会这样。"

巴菲特提出过一个打孔原则，"如果你一辈子只打20次孔，每做一次投资就打一个孔，孔打完了，一生的投资也完成了，那么就要对每一次打孔都进行很细致的斟酌。"这背后实际上蕴含了概率的思维：巴菲特认为在人有限的投资机会里应该只专注于那些成功概率高的投资，毕竟每一次投资都会对资产管理有着不可忽视的影响，所以在投资之前大量的分析是必要的。市场上存在着的大多数投资者相信，收益与风险成正比，他们在承担较大风险的同时也是在抓住获取大额收益的机会。然而，真正在市场上游刃有余的投资大师并不是这样认为，他们在寻求平均利润期望值为正的投资机会，而非追求高风险中博求高收益的可能，因此他的投资风险很小，甚至有时候几乎可以忽略不计。这与芒格的想法不谋而合。

在巴菲特众多成功的案例中，对可口可乐的投资一直是其价值投资的极致代表，也是对概率和频率的完美诠释。在这个案例中，我们可以看到，巴菲特如何得到确定性高的投资结论，以及在高概率的情况下如何进行投资决策。

1988年，巴菲特购买了价值10.23亿美元的可口可乐股票。他衡量是否进行投资主要依据是，可口可乐近100年的经营业绩记录。这意味巴菲特可以根据这些有效信息进行频率分布的分析从而得出概率，同时，运用贝叶斯定理分析后续新增的信息不断对相关结论的概率进行调整，例如巴菲特可以看到罗伯特·戈伊苏埃塔领导的可口可乐管理层正在改善企业的经营结构，并且在市场上不断回购公司股票，这意味着可口可乐管理层的这些操作都是在不断提高公司的内在价值，而这也使巴菲特衡量的投资成功概率随之提高了。

自首次购入可口可乐的股票之后,巴菲特分别在 1991 年和 1994 年继续增持了可口可乐股票。在 1998 年年底,巴菲特在可口可乐的持股为 134 亿美元,10 年涨了 11 倍,年化的收益率是 27%。

在可口可乐实例中,我们看到巴菲特是如何实施他的投资决策的:当成功的概率非常高时,押大赌注。

第 35 说　确定性与可能性

真正的投资是乏味的。

——乔治·索罗斯

在"模糊的正确"指引下,将不可避免地遇到两类企业,确定性高的与可能性高的。

投资于确定性高的企业与投资于充满可能性的企业确实是很多投资者难以取舍的难题,不确定性意味着企业未来有更多增长的可能,同时也面对更多的风险;而确定性意味着在投资一开始,可以获取的收益已经可以清晰计算,要考量的只是市场对价格修正所需的时间。巴菲特无疑是在"模糊的正确"指引下极致追求确定性的投资者,这里可以和埃隆·马斯克的不确定性投资理念做一个鲜明的对比。

巴菲特和埃隆·马斯克(Elon R. Musk)在投资理念上的区别,可以从职业的角度来解释。巴菲特是投资家,以价值投资为核心理念,追求低风险的长期收益,以分析企业的商业稳健性和未来收益能力为基础。埃隆·马斯克是企业家,致力于在互联网、清洁能源以及太空这三个影响人类未来发展的领域有所建树，这需要他在现有的市场中高度创新，冒险是分内的事情。

二者最显著的差异可以在特斯拉（Telsa）的投资案例中得出，2004年埃隆·马斯克投资630万美元担任特斯拉董事长，究其原因，是为了应对全球变暖的危机，他愿意投身研究如何改变汽车依赖燃油产生巨量二氧化碳的现状，用他的话来讲就是："我们要为人类创造美好的明天，梦想无价"。特斯拉的发展没有让埃隆·马斯克失望，人们逐渐对特斯拉的认可使其在2020年涨幅超过7倍，2021年又大幅上涨60%，两年10倍的股价涨幅证明了这家企业无限的可能性（见图3-5）。

图3-5　特斯拉2017—2021年股价走势图

数据来源：Wind。

巴菲特对是否投资特斯拉却并不看好，他认为目前特斯拉的市场价格已经远超其内在价值。以特斯拉的基本面信息来衡量，2021

年 10 月其市值已突破万亿美元,这一市值甚至远超福特汽车公司、通用汽车以及菲亚特克莱斯勒汽车这三家传统车企的总市值之和。但是与传统车企行业指标相比,特斯拉其实只是家交付量极低的小公司,并且还要面对与拥有庞大资金的传统车企巨头们竞争。特斯拉的可能性是值得肯定的,但是由于它的确定性不能衡量,因此是不符合巴菲特投资标准的。

马斯克认为,巴菲特似乎"宝刀老矣",更是嘲笑巴菲特的工作是"枯燥并且乏味的"。

事实上,近年来尽管特斯拉涨势迅猛,两年 10 倍的涨速确实使人望尘莫及,但巴菲特对苹果公司的大举投资也收获颇丰。自 2016 年以来苹果公司的股价涨幅接近 5 倍,并且从投资比例方面来讲,全球最成功的成长股"捕手"柏基投资(Baillie Gifford)也仅持有苹果公司一成仓位,而巴菲特却持有超过四成仓位。从投资收益的角度来说,对苹果公司的重仓持有意味着"枯燥且乏味"的巴菲特,至少在收益上还是跑赢了特斯拉的。我们可以简单地计算一下,一成仓位 10 倍涨幅与四成仓位 5 倍涨幅,这对全部本金来说,是相当于前者只涨了一倍而后者却翻了一番。更何况,这场马斯克对特斯拉的投资与巴菲特对苹果公司的投资还没结束,这两种投资思路谁能笑到最后还不得而知。

对比特斯拉和苹果公司,事实上,无论以产品本身出发还是从股票价格的涨幅来说,特斯拉这两年无疑更胜一筹,而苹果公司的表现相对来说并无惊喜。人们可能会被特斯拉这种创新的企业所吸引,但殊不知,真正好的投资本身其实都是"乏味的"。对于投资大师来说,投资不同于创业,创业追求的是梦想和激情,而投资追求的是"即使公司的股价暴跌了,还是会睡得很香"的信心。正如乔治·索罗斯(George Soros)所言:"如果投资成了娱乐,如果你从中得到乐趣,那么你可能根本挣不到钱。真正的投资是乏味的。"

2016年，在巴菲特买入苹果公司股票的这一年，北欧最大银行北欧联合银行（Nordea Bank）的股票投资负责人纳斯曾说过，"苹果已经是一个乏味公司，股票风险不大，可以买入"。可谓是英雄所见略同（见图3-6）。

对苹果公司的投资恰恰印证了巴菲特的投资观，传承格雷厄姆低价格的定量分析思路和费雪以企业价值为衡量的定性投资理念。碳减排和新能源汽车无疑是人类未来发展的方向，特斯拉的产品也富有创新精神，但其并不符合巴菲特的投资标准。用芒格的话来说："不知道比特币达到5万美元更疯狂，还是特斯拉达到1万亿美金的市值更疯狂。"

图3-6　苹果2017—2021年股价走势图

数据来源：Wind。

相对于可能性不可预计但伴随着高风险的投资标的，巴菲特的价值投资理念更看重业绩的确定性（注意这是在"模糊的正确"指引下的确定性），也正因为如此，巴菲特重仓持有的企业都有着非常优异的业绩表现。在他心中，确定性才是长期重仓持有的信心来源，而缺乏确定性支撑的可能性虽然诱人但同时也非常危险，也就可能丧失长期重仓带来的复利的丰厚回报。

第四节　巴菲特的估值方法

第36说　分子与分母

在写于50年前的《投资估值理论》中，约翰·布尔·威廉姆斯提出了价值计算的数学公式，可以将其精炼为：今天任何股票、债券或公司的价值，都将取决于其未来年度剩余年限的现金流入与流出，以一个适当的利率加以折现后所得的期望值。

——沃伦·巴菲特

约翰·布尔·威廉姆斯（John Burr Williams）生于1900年，1989年9月15日去世，享年89岁，长寿且相当富有。他是首批提出企业内在价值决定股票价格的经济学家之一，开创了基本面分析的投资方法并将其发扬光大。1923年，威廉姆斯进入哈佛商学院，毕业10年之后，他为了研究导致1929年股市大崩盘，以及随后的30年代经济大萧条的根本原因，再次回到哈佛攻读经济学博士学位，著名经济学家、他的老师约瑟夫·熊彼特建议他研究股票的内在价值问题，他听从了老师熊彼特的意见，博士论文《投资估值理论》

中首次提出了股利贴现模型（DDM），也就是现在的现金流量折现估值模型的原型：

模型1：股利贴现模型DDM

$$V = \sum_{t=1}^{\infty} \frac{D_t}{(1+r)^t} \qquad (3-1)$$

式中：V为股票现值；D_t为每期股利；r为贴现率。

模型2：戈登股利固定增长模型（GGM）

假设股利一直以固定比率g增长，公式如下：

$$V = \sum_{t=1}^{\infty} \frac{D_0(1+g)^t}{(1+r)^t} = \frac{D_0(1+g)}{r-g} \qquad (3-2)$$

式中：V为股票现值；D_0为起始时刻股利；r为贴现率；g为股利固定增长率。

模型3：DDM股利贴现模型展开模型

$$V = \sum_{t=1}^{\infty} \frac{(净资产 \times ROE \times d)_t}{[1+(r_f + \beta \times \frac{风险评价}{风险偏好})]^t} \qquad (3-3)$$

式中：V为股票现值；ROE为净资产收益率；d为分红率；r_f为无风险利率。

根据股利贴现模型与戈登股利固定增长模型结合，可以推导出股利贴现展开模型，从公式中，可以看出影响股票内在价值的因素是股利与贴现率：股利（分子端）受企业盈利影响，盈利越多，企业可分配的股利就越多；贴现率（分母端）可看成由无风险利率和风险溢价组成：无风险利率即投资标的不会违约的利率；风险溢价，代表你愿意为获得股票的收益多承受的风险，由风险偏好决定。大家知道，决定股息大小的最主要因素为 ROE，也就是企业盈利能力。分母端的两个部分，其一无风险利率 r_f，一般指 10 年期国债利率；其二企业 i 的风险溢价 r_i，$r_i = \beta_i \times (r_m - r_f)$，而影响风险溢价最主要的因素在于风险偏好。所以，一般而言，分子是指公司的盈利能力，股票的分母是指投资者的风险偏好。

价值投资即基本面投资，注重企业的盈利能力，在风险偏好方面是比较保守的。重视模型分子的部分就是重视公司的盈利性，价值投资者关注的基本面财务指标主要包括 ROE、ROIC、毛利率、净利率和自由现金流等。

巴菲特特别关注自由现金流，理论上最准确的估值方式就是现金流贴现模型（DCF 模型）："是把企业在未来存续期内的所有现金流贴现到今日，得到的数值就是企业的内在价值。"当企业股利不稳定，不便进行衡量时，可以用 DCF 模型替代 DDM 模型对现金流增长相对稳定的公司进行估值（见图 3-7）。自由现金流（Free Cash Flow，FCF），即"企业产生的、在满足了再投资需要之后剩余的现金流量，这部分现金流量是在不影响公司持续发展的前提下、可供分配给企业资本供应者（股东和债权人）的最大现金额。简单地说，自由现金流是指企业经营活动产生的现金流量扣除资本性支出（Capital Expenditures，CE）的差额。用公式表示为：$FCF = OCF - CE$。"

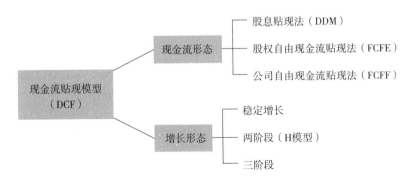

图 3-7　现金流贴现模型体系

模型 4：DCF 现金流折现模型（两阶段）

第一阶段为变动增长，第二阶段为永续增长。

$$EV=\sum_{t=1}^{t=H}\frac{FCFF_t}{(1+WACC)^t}+\frac{PV_H}{(1+WACC)^H} \quad (3-4)$$

式中：EV 为企业整体价值；1 至 H 年为第一阶段；H 年之后为第二阶段，PV_H 为第二阶段企业自由现金流量在第 H 年的现值。

企业自由现金流（FCFF）=（税后净利润 + 税后利息费用 + 折旧与摊销 + 其他非现金支出）– 营运资本追加 – 资本性支出

$$加权平均资本成本（WACC）=\frac{股权市价 \times 股权预期收益率 + 债权市价 \times (1-税率) \times 债务成本}{(股权市价 + 债权市价)}$$

股权预期收益率 = 无风险利率 +（市场收益率 – 无风险利率）× 市场风险 β + 调整因子 ε

债务成本：一般根据企业现在的债务收益率来确定，比如银行贷款利率、债券利率等。

我们首次提出对未来现金流的预判，分为巴菲特和贝佐斯两条路线。

第一条路线是巴菲特方式，根据过去的统计数据定量分析和未来可能获得的现金流定性分析相结合。巴菲特严守投资在安全边际的范围内，也就是以公司过去 3—5 年的财务指标的表现为基础，在分析公司、行业的稳定性和公司的竞争地位等条件下，去预测公司的未来现金流。再根据自己的能力圈的概率把握程度，给予比较高或一般高的折现率，最后对公司的内在价值进行估值。

第二条路线是贝佐斯方式，这种方法运用模型 4，两阶段甚至三阶段的自由现金流估值模型。定性分析加定量分析，先估算市场的规模和容量，再计算公司未来在这个市场中的占有率，根据公司的销售增长和市场占有率的增长来估算自由现金流，并确认概率。贝佐斯的亚马逊极力推动商品低价，以顾客为中心，开发顾客的需求，强力推动消费者从传统线下购物习惯转变为线上，从而超越沃尔玛成为世界上最大的商品零售商。在此基础上进一步扩展业务，亚马逊推出亚马逊云等，公司的自由现金流进一步扩大，估值进一步提高。贝佐斯估值方法，是基于他对产业的洞见，这种估值方法对于一般人而言不确定性太大。软银集团的孙正义也是看好互联网消费行业，他做了一个交易所交易基金（Exchange Traded Funds，ETF），在中国投资阿里巴巴，在印度和其他国家也投了一些互联网购物公司。

第二条路线的估值方法，定性的成分更大，对伯克希尔·哈撒韦这样的金融公司，风险偏好不一样且难以匹配。所以，巴菲特说他只能赚他自己能力范围内的钱。苹果公司与亚马逊相比，定量的数据更明显，所以，巴菲特投资了苹果公司。在概率更大时，投资比例更大，收益一样会很大。与其在把握相对小的亚马逊公司股票上投资小比例，不如在把握大的苹果公司上投资大比例，这就是巴菲特的决策思路。

巴菲特赚的是"分子"的钱，巴菲特的阿尔法来自对能力圈的高质量公司大比例集中投资，长时间获得复利。

现阶段对价值投资需要完善定义，霍华德·马克斯（Howard Marks）认为当前阶段，科技型投资成为价值投资的主流。贝佐斯和孙正义，初期风险偏好很大，归根结底是做大分子的业绩，从亚马逊和阿里巴巴的业绩来看，他们是长期价值投资者。

估值模型分母中的无风险利率，其实就是宏观。对各国央行的决策者而言，对内通货膨胀和就业是利率的锚，对外汇率是利率的锚。全球都盯着美联储的货币政策，放水或是缩表，再制定相应的应对措施。利率低，对科技股有利；利率高，对伯克希尔·哈撒韦这种持有避险资产的公司有利。

根据市场的情绪（贝塔，β）进行股票操作的投资者，是短线的投机者。短线的投机者，没有运用自由现金流模型对投资标的估值，内心对公司的内在价值没有概念，只是捕风捉影道听消息，看图形和量能，如凯恩斯说的用"选美效用"去猜测其他投资者的意图。投机者根据分母进行买卖，先猜其他投资者的风险偏好和心理活动再进行投资决策，这属于情绪型的交易者，只有心态极好的人，才能战胜市场。

不看分子看分母是舍本逐末的做法，有些投资者，不在自己的能力圈范围内找投资对象，不熟悉公司的业务，不分析公司的财务，不了解公司的管理层，不对公司进行定量和定性的内在价值分析，长期来看，是没有出路的。短线交易的唯一出路是量化投资，运用数量模型，用机器进行交易，可以将交易中的人的心理波动剔除出模型，从而加大胜率。

没有对公司的定性和定量分析，通过"修心"去战胜市场，是极少数人才有的"情绪钝感"天赋，普通人实际上在市场中做不到，没必要为此去耽误美好的人生。

投资者应该像巴菲特一样，多关注分子，少关注分母，牢记格雷厄姆的告诫：利用市场先生，别被市场先生利用。

第37说　价格与价值

价格是你所付出的，价值是你所得到的。

——本杰明·格雷厄姆

在投资中，价格和价值是一对永远绕不开的话题。价值是价格的基础，价格是价值的表现形式：价值决定价格，价格围绕价值上下波动。

价格是市场给公司股票的标价。关于价值，通常是指公司的内在价值，格雷尔姆给出了简洁的定义："内在价值是取决于事实的价值，这些事实包括公司资产利润和分红以及未来的明确前景。最重要的因素是未来的盈利能力，一个公司的内在价值取决于未来预期，利润乘以合适的资本化系数，这个资本化系数和乘数受到公司利润的稳定性、资产、分红政策和财务健康状况的影响。"

1934 年，本杰明·格雷厄姆和戴维·多德在《证券分析》中提出，市场价格往往不能与其真正价值相对应。这是因为价格是市场与投资者相互影响的结果，而市场上实际存在大量的非理性投资者，菲利普·费雪恰当地描述："股市里充满了只知道价格，却不知道价值的人们。"他们的存在是价格偏离价值的根本原因。

1984 年，巴菲特在哥伦比亚大学的座谈会上指出，信奉格雷厄姆和多德的投资者有一个共同的观点，市场存在定价错误，去寻找某企业的价值与价格之间的差异。这些价值投资者只关心两个变量，价格和价值。

巴菲特相信市场经常是无效率的，价值投资者成功利用了价格和价值之间的落差。

股票价格是随机波动的，但是企业的内在价值却是有迹可循的。然而，股票的估值不可能像债券以合同形式规定的那样明确，那么，投资者应该如何对公司的内在价值进行估值？

巴菲特用自由现金流折现模型对公司的实际价值进行估算。他使用威廉姆斯现金流折现模型和戈登股利模型，使用无风险利率作为衡量手段，现代投资理论中要求加入风险溢价，巴菲特以加大安全边际作为补偿，当长期利率出现异常低下的情况时，巴菲特会特别谨慎，他在无风险利率的基础上加几个百分点以反应更为正常的利率环境。现在的基金经理一般采用两阶段DCF折现模型来计算公司的估值。巴菲特为了解决对未来现金流的确定性预测，通常会选择投资业务简单易懂、持续盈利能力、稳定现金流、有竞争性垄断优势这四个方面特征的行业，比如必选消费、可选消费和金融服务中的优质公司。

巴菲特总结道："无论一个投资者基于什么样的估值、什么原则买股票，无论公司成长与否，无论盈利呈现出怎样的波动或平滑，无论相对其当前盈利、账面值而言的价格是高是低，投资者应该买入的是以现金流折现方法计算后，最便宜的股票，越便宜越好。"

每股股价等于每股利润乘以市盈率倍数，格雷厄姆讲的资本化系数就是市盈率倍数。对公司价值的估值取决于对未来利润的预测和市场给予公司估值的市盈率倍数两个方面。未来利润由公司未来的经营情况决定；市盈率由市场情绪决定，同时受到市场货币的宽松或紧缩左右。对于个股而言，同时盈利改善和估值提升的"戴维斯双击"是股价最快的上升时期。

巴菲特认为，长期而言，公司的价格与公司的价值终将交汇。价值投资者通常是长期投资者，对企业5年、10年后的经营情况预测，通常是一个很不容易的事情。市场环境、企业家的能力和理性、主要业务和产品的竞争力、新技术的使用、利率、汇率的波动，品牌等无形资产的变化等，有太多的不确定性。巴菲特是如何最大限度地解决这个问题并取得成功的呢？本文分析如下：

- 安全边际。在估值的时候，留足空间，保持足够的安全边际。
- 能力圈。在自己有判断力的行业和公司上下重注。
- 选择行业。选择稳定的行业，避开激烈竞争和动荡的行业。
- 选择时机。利用自由市场经济的特点，在经济危机时买入优质企业。

巴菲特发现了价格与价值背离的规律，选择竞争稳定的行业，在别人恐慌时买入盈利性、成长性高的有足够安全边际的优质企业——在正确的时间，以正确的价格，买入正确的公司。

利用市场定价的错误，投资内在价值高的公司，是巴菲特恰当"拿捏"价格与价值关系的成功秘诀！

第38说　账面价值与内在价值

知道得越多，才知知道得越少。

——苏格拉底

账面价值与内在价值是两个不同的概念，投资者需要谨慎区分。以 PB 估值的，是账面价值；以 PE 估值的，是内在价值。

从静态来看，公司估值像"冰山"，浮在水面上的是账面价值，隐藏在水面下的是内在价值，内在价值往往不能被准确测量，能观察到的只是"冰山一角"的账面价值。从动态来看，公司估值像"火山"，休眠时的山峰是账面价值，山峰下岩浆所蕴含的能量是内在价值，火山爆发时内在价值才显现出来。

巴菲特表示："账面价值是会计名词，系记录资本过去以来形成的财务投入，内含价值则是经济名词，是估计未来现金流入的折现值，账面价值能够告诉你已经投入的，内含价值是计算你从中获得的。账面价值是会计上用来衡量公司历史投资成本的，是静态的概念；内在价值则是公司未来经营期间内所有自由现金流折现的估计值，是动态的概念。资产的内在价值即折扣后的现值，就是永恒的收入来源，预期增长率大于折扣率，就会有无限的价值。"

巴菲特认为"公司的内在价值，就是一家企业在其生涯中所能产生现金流量的折现值"，内在价值是一个非常主观的数字：一方面是因为未来的现金流是不断修正的，另一方面是因为利率在变动。

在账面价值与内在价值的评估方面，账面价值是会计上精确的数字，而内在价值难以准确估算和预测，未来现金流量的修正与利率的变动，都会影响到最后计算出来的结果，模糊难辨，无法精确。但巴菲特却认为内在价值是唯一能够作为评估投资标的的合理方法，他经常借用凯恩斯的名言"宁要模糊的正确，也不要精确的错误"，以此说明内在价值比账面价值对投资的作用更大。

在《聪明的投资者》一书中，格雷厄姆写道："投资是件最需要智慧的事情，就像运营企业一样"，巴菲特觉得这句话道出了投资的真谛。那些认为股票仅是一张纸片，而与公司的内在价值毫无联系的持股者，会认为千变万化的股价更能反映公司价值，而不是企业的 ROE（净资产收益率）会反映公司的内在价值，这些持股者买卖股票甚至不做调研，就像打牌不看牌一样。

巴菲特曾用一个例子非常形象地说明账面价值与内在价值的区别：假设你花费了相同的资金供两个小孩读到大学毕业，这两个小孩的账面价值（学费、生活费等）相同。第一，他们毕业走上社会后，在未来创造的回报折现到今天的价值，则可能远远高于账面价值；第二，两个小孩由于不同的机遇和努力，创造出了不同的业绩，则这两个相同的账面价值有不同的内在价值。所以，一个有着相同账面价值的公司，可能有着不同的内在价值。ROE 是衡量一个公司内在价值的主要指标，同样的账面价值净资产，ROE 高的公司的内在价值更大；投资要优先考虑 ROE 高的行业中的龙头公司，其盈利的稳定性和成长性，都决定了其内在价值。

根本性的变化会影响公司的内在价值，这是巴菲特卖出股票的择时决策依据。周期性的变化虽然会使公司的短期利润受到影响，但不会损害公司的内在价值，然而，根本性的变化不但会减少公司的利润收入，对公司的内在价值的影响也是必然的。比如，1991年，巴菲特意识到有线电视、报纸、杂志这类媒体，会受到互联网的广泛应用冲击，发生了根本性的变化，不再是特许经营权类型的企业了，《华盛顿邮报》等报业资产的内在价值在贬损，他据此作出了卖出的决策。

内在价值的多寡，与账面的投入成本一点关系都没有，取决于净资产收益率。资产的有效生产能力，是评估资产价值的重要标准。对于股东而言，公司的内在价值才是关键。有些公司的账面价值很高，产生自由现金流的资产却占比太少，这种低效、无效的账面资产占用了公司的资源而无有效产出，不是有价值的资产而是累赘，应尽快处置，将处置的资金尽快投入产出最有效的、回报最高的业务中去。

虽然内在价值如此重要，巴菲特在做伯克希尔·哈撒韦的会计报告时却采用账面价值。他的理由是，第一，内在价值涉及主观意愿评估，很难有准确一致的结论；第二，对于伯克希尔·哈撒韦来说，长期看它的账面价值能够与内在价值同步增长。巴菲特的伯克希尔·哈撒韦的账面价值是"干货"而不是"泡沫"，所以我们看到伯克希尔·哈撒韦的股价，长期而言一直与其账面价值相一致。

第39说　成长股与价值股

古往今来，人们开始探索，都应起源于对自然万物的惊异。

——亚里士多德

普通股投资是基于估值的科学和艺术，市场的投资顾问机构对基金公司按照其投资股票的风格划分为价值投资和成长投资。

一般把基于高市净率、低市盈率、高分红率的估值投资方法称为价值投资，认为投资的公司处于成熟期，一般指银行、公用事业行业的公司等，而把基于高市盈率、低市净率、高销售成长、高盈利成长的估值投资方法称为成长型投资，认为公司处于快速成长期，一般指投资信息技术、互联网等科技公司。

市场机构将基金和股票进行风格分类，将价值与成长对立起来，成长股是快速成长的"青少年"，价值股是稳健增值的"中壮年"。投资的价值法和成长法这两种观念似是而非，争论相持不下，寻求将价值投资区别于成长型投资，有些投资专家声称将这两种方法交替运用，就像是轮流"换穿衣服"一样。

巴菲特认为："那些张口闭口将成长与价值作为两种截然不同投资风格的人，表现的是无知而不是精明。"他说："成长仅仅是价值公式中间的一个部分，通常是正面因素，有时也会是个负面因素，如果一个项目或企业早期要求的资金投入，超过未来能够产出现金的折现价值，那么，这种成长是在破坏价值。"

巴菲特的投资估值方法就是现金流折现法："任何股票、债券或是企业的价值，都将取决于其未来剩余年限的现金流入与流出，以一个适当的利率加以折现后所得的期望值。股息率、市盈率、市净率甚至成长率，都需要跟公司的现金流入和流出的数量和时间挂钩，否则，就无法运用去估值。"他认为价格和价值是两个不同的相互独立的变量，但是价值和成长这两个概念并不存在理论上的不同，任何一项投资的价值都是未来企业现金流的现值。现金流折现估值方法，既适用于农场、油田、股票以及工厂，也适用于蒸汽机、电力设备、汽车和互联网，只要输入正确的数字，就可将世上所有运用资金的最佳选择，按回报的吸引率进行排序。任何投资的价值都是未来现金流的折现值，关键在于如何对资产进行理性评估，然后以较大的折扣价买入。

2000年，巴菲特在致股东的信中提到，伊索寓言"一鸟在手，胜过两鸟在林"是讲公司估值问题的投资格言。其中包含了三个问题："第一，你怎么肯定灌木丛里肯定有鸟？第二，它们何时出现以及会有多少只？第三，无风险的资本利率是什么？"也就是说公司现金的流入和流出的数量、时间以及10年期国债利率分别是多少？有了这些数据就可以用现金流折现模型对公司（灌木丛）进行估值了。

芒格说："区分价值与成长，在我看来简直是胡扯，这为一群养老基金顾问靠夸夸其谈收取费用提供了方便，这也是一种让一个顾问区别于另外一个顾问的方式，但对我而言，所有聪明的投资都是价值投资。"巴菲特也指出："我们也认为所谓的'价值投资'根本就是废话，若所投入的资金不是为了换取相对应的价值的话，那还算是投资吗？明明知道所付出的成本已经高出其所应有的价值，而只是寄望在短期之内可以用更高的价格卖出根本就是投机的行为（当然这种行为一点都不会违法，也不违反道德，就我们的观点来说，只是在玩吹气球游戏而已）。"

格雷厄姆在《聪明的投资者》一书第11章"普通投资者证券分析的一般方法"中提出一个十分简便的成长股估价公式：

价值 = 当期（正常利润）×（8.5 + 两倍预期年增长率）

他指出："增长率的数据应该是随后7—10年的预期增长率，同时，预期增长率的估价必须相对保守，在计算中要保留安全边际。"

一直以来，巴菲特在投资中都保持考虑的要素顺序依次为公司本身状况、管理层、财务状况、股价。巴菲特在买股票时，坚持安全边际，若是所计算出来的价值只比其价格高一点，他就不会考虑买进，他认为恩师格雷厄姆十分强调的安全边际原则，是投资成功最关键的因素。

比尔·米勒（Bill Miller）在媒体质疑他的投资风格时回应："价值和成长这两个词并不是分割开来的，这两个术语主要是被投资顾问用来划分投资管理的世界，用来提供给他们客户的，这两个术语代表的是股票而不是企业的特征。"价值股并不等于便宜股，米勒说任何时间段，任何取得超额回报的投资组合，一定包含了被错误定价的证券。要做的事是将那些真便宜的股票与那些仅仅是看起来便宜的股票区分开，有很多价值低下的股票价格跌了很多，但并不具有吸引力，关键在于如何对真便宜与假便宜进行甄别。

关于回购股票与提升股东价值的问题，有人认为，管理层通过支付股息或回购股票，就可以提高股东价值。巴菲特认为，如果公司资本再投入能创造很好的价值，那么支付股息必要性也不大，伯克希尔·哈撒韦就一直不支付股息。在公司的价格高于公司的内在价值时，回购公司股票是减少股东价值的行为。现阶段伯克希尔·哈撒韦的价值远远超过其股价，所以伯克希尔·哈撒韦近年开始回购股票，以持续不断地回购股票增加股东的价值。

成长，是价值的一部分。

第40说　有用资产与无用资产

周将处乎材与不材之间。材与不材之间，似之而非也，故未免乎累。

——庄子

巴菲特讨论过关于投资风险的衡量指标：波动（贝塔值）还是损失概率？他不同意一项投资的风险用贝塔值来衡量，他认为投资风险应该使用损失概率来衡量。这是因为在现代投资组合理论中，贝塔的含义是特定资产（或资产组合）的风险与系统（大盘）风险的相对度量，这套理论意味着一项资产的贝塔值大，其风险越大。然而，当特定资产（或资产组合）价格实际上是向高于价值的方向偏离时，就不能说该项投资是有风险的，因为事实上它只有正向波动。巴菲特提出用损失概率对风险进行度量，即在资产的计划持有时间内，导致投资人购买力出现损失的合理概率，意在衡量资产本身购买力价值的确定性和损失的可能性，主要是以资产的生产能力来衡量价值，是由资产本身来决定而不是由股价来决定。

根据对损失概率定义的风险测量，在2011年致股东的信里，巴菲特将资产分为三类："有生产力的资产（有用资产）、类现金资产和无生产力的资产（无用资产）"，这三类资产的分类是巴菲特投资体系中的一个重要模型，为他的投资决策提供主要依据。

1. 基于货币的资产：包括现金、货币市场基金，债券按揭，银行存款和其他投资工具。

大多数基于货币资产的投资都被视为安全的，但事实上这类货币资产却可能属于最危险的资产，它们的波动小、贝塔值可能为0，但风险却是巨大的：现金和货币基金的购买力会受到通货膨胀的侵蚀。各国政府决定货币的最终价值，他们更加偏重采取那些会导致通货膨胀并不断加剧的政策。1965年至2011年的47年来，美元贬值幅度令人震惊，高达86%。谢尔比·库洛姆·戴维斯说过一句辛辣的评论："债券的推销广告说是能够提供无风险的回报，可以现在的价格而言，其实提供的是无回报的风险。"

2. 无用资产："共识产生价值"的无生产能力的资产。

这类资产本身不具备生产出任何东西的能力，投资者买入的收益点在于其他有共识的投资者将来会支付更高的价格接手,从而赚取差价。最典型的共识资产是17世纪的郁金香泡沫,共识破灭后一文不值;其次,市场上流通的最主要的共识资产是黄金,然而,黄金除了没有太多用途以外,也没有生产繁殖能力;最后比特币等虚拟货币是虚拟世界的黄金替代品。2017年11月,巴菲特在《福布斯》杂志上刊文写道,比特币不能创造价值,是个"不折不扣的泡沫","它根本就没有意义,这东西居于监管之外,处于控制之外,无论是美国联储还是其他的央行,都无法监测。我对这件事根本就不相信。我认为它迟早要彻底崩盘"。巴菲特在2018年的伯克希尔·哈撒韦股东大会上说:"加密货币最后的结果是会很糟的,因为他们没有产生任何跟这个资产相关的价值,这类资产的价值取决于更多的人进场,然后持有者以比买入价更高的价格卖给接盘的人。"

3. 有用资产(生产性资产):资产本身能生产出可供交换的产品的资产,是有生产力的资产。

巴菲特表示,生产性资产的投资,不管是企业、农场还是房地产,应该符合以下的两个标准,一是,在通货膨胀时期能够创造出源源不断的产品,这些产品本身能够提价,且保持其企业购买力价值不变;二是,只需要最低水平的新增资本投入。可口可乐公司、苹果公司、喜诗糖果公司都是符合这两个标准的优质资产。受到政府管制的公用事业公司不符合第二条标准,通胀会给它们带来沉重的追加资本投资负担。为了获得更多盈利,这些公司的股东们必须投入更多的资本,尽管如此,这类对于生产性资产的投资还是优于非生产性投资(无用资产)和基于货币的投资。

然而,中国著名的思想家庄子说:"无用之用,方为大用",共识越坚固,泡沫越恒久。基于信仰的比特币和黄金,以及字画和古玩等成了"无用之用"的有用资产。不过与产生复利的伟大公司长期相比,其收益率还是不如有用的高质量生产性公司所产生的价值和回报高。

第41说　长期与短期

时间是伟大的作者，他能写出未来的结局。

——查理·卓别林

投资市场上的长期与短期，可以从价格的角度进行解析。价格既是价值的果，也是情绪的果，是投资的指南针。价格长期是价值的果，短期是情绪的果。价值投资者是长期投资者，以公司的利润增加为目标，所以根据公司的质量来做投资判断；短期投资者是将手中的股票卖给别人为目标，所以短期投资者是市场情绪的投机者。股票持有的时间长短体现了投资者的风格，也是判断正和博弈还是零和博弈的标准之一。对基金经理业绩的考核，以多长的时间作为评判标准，也是评价机构经常讨论的议题。

价格长期是价值决定的，短期是由情绪决定的，所以，长期估值是计算公司的价值，短期估值是根据情绪，也就是根据其他交易对手的想法来决定你的策略。市场定价错误分为短期错误和长期错误，量化投资利用的是市场定价的短期错误，而价值投资利用的是市场定价的长期错误，短期错误修正很快，长期错误的修正需要较长的时间。

短期情绪是因，衡量波动率的方差和标准差是果。短期的波动也就是情绪带来的"噪声"交易，这种博弈型的交易给市场带来了流动性。有人问：公司为什么从非上市公司变成上市公司？一个主要的原因是让更多的互相不认识的人，通过对公司不同的认知和定价来交易,产生流动性从而进行估值。这种买入卖出的流动性是公司上市的一个主要目标。所以短期的情绪交易和量化交易也是非常有意义的,噪声交易是市场生存的基础。虽然大家都知道投资伟大的企业,时间越长,越有好的回报,但人们往往跌了就想卖,涨了就想追,追涨杀跌,人性使然。

先锋集团的创始人约翰·博格在《共同基金常识》一书中指出:"投资的四要素是收益、风险、成本和时间。"高瓴资本的创始人张磊说:"只有极少数人能够理解时间的价值,回报会随着时间日益增多,成本会随着时间变本加厉,而风险会随着时间相对缓和。"东方港湾的董事长但斌出了一本讲价值投资的书,书名就是《时间的玫瑰》。

价值投资是长期交易,长期交易的容错率更高,风险概率更小。市场的投资者在较长的时间周期内,更容易发现定价错误,从贝叶斯理论的角度看,后来的新信息会增加后验概率。所以,由于短期信息量不充分,引发的投资者情绪波动所带来的短期定价错误,价格有一定随机性和不可预测性,甚至在某些极端的条件下价格会偏离比较大,但是长期会纠正,长期来看价格还是会跟价值保持一致。巴菲特的观点是:"既然一个企业有内在价值,就一定会体现出来,问题仅仅是时间。"

爱因斯坦曾说:"世界上最厉害的武器不是原子弹,而是时间+复利"他曾说过,"复利是世界第八大奇迹"。巴菲特说:"人生就像滚雪球,重要的是,找到那条又湿又长的雪道。"

巴菲特很重要的一个投资理念就是做长期投资,他认为"短线买卖"是一种非理性行为,因此竭力反对追逐市场的短期利益。他认为:"拥有一只股票,期待它下个星期就上涨,是十分愚蠢的;如果没有持有一个股票10年的准备,那么连10分钟都不要持有。""拥有一家具有一流管理和一流业务的企业股份,最乐意的股票持有期是永远。""投资未来收益确定性高的企业，假设明天开始股市要休市3—5年你还敢买的股票，就是值得投资的股票。""那些自认为对市场震荡起伏敏感而杀进杀出的投资人，反而不如以不变应万变的投资人容易赚钱。"巴菲特幽默地说："如果你认为你可以经常进出股市而致富的话，我不愿意和你合伙做生意，但我希望成为你的股票经纪人（赚取你的经纪佣金）。"

巴菲特系列书籍的作家彼得·伯恩斯坦（Peter Bernstein）曾说："在通往成功投资的路上，陷阱丛生。第一个陷阱是为了战胜大盘而频繁交易，这类投资者往往会因过高的交易成本或错误的选择时间遭受损失；第二个陷阱是有些投资者选择热门的基金，也会出现高位买入，买后基金即表现较差的问题；第三个陷阱是投资者试图通过判断市场周期变化来战胜大盘，但令人吃惊的是，那些消息最灵通的投资者反而最容易掉入这个陷阱中。当投资者被海量的财经新闻消息及相关评论所包围时，要想不受到这些信息的影响几乎不可能。"

众所周知，长期投资的好处至少有如下四点，一是，由于资本利得税缴纳时间大大延迟而使税后收益最大化；二是，减少交易成本；三是，不受短期情绪影响，投资者能快乐长寿；四是，长期持有的巨大复利效用。

1961年，巴菲特在致合伙人的信中说："我自己更愿意把5年的业绩作为评判标准，最好是在5年里经历过牛市和熊市相对收益的考验。"短期业绩证明不了什么，可能是运气而不是能力，穿越周期的投资者，才能看出真水平。

时间是投资的"函数"，也是最大的杠杆。在正确的方向上，时间越长收益就越高。复利的作用取决于时间的长短和收益率的高低这两个因素，时间越长，复利越多，投资收益率的微小差异终将变成巨大的财富积累差异。

长期主义应成为投资者的一种价值观和信仰。当然，长期主义也是反人性的，需要投资者告诫自己，在快与慢、长与短、动物精神和理性意志之间做出选择。

第五节　巴菲特的选股理念

第42说　深度价值与成长价值

> 人类的全部智慧就包含在这两个词里面：等待和希望。
>
> ——大仲马

本书认为，价值投资理论包含深度价值投资理论和现代价值投资理论，其中，现代价值投资理论又包括成长价值投资理论和创造价值投资理论。深度价值投资着眼于现在的静态账面价值被低估；成长价值投资立足于公司的盈利增长价值；创造价值投资着眼于未来持续领先的价值创造。

价值投资理念的演变有如下几个阶段。

一、深度价值投资

本杰明·格雷厄姆是价值投资理论开创者。格雷厄姆在1934年出版了《证券分析》，1935年出版了《上市公司财务报表解读》，

1949年出版了价值投资的经典著作《聪明的投资者》。他推翻此前投资者主要以直觉和感性对股票进行投机交易的观念，首次将思维逻辑和统计分析的原理引入投资范畴中，以科学理论打破了股票即投机的"迷信"，是首个比较完整地提出了价值投资思想投资大师，这一投资思路对华尔街产生了翻天覆地的影响。

格雷厄姆关于价值投资的三个重要概念分别是股票是公司所有权的一部分、市场先生和安全边际。他认为股票相对比较安全的时机往往出现在股市大规模调整，投资者情绪普遍较为悲观时；以及质地良好的股票出现短暂的利空因素，而导致股价大幅下挫，但这种利空消息不会对公司的经营造成实质性影响时。

深度价值投资的特点为，关注企业的静态价值（当前账面价值），以公司财报数据为主要估值方法；主要认定企业的有形资产，不太考虑商誉、品牌价值、企业家价值等；持仓以低市盈率、平均市净率的股票为主，注重安全边际；组合持仓较为分散；赚价值回归和估值波动的钱。清算价值投资是深度价值投资中最保守的投资方式，需要以低于2/3净流动资产的价格买入，构建符合标准的一个股票组合。

深度价值投资者有遇到价值陷阱的风险，低估值公司大概率业绩越来越差，直至生命周期结束，这种公司其实不是低估而是高估。段永平曾经讲过这么一段话："公司的价值取决于其未来净现金流的折现。账上的现金在未来不一定还在，所以不能简单用现金来衡量，除非马上清算。"从投资的角度来讲，清算不了的东西就没有价值。

二、成长价值投资

1938年，约翰·布尔·威廉姆斯发表了《投资估值理论》一书，首次完整提出了"公司价值等于公司证券持有者在未来年份得到的分红和利息的现值"这一价值投资理论。

1958 年，菲利普·费雪出版了《普通股的不普通利润》，该书在中国翻译成《怎样选择成长股》。费雪的成长投资理论更看重"能力圈""护城河"和"集中持股"，一是研究分析企业不能仅仅停留在财务报表上，而应该从对企业的访谈中、通过"闲聊"观察企业的实际经营管理情况；二是通过企业盈利能力和成长性来作为估值标准，比如公司产品是否具有广阔的、持续的发展前景，今后若干年内其销售是否大幅增长；公司为了进一步提高总体的销售水平，管理层能否不断地开发新市场、新工艺、新产品；与公司的规模相比，公司的研究发展努力有多大效果；公司是否具备值得投资的相对较高的利润率；公司为了改善利润率采取了什么措施？三是对熟悉的优质公司集中持仓，投资组合少于 10 家公司，其中 3—4 家公司的股票占到总仓位的 75% 的比例，并长期持有。

20 世纪 50 年代美国股市的第一个"黄金时代"，到了 1958 年，美国的长期政府债券的收益率首次超过了普通股的股利收入，相比传统价值投资理念，成长型投资理念更受投资者们青睐，到 20 世纪 60 年代初期，"成长"已经成为华尔街上的流行词汇。

巴菲特看了《怎样选择成长股》后便去找费雪，他对费雪的理念十分折服。"运用费雪的技巧，可以了解这一行……有助于做出一个聪明的投资决定"。巴菲特从此成了费雪的超级粉丝。

巴菲特将格雷厄姆的深度价值投资理论和费雪的成长价值投资理论彻底融合，创立了巴菲特价值投资理论：在能力圈内，选择有"护城河"的高质量股票，利用好市场先生的情绪，别人恐慌时低价买入形成安全边际，以股票是公司的部分所有权的心态，长期、集中持有，享受复利带来的巨大收益。

巴菲特通过投资好行业、好质量、好价格的好公司，以高 ROE 的行业龙头公司为投资对象，赚取企业盈利的收益复利和安全边际的估值修复利润，取得了巨大成功。

三、创造价值投资理论

摩根士丹利的前董事长巴顿·毕格斯曾经说过:"世界上只有两位真正伟大的投资者,他们是史文森和巴菲特。"领航集团创始人约翰·博格曾评价称:"大卫·史文森是这个星球上仅有的几个投资天才之一。"大卫·史文森的学生、畅销书《价值》的作者张磊在《证券分析》原书第6版推荐序中说:"我们对价值投资的理解会更加丰富,价值投资不仅关注已知的企业静态价值,也在不断挖掘潜在的企业动态价值。"

张磊认为这种变化分别来源于,第一,金融市场的参与者,无论是个人投资者还是机构投资者,关注企业本身、关注未来收益、关注风险控制的投资理念已经深入人心。第二,投资技术和手段也更加敏捷高效,金融市场的价值发现功能早已不同往日。第三,来源商业场景的复杂性,包括产品和服务的创新、新一代消费者的更迭、资本与产业的互动,以及市场预期的分散。

张磊关于"护城河"的新观点,代表了创造价值投资者理论的想法。

- 传统的"护城河"是有生命周期的。所有的品牌、渠道、技术规模、知识产权等,都不足以成为真正的"护城河"。世界上只有一条"护城河",就是企业家们不断创新,不断地疯狂地创造长期价值。

- 当你理解了"永恒不变的只有变化"的时候,也就理解了"护城河"不可能不变。

- 我最看重的"护城河"是有伟大格局观的创业者在实践中逐步创造、深挖的"护城河",这些是根据生态环境的变化做出的完美应对。

- 真正伟大的公司敢于打破自身的垄断地位,从内部打破边界,构建一个资源开放、互利共赢的生态系统。如果企业被历史性成功的惯性所包裹，那么企业将停留在过去，无法得到成长。"早死早超生"，从内部颠覆自己。

从格雷厄姆的深度价值投资理论，到费雪、巴菲特和史文森的现代价值投资理论，体现了价值投资者的与时俱进。从静态价值到成长价值，再到创造价值，不管如何演变，基于未来自由现金流的折现模型的估值方法，根植在公司本身"有用"的价值基准而不是投资者情绪的估值模式，一以贯之，不会变化。

第43说　快乐行业与痛苦行业

虽然今日人类比先人所享有的财富要多得多，但"我们是否真正的快乐了"是个没有确定答案的问题。

——尤瓦尔·赫拉利

巴菲特说过："我们专攻那种一尺的低栏，而避免碰到七尺的跳高。这个发现看起来似乎不太公平，但不管是在经营企业或是投资领域，坚持在让你容易掌握又透明的公司、会比死守在你难以把握的公司获得的利润要更丰厚。"我们都明白，在投资中，好企业总能让你很容易地做出决定，而坏企业总是带来许多难题。

对于投资者而言，投了对的行业，公司股价一直涨得好，回报高，自然就会快乐；投了不对的行业，股票坎坎坷坷涨得少，回报低，经历自然比较痛苦。投资者能赚到钱的行业是快乐行业，快乐行业不一定是人们心目中的伟大行业，伟大的行业可能让投资者很痛苦，反而是投资者的痛苦行业。

巴菲特警示投资者不能把一个行业的增长前景，等同于你通过参与该行业而获得的个人净资产的增长前景，发现一个伟大的行业并不保证你一定能赚钱。

赚钱和发现一个好行业之间有很大的区别。20世纪上半叶美国最重要的两个行业，可能也是世界上最重要的两个行业，那就是汽车和飞机行业。在汽车代替马车出现的时候，大家也是认为汽车就代表了未来，做汽车能赚大钱。1900—1911年就有2 000多家公司进军汽车行业，但到了2009年的时候，活下来的企业只有3家，并且它们都在垂死挣扎。对于社会来说这个行业是巨大变化，但对于投资者而言这简直是噩耗。很少人是靠汽车行业发家致富的，通过参与航空业而致富的人可能更少。无数资本在这两个行业中已经破产了。这是两个了不起的行业，但都是一桩糟糕的生意。

"痛苦行业"的公司，面临成本、效率和技术的极度竞争。投资和经营这样的公司都很累，企业要花很多的钱，需要大量投资固定资产扩充规模，大量投资研发保持技术竞争力，企业要把所有节省出来的效益送给自己的客户，因为如果不这样做，他们就面临着淘汰。这种公司属于自我燃烧型，燃烧自己，照亮他人。AT&T、通用汽车、埃克森美孚、伯克希尔·哈撒韦、航空公司都是资本密度非常大的产业，必须有极大的资产投入才能产生公司的净收入；电子制造、冶金等低端制造业都是这样的痛苦行业。

上海证券报发布的《上证基金投资者回报榜2021》，对运作满3年且期间平均规模高于2亿元的基金进行筛选，在股票型基金中，萧楠管理的易方达消费行业综合排名第一，该基金的3年投资者回报率为95.12%，3年基金回报为180.89亿元。萧楠也是我们用巴菲特拟合度值和巴菲特Z值实证出来排名靠前的"巴菲特式"超级投资者。

萧楠认为巴菲特花了很长的时间一直在跟大家讲"我们买公司不是买股票，我们买的是生意"，商业模式非常重要。他认为最好的生意叫"坐地收钱",投资不多但是回报很强。互联网搜索引擎是不是好的生意?投的钱不多,但是回来的钱很多,而且这个市场上赢家通吃。有一个占据霸主地位的搜索引擎,大家就不太愿意再用别的搜索引擎;还有医药、高端消费,都是坐地收钱的生意。"苦尽甘来"后能"坐地收钱"的行业也不错,企业通过大量的投资和研发,实现坐地收钱,比如京东、美团,还有化工、金融、交通运输等行业待拿到一定的市场份额以后,就开始坐地收钱。

从事"坐地收钱"生意的行业就是投资者认为的快乐行业,收入中的自由现金流占比很高,只需要较少的再投入即可维持竞争地位,轻资产运营。截至 2022 年 3 月 29 日,美国 4 个市值最大的公司(苹果公司、谷歌、微软和亚马逊),总市值约 8.86 万亿美元,但是这些公司并不需要太多的有形的资产。

"如果你想投资一个伟大的行业,那就选可口可乐吧。"巴菲特明确地说。可口可乐的品牌和产品是与快乐联系在一起的。122 年来可口可乐的产品从未改变过。此外,可口可乐还有"护城河",如果你自己有一座城堡,你身后肯定有人是想冲进城堡的,但可口可乐的"护城河"让竞争对手无法轻易攻进城堡。巴菲特认为消费行业是好的行业,士力架居于糖果榜第一的位置已经 40 年了:"如果你现在给我 10 亿美元去击败士力架,我是做不到的。这种行为是对一个好的行业进行公然挑战,你不可能打败可口可乐和吉列剃须刀。"

伯克希尔·哈撒韦对银行业一直是重仓配置。巴菲特认为银行业是个很好的行业,很多银行都有很高的有形资产回报率。银行业的高收益有点像零售行业,有的银行甚至在多年内维持了 20% 或以上的有形资产收益率,虽然其中有些得益于杠杆的增加。"我们低估了银行客户的黏性,也低估他们对银行收费无意识的程度。"巴菲特惊讶于没有真正竞争优势的银行互相竞争,却也能拥有高回报率。

符合巴菲特"快乐行业"投资标准至少如下,品牌知名度和美誉度高，毛利率和净利率非常高，净资产收益率在20%以上，负债率低，维持竞争地位的资本再投入要求低，对"好骑师"CEO的要求没有科技和制造类的企业高。

回避痛苦行业，专注快乐行业，投资的过程会更加快乐。

第44说　育种与选股

宝剑锋从磨砺出，梅花香自苦寒来。

——《警世贤文》

没有永远的春和日丽，狂风暴雨时常不期而至。周期就是市场经济与生俱来的基因，资本市场就是实体经济的镜像。世上没有常胜将军，只有经历了摧残而屹立不倒的，才是真正的勇士，沧海横流方显英雄本色。没有一帆风顺的企业，受尽打击而经营更出色的公司方能更有生命力。在疾风骤雨中育种，在公司遇到外部冲击时选股，殊途同归。

选股如育种。"寻找中麦629"的育种例子，对投资很有启发。为了发现良种，中科院农业所研究员何中虎在北京三环联想桥边的试验田试种了一批种子，经历一场暴雨后又在太阳炙烤下，许多麦子很快被烤死了，然而，在何中虎心急如焚时，发现有一行大约半米宽、2米长的麦子还顽强地活着。第二年，移栽到昌平试验田的"中麦629"又经受住了第二次高温炙烤的挑战，这一次实验中，它又是唯一的幸存者。事实上，自然灾害是农业生产中最怕遇到的危机，但对于育种来说，灾害也是体现种子优势的良机，如果没有多次高温的考验，那么"中麦629"很可能没有被发掘就被当成普通材料而淘汰出局，是危机造就了我国这一小麦全新品种的诞生——基于生长后期抗高温性能的突出表现，"中麦629"最终得以大面积推广。

自然灾害从另一角度来看反而是育种的机遇，恰如"市场先生"是格雷厄姆式的聪明的投资者的机会。巴菲特就是利用"市场的灾害"选股投资的高手。

巴菲特两次买入美国运通的经典投资案例，是寻找卓越业绩的超级投资者绝好的教材。

巴菲特第一次投资美国运通股票是在1963年，在一场被称为"色拉油骗局"危机中抄底。根据《滚雪球》和其他文章描述，巴菲特第一次买入美国运通的过程是，1963年，美国运通受到了色拉油仓单质押担保危机，遭受了6 000万美元的连带担保损失。屋漏偏逢连夜雨，两天后的星期五，美国总统约翰·肯尼迪（John F. Kennedy）遭暗杀身亡，道琼斯指数瞬间狂跌，纽约证券交易所紧急休市，美国运通的股价更是雪上加霜，股价被拦腰砍断一半。此时，巴菲特开始造访奥马哈的餐厅以及接受美国运通信用卡及旅行支票的其他场所，进行深入调查后，他得出了一个结论，顾客依然喜欢使用美国运通支票，在华尔街的丑闻并未影响一般大众对美国运通的支票业务，公司的内在价值远高于市场价格。1963年11月至1966年，巴菲特合伙公司把公司40%的资金陆续买入美国运通的股票，总成本为1 300万美元，1967年该笔投资升值为2 800万美元后巴菲特陆续卖出，总收益率有2倍多，大获成功。

巴菲特第二次投资美国运通股票是竞争危机的抄底。根据资料描述，巴菲特第二次抄底美国运通的过程如下：1966年，维萨和万事达两大银行卡联盟的成立突破了银行法的地域限制，使银行卡业的格局发生了根本的改变。从那时起，所有的银行都可以加入银行卡联盟。

因此，维萨和万事达集所有银行的实力与美国运通竞争，后来居上并进而称霸银行卡市场。1990年，美国运通的净利润同比大幅减少，净利润由1989年的11.6亿美元减少到1990年的1.8亿美元，净利润率由8.8%降为1.2%，股价也大幅下跌，股价由1989年底的35美元降低至1990年底的约20美元，市净率由2.7倍降至1.6倍。

1991年，美国运通发行了一种附带上限的可转换优先股。该优先股的年利息率为8.85%，即投资人每年能够获得8.85%的利息收入。转股期限为3年，在普通股每股价格不超过33.8美元时，转换价格为24.5美元。巴菲特在1991年，通过伯克希尔·哈撒韦投资3亿美元买入了美国运通的附带上限可转换优先股。

巴菲特与熟悉信用卡业务的弗兰克·奥尔森一起打高尔夫球，弗兰克劝说巴菲特将优先股转股。1994年，伯克希尔·哈撒韦将持有的美国运通优先股全部转换成普通股，转股价为24.5美元，总股数为1 224.49万股；当年又追加投资4.2亿美元买入了1 552万股美国运通普通股，平均买入价为26美元，到1994年底，伯克希尔·哈撒韦共持有2 776万股，总买入成本为7.2亿美元。1995年，巴菲特继续增持美国运通的股票，花费6.7亿美元增持了2 170万股，平均成本为每股31美元，到1995年底，伯克希尔·哈撒韦共持有4 946万股，占美国运通10%的股权，总买入成本为13.9亿美元。对应1995年的市净率为1.9倍，市盈率为10倍，伯克希尔·哈撒韦有极强的安全边际。美国运通当时的总裁哈维·戈卢布（Harvey Golub）非常优秀，1992年接任总裁后，聚焦于公司核心业务旅行相关服务，陆续剥离和分拆了公司的非核心业务；美国运通卡主要把客户群定位在富人和公司，由于运通卡长期以来建立的身份和地位象征，使其错开了与维萨和万事达的直面竞争。由此，美国运通业绩持续改善，股价一路上升。

从1994年第二次买入美国运通后，巴菲特再也没有卖出。2021年该股权价值已经超过了260亿美元，伯克希尔·哈撒韦第二次投资美国运通的总收益已达到近250亿美元，不计算历年的分红收入，27年收益高达18倍。

两次抄底美国运通，可以检视巴菲特的价值投资方法，在能力圈（第一次实地调研、第二次专家咨询），投资遇到暂时性危机的优质公司，美国运通是面向众多消费者的品牌金融服务公司，属于"快乐行业"的"千里马"，在马失前蹄的时候，细致观察分析大概率能够恢复"马力"，在有足够安全边际的低价时果断重仓出手，"稳、准、狠"，获利丰厚。

巴菲特说过："如果把我们最成功的10笔投资去掉，我们就是一个笑话。"美国运通应该是这10笔投资之一，它是伯克希尔·哈撒韦当下第四大持仓的普通股。

经过雨淋暴晒后，育种专家何中虎发现的"中麦629"，经大面积的推广种植经济效益和社会效益都十分可观。巴菲特在美国运通两次危机时果断抄底，坚守格雷厄姆式的投资原则：在"市场先生"坏脾气时买入，先以优先股形式介入然后择机转股找准安全边际。他还遵循费雪式的投资方法：能力圈的调研，以及美国运通的"护城河"如公司品牌、金融消费行业等。两度抄底投资美国运通的案例，已成为巴菲特实践他自己的价值投资理论的经典之作。

巴菲特，是投资界的"育种"高手！

第45说　鲜花与杂草

楚人有卖其珠于郑者，为木兰之柜，熏以桂椒，缀以珠玉，饰以玫瑰，辑以羽翠。郑人买其椟而还其珠。

——《韩非子·外储说左上》

对于投资者卖掉优质的强势股去补仓弱势的垃圾股的行为,投资大师彼得·林奇曾经有一个生动形象的比喻:"如果你总是拔掉鲜花、浇灌杂草,那么你的投资花园里就只有杂草了。"

巴菲特在他的致股东的信中不止一次引用林奇的名言,比如"有些人在持有的公司表现稍好之时,就会匆忙卖出变现利润,但他们却坚定地持有那些表现不佳的公司,我们与这些人截然相反。彼得·林奇将这种行为恰当地比喻为'剪除鲜花,浇灌杂草'。"

彼得·林奇在《巴菲特的思想和哲学》一文中回忆时说:"1989年初一个周日的晚上,家里的电话铃响了,我 11 岁的二女儿安妮接起电话,她说是沃伦·巴菲特打来的。我心想这可能是个恶作剧。电话那头说:"我是沃伦·巴菲特,从奥马哈打来,我刚读完你的书,很喜欢,我打算在我们伯克希尔·哈撒韦公司年报上引用一段你的句子。"这个电话就是巴菲特想引用彼得·林奇关于股票鲜花与杂草观点的句子。两人的缘分可以追溯到宾夕法尼亚大学,彼得·林奇是巴菲特宾大沃顿商学院的师弟,巴菲特说在宾大确实没学到什么东西,林奇风趣地回答说:"我至少还找到了我一生的爱人。"

彼得·林奇,被誉为"全球最佳选股者、美国证券界超级巨星、历史上最传奇的基金经理、美国乃至全球首屈一指的投资专家"。1977—1990 年,他担任富达公司麦哲伦基金的基金经理人,在任职的 13 年中,他成功穿越市场周期的波动,其管理的资产从 2 000 万美元翻了 700 倍增至 140 亿美元,年平均复利报酬率高达 29%,被誉为当时世界上最成功的基金。1990 年,他急流勇退,应约专为业余投资者写作,被誉为"普通投资者的投资经典"的《彼得·林奇的成功投资》等名著成为销量超百万的畅销书,引导无数普通投资者走出投机误区,步入股市价值投资的成功之道。

"拔掉鲜花,浇灌杂草"的行为可以用经济学中的"损失厌恶"来解释。心理学家丹尼尔·卡尼曼和阿莫斯·特沃斯基指出:"'损失厌恶'是指人们面对同样数量的收益和损失时,损失更令人难受。同量的损失带来的负效用为同量收益正效用的2—2.5倍。"举个例子来说,如果你赚100万美元,幸福感指数是100的话,那么赔100万美元,痛苦指数大约是250。也就是说,如果卖出赔钱的股票,赔钱已成事实,那么赔100万美元的痛苦感是赚100万的幸福感的2.5倍。所以说,在这种心理影响下,投资者一般会因为可以享受到决策成功的成就感而心甘情愿地将赚钱的股票获利了结;同样,为了从心理上不承认自己投资失败的现实,不让账面损失变成既成事实,会产生只要不卖就不算真正亏损的心理,就不会卖出暂时亏损的股票。

损失厌恶意味着对损失的敏感程度非常高,是一种人的心态和天性,投资者容易在获利状态时倾向于卖出规避风险,在亏损状态时倾向于暂时承担风险等待下一波反弹,变成了一个冒险家的角色,所以在实际情况中投资者经常出现"拔掉鲜花,浇灌野草"的行为。

约翰·伯格在《共同基金常识》第1部分中写到"园丁强斯、花园和长期投资:强斯是一个中年男子,他说在花园里草木生长,顺应季节,有春夏,也有秋冬,然后又是春夏,只要草木的根基未受损伤,他们将顺利生长。"这意味着真正的"鲜花"并不会因为季节变动而失去希望,到成熟的时机,仍会持续茁壮成长。巴菲特说,拥有著名钻石"希望之星"的一部分胜过拥有一颗人造钻石的全部。把好东西攥在自己手里,不要三心二意、朝三暮四,否则什么都得不到。

《彼得·林奇的成功投资》的一书中指出:"人们在买卖自己的房子时表现得像个天才,在买卖自己的股票时表现得像个蠢猪……难怪人们能够在房地产市场上赚钱却在股市上赔钱,他们选房子时往往要花几个月时间,而选择股票时却只花几分钟时间。"

芒格也说过鲜花好过杂草:"价格公道的伟大企业比价格超低的普通企业好。"因为买入价值低估的普通公司股票,当其股价上涨到合理估值的时候就得卖出,可是很难算出合理股价。而买入伟大企业的股票,你就可以安坐下来,坐享复利增长,那是非常好的感觉!

聪明的投资者通过优秀的投研实力选中优质"鲜花",并不断优化组合,去弱存强,加强浇灌"鲜花",剔除劣质"杂草",保持投资组合的旺盛的生命力。

指数基金之所以难以被击败,就是优胜劣汰的达尔文主义"浇灌鲜花,拔掉杂草"在投资中的运用。

第46说　To B 与 To C

独乐乐,不如众乐乐。

——《孟子·梁惠王下》

"To B",即 To Business,企业的客户是面向企业,为企业提供产品或服务(如设备制造商)。"To C",即 To Consumer,企业是直接面向终端客户,直接为消费者提供产品或服务。从巴菲特的投资中可以看出他有明显的行业偏好,他更加偏好"To C"的企业。

格雷厄姆和多德在《证券分析》中指出:"多年的投资实践证明,不同行业的安全边际相差极大。"2019年,李录提出:"时间越长,这个行业本身的特性就是护城河最有效的保护。我会把时间花在那些我看来能够预测的行业里,然后在这些行业里找找看,哪些企业可以预测,不仅仅是因为它所在的行业本身可以预测,也因为它自身确实优秀——优秀的含义就是它对资本的回报远高于它的竞争者。"

巴菲特投资的公司增长和盈利的稳定性,是确保其复利"滚雪球"的基础。研究巴菲特投资的行业特征，就是探究质量因子的可预测性，在巴菲特偏好的大消费和金融服务行业中，尤金·法玛的博士学生、AQR 资本创始人克里夫·阿斯内斯（Cliff Asness）等在实证中发现的优质公司"与盈利性相比，增长和安全最不持久"及"以该企业继续生存为条件"的问题将可以解决。在坚固的土地上（巴菲特所偏好的消费等行业）建城堡（投资高质量公司），即在特定的行业中，选取公司的生存、增长、安全在 5—10 年大概率不受影响的投资标的，这种投资标的是高质量且具有可预测性的。

巴菲特偏好"To C"的必选消费、可选消费、金融服务等公司，巴菲特投资苹果公司的理由是把它当作科技消费公司。2020 年，他接受 CNBC 电视台采访时说，"很明显，这是一家使用技术生产消费品的公司"。

我们将伯克希尔·哈撒韦持有的美国普通股证券，按照公司名称和其主营业务，根据全球行业分类系统（GICS）的行业分类规则，按年加总并逐年统计，观察分析巴菲特投资的行业特征。图 3-8 是 1977—2000 年，伯克希尔·哈撒韦公司年报，披露了持股金额前 10 大或前 15 大的股票；图 3-9 是伯克希尔·哈撒韦在 2001—2020 年持有的美国国内股票数据（图 3-9）。

如图 3-8，1977—2000 年，伯克希尔·哈撒韦主要投资于金融服务、可选消费和必选消费领域，其他行业占比相对较小。如图 3-9，2001—2020 年，伯克希尔·哈撒韦持仓行业平均值如下：金融服务行业占 40.37%，必选消费行业占 33.18%，可选消费行业占 11.02%，信息技术行业占 5.36%，医疗保健行业占 2.06%，工业行业占 3.63%，能源行业占 2.88%，电信服务行业占 1.02%，原材料行业占 0.08%，房地产行业占 0.36%，公用事业行业占 0.05%。由此可见，巴菲特偏好投资的行业集中在金融服务、必选消费、可选消费和信息技术四大行业，信息技术行业主要是重仓苹果公司。

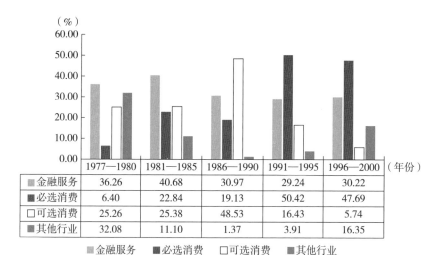

图 3-8 伯克希尔·哈撒韦 1977—2000 年普通股持仓占比
（按照 GICS 一级行业分类）

数据来源：伯克希尔·哈撒韦年报。

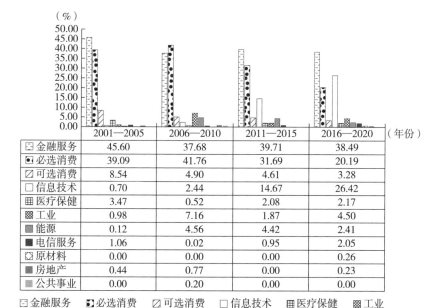

图 3-9 伯克希尔·哈撒韦 2001—2020 年普通股持仓占比
（按照 GICS 一级行业分类）

数据来源：美国证监会。

杰里米·J.西格尔在《股市长线法宝》中实证指出，1957—2012年，标普500指数的原始成分股中仍然保留原有的公司结构、业绩排在前20位的公司中，消费行业有12家，占60%；医疗保健行业4家占20%；工业行业2家，能源行业1家，可见长期业绩超群的公司中，消费行业占绝对的高比例；同时，1957—2012年，收益率超过标普500指数的行业排名依次是医疗保健、必选消费品、能源、可选消费品和信息技术。可见，在55年的长时间内，以上行业是能够产生超额收益阿尔法的行业。

而公共事业、电信服务、工业、原材料行业既无阿尔法，收益率低于标普500指数，同时这些行业的权重在指数中也在减少。公用事业是重资产行业，近年，伯克希尔·哈撒韦的非上市部分大量投资公用事业；电信行业也是重资产行业，回报率不会太理想；工业由于经济全球化，美国与其他国家交换比较优势，导致跨国公司产能转移到其他生产成本更低的国家。

图3-10是美股50年的行业收益率与权重的变化。展现了过去的半个世纪，全球工业分类体系中10大类行业回报率与其市场份额变化的对比。有趣的是，金融和科技行业虽然抢占市场份额的速度最快，但他们的回报率并非最高，而仅为中等，这些行业比重的增加是由于新增了许多该行业的公司而非个别公司价值增加。在这50年中，金融服务行业总体而言收益率不具备阿尔法，但在指数中权重增加了15%，由于巴菲特投资的是金融行业中主营业务"To C"公司，比如美国运通、维萨、富国银行、美国银行等金融服务类公司，对比标普500指数而言，这些公司的收益率存在阿尔法；就如同这些年在中国投资招商银行股票有超额收益一样，招商银行的盈利性、成长性和安全性都是超群的。与金融和科技行业相反的是能源行业，其市场份额从最初的22%下降到了8%，但是其市场回报率却达到12.87%且高于指数平均回报率，能源处于产业链的最上

游，整合以后的行业巨头有较好的回报，整合红利和衰退性红利也是投资者可以重点关注的。

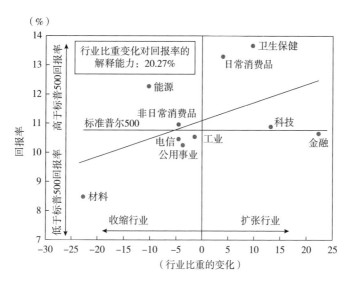

图 3-10 美股 50 年行业收益率与比重的变化

数据来源：《股市长线法宝》杰里米·J. 西格尔著。

"To B"的工业企业行业既受制于下游的客户，又受制于上游的供应商，只能通过降低成本、扩大规模来获取竞争优势，即便这样，由于竞争者众多，也只能获取平均利润，无法得到超额利润，一旦遇上严重的通货膨胀，很可能处在亏损的边缘。另外，竞争者的冲击导致竞争优势有消失的危险。

假设巴菲特买入的股票不能长时间安全、持续地增长，那么他需要快速地调仓换股，否则无法保持长时间、低换手率的持股方式。所以，巴菲特控制交易成本的低换手率策略以及产生复利的长时间持股策略，都离不开他投资在"To C"行业中高质量公司的盈利、成长、安全在时间维度的持久性，如可口可乐、吉列剃须刀、喜诗糖果、美国银行、美国运通、华盛顿邮报等都是直接面对消费者的行业巨头。

"To C"行业的龙头公司制人,"To B"行业的公司受制于人,主动投资者巴菲特是喜欢将控制权牢牢掌握在自己手中的人。

第47说　科技与消费

你可是在生日这天买到了一口油井啊!

——B夫人(罗斯·布鲁姆金)

前文提到了巴菲特偏好于投资"To C"的消费类公司,这篇阐述一下其理由及将科技与消费进行对比分析。

《时间的玫瑰》的作者但斌说过,价值投资者只投资两类公司:一是世界改变不了的公司,二是改变世界的公司。世界改变不了的是指与人的消费偏好相关的,比如巴菲特投资的可口可乐和喜诗糖果等消费类公司,中国的茅台酒是中国价值投资者的最爱。改变世界的公司是指科技类公司,科技改变世界。

科技不在巴菲特的能力圈,由于科技进步变化较快,比如集成电路行业的摩尔定律等,竞争过于激烈,对科技行业的高质量公司在未来5—10年可持续的竞争力不太好判断,因此影响对未来现金流的测算,比较难以预测公司未来5—10年的价值,所以巴菲特更倾向于回避科技类企业。他投资的科技行业也偏重业务以消费者为主的公司,比如苹果公司和比亚迪。

对于科技行业的企业家,巴菲特说:"我们很尊敬、支援和感谢这些伟大的人物,但我们却不想亲自去尝试。"

虽然谷歌从伯克希尔·哈撒韦学到"除了公司整体架构之外,

保持分公司 CEO 的独立性以及母公司需要保持强势品牌"的秘籍，但巴菲特却错过了谷歌。近年来，与谷歌一样，微软公司和亚马逊公司股票涨幅巨大，远远超过标普 500 指数，巴菲特与比尔·盖茨和贝佐斯都是好朋友，但他不为"错过"微软和亚马逊公司股票而后悔。他在致股东的信中写道："我们从不买高科技股票的原因，即使我们不得不承认他们所提供的产品与服务将会改变整个社会，问题是就算我们再想破头，也没能力在众多的高科技公司中分辨出，到底是哪一些公司拥有长远的竞争优势。""而要预测变化快速的产业中经营的公司，其长期的经营前景如何，很明显的已经超过我们的能力范围之外。"

芒格在总结伯克希尔·哈撒韦的投资失误时，也只是提及错过了沃尔玛公司。回避科技股投资的主要原因还是巴菲特和芒格认为科技公司竞争太过于激烈，对未来现金流的折现无法预计。巴菲特说他买苹果公司股票也是将其视为科技消费公司，"果粉"们不但追逐每一款 iPhone 和平板，而且在苹果商店下载各种软件和游戏，这些游戏和商品消费，商家都得与苹果公司分成，所以苹果公司的自由现金流非常稳定且可预见。亚马逊市盈率为 101.36 倍，市销率为 4.27 倍，市净率为 19.29 倍；特斯拉市盈率为 212.89 倍，市销率为 10.18 倍，市净率为 25.99 倍；与之相比，苹果市盈率为 28.48 倍，市销率为 6.04 倍，市净率为 21.70 倍，苹果公司的市盈率倍数不高，而且相对容易估值（见表 3-1）。

表 3-1 美国科技公司估值指标（2020 年报） 单位：倍

公司	PE（TTM）	PS（TTM）	PB（MRQ）
亚马逊	101.36	4.27	19.29
苹果	28.48	6.04	21.70
特斯拉	212.89	10.18	25.99
微软	32.24	10.38	12.64

续表

公司	PE（TTM）	PS（TTM）	PB（MRQ）
脸书	30.39	6.70	6.23
谷歌	13.07	2.67	2.16

数据来源：Wind。

科技行业的龙头公司不好把握，巴菲特说："关键不是知道科技是否先进，而是能够选到那个最终能够留下来的赢家。"比如大家都知道汽车业是优于马车的先进体系，但经过几十年的发展，最终只有三家品牌最终留下来，买错了公司的话，就血本无归了。

另外，高科技公司往往不一定能带来"高投资回报"，主要原因有两个方面，一方面是"高投入"，为保持竞争地位的高研发投入；另一方面是"高估"，投资者过高的期望值和过分的追捧导致边际收益递减。消费行业在高通货膨胀的时代，能够运用少量的资金创造极高的报酬率。科技股企业受到技术变革的巨大影响而变化不定，无法对产业内的公司长期竞争力作出基本的判断。

巴菲特回避投资科技行业，重要原因还包括伯克希尔·哈撒韦的保险公司性质。

科技行业的龙头公司需要强有力的领导者去引领创新，杰克·韦尔奇退休后，通用电气一蹶不振，诺基亚、摩托罗拉、黑莓、柯达等一长串赫赫有名的科技公司都几乎从市场消失了。但是消费类的喜诗糖果还在，可口可乐还在，内布拉斯加家具城也还在。

巴菲特投资偏好的消费行业高质量公司有如下优势：

- 转换成本高，不容易被替代；
- 有定价权，能对抗通货膨胀；
- 品牌价值，深入人心，形成消费者心理账户；
- 自由现金流充沛，未来现金流可预测性强；
- 维持竞争的资本再投入要求低；

• 行业本身具备成长性和安全性，"民以食为天"，长时间内不会萎缩和消失；

• 品牌的投入，如广告费、销售费等在公司的资产负债表中记为成本，但这些投入实质上增加公司的内在价值；

• 随着美国社会 GDP 的持续增长而销售增长；

• 受益于全球化，产品销往全球市场，伯克希尔·哈撒韦的透视利润大部分来源于可口可乐等全球化公司。

B 夫人将内布拉斯加家具城卖给伯克希尔·哈撒韦的那天，正好是巴菲特的生日，她对巴菲特说："你可是在生日这天买到了一口油井啊！"消费类的龙头公司如苹果公司和茅台，就是每天"产油"的世界上最大的财富"油田"。

巴菲特说："你应该投资一些傻瓜能经营好的公司，因为迟早他们会落入傻瓜的手中。"消费行业的龙头公司符合这一特征。

第48说　基因与品牌

食色，性也。仁，内也，非外也。义，外也，非内也。

——《孟子·告子上》

英国新达尔文主义作家理查德·道金斯（Richard Dawkins）在《自私的基因》中说："它们存在于你和我的躯体内，它们创造了我们，创造了我们的肉体和心灵，而保存它们正是我们存在的终极理由，这些复制因子源远流长，今天，我们称它们为基因，而我们就是它们的生存机器。"罗伯特·赖特（Robert Wright）在《道德动物》

中指出:"如今我们住在城市或者乡村,看着电视或者喝着啤酒,同时被那些为了在一个小的采集狩猎社会里繁殖我们的基因来设定的情感驱动着。"

基因具有物质性和信息性的双重属性,以人为中心的消费和金融服务行业中,人类进化过程中长期形成的对品牌、产品和服务的心理和行为偏好,这些偏好是消费者的基因代际遗传延续的,绝非轻易能改变。

人类社会离不开生存与发展,巴菲特投资的公司主营业务与人的生存、生活与发展息息相关,这与他和芒格对人性的洞见有关。人类在进化过程中,在采集狩猎时代形成的部分优点遗传到现代文明社会却以弱点的形式依然存在。虽然理性不断增强,但人类在基因的遗传下仍存留不少自私的动物性,比如嫉妒、恐惧、偏好等心理因素。大众对甜食的偏好,是因为采集狩猎时代物资匮乏,需要甜食储存能量,所以偏好甜食的人比不偏好甜食的人更能繁殖后代,生存下来的人基因天生偏好甜食。

查理·芒格在《穷查理宝典》中认为,品牌的知名度会获得信息优势和"社会认同",从而产生规模优势。人类对品牌会形成心理依赖,从而产生心理账户。丹尼尔·卡尼曼在《思考,快与慢》书中表示,人的思维系统分为"第一系统"即直觉系统和"第二系统"即理性系统。直觉简单不费劲,在日常决策中起到关键作用,产品和服务的品牌影响人的直觉系统成为人的偏好。是什么决定人的购买行为?科学家核磁共振研究表明:人们购买行为有85%是由潜意识控制的,而非显性的理智。研究第一印象的科学家伯特伦·加夫尤斯基的研究显示:当你对某人有了第一印象后,你的大脑日后再获得相反印象时,大脑会将相反印象作为例外处理,依然固守第一印象。人类基因形成的偏好,除了甜食,还有对红色偏好的习惯,红色代表着火和温暖,比如可口可乐、茅台酒、农夫山泉、中华烟等最著名消费品牌的包装都是红白、红黄相间的，人们对这些龙头公司的品牌偏好和消费偏好结合起来，极难"变心"去消费别的公司，所以这些消费龙头公司业绩有十年、百年的持续性。

巴菲特幽默地说他们能力不足，预测不了将来会有什么变化，所以他们最好还是买些不容易受变化影响的产品，软饮料、糖果、剃须刀、口香糖，咀嚼艺术不需要什么技术含量。可口可乐与喜诗糖果等消费公司经久不衰的业绩，就像源源不断的"油井"冒油，取之不尽，用之不竭，这些投资成了巴菲特的经典之作。

巴菲特提到"品牌联想"时说："可口可乐很早之前便与奥运会走在了一起，这非常重要。我的意思是说，无论是在世界的哪个角落，可口可乐都希望与快乐联系在一起。重要的是要有品牌意识。""又比如我投吉列，这是一个在全球有80%以上市场份额的剃须刀品牌，代表男孩向成熟男人过渡，当美国棒球赛举行时，吉列会去做广告，因为有很多年轻男孩去看。我每天都在想，对一个产品和公司来说，能够赢得消费者的心理是最重要的，你赢得消费者心理，你就赢得了市场。"

在巴菲特眼中，品牌是无形资产，是消费者的转换成本，是商家的成本优势，是一传十、十传百的口碑效应。巴菲特评价品牌对公司的作用时说，可口可乐是世界上经济特许权价值最高的公司。他认为进入食品饮料行业难如登天，这恰巧就是知名品牌如此重要的原因，可口可乐和百事可乐不但占据了软饮料市场超过70%的份额，每年的市场占有率仍在增加，他重仓投资了可口可乐公司股票，而且一直不卖。

基因决定偏好，品牌也决定偏好，品牌与基因的偏好结合后，"撼山易，撼偏好难"！

第49说 高 ROE 与高 ROIC

学会到有鱼的地方去钓鱼。

——查理·芒格

晨星公司高管帕特·多尔西（Pat Dorsey）在《巴菲特的护城河》书中表示：不考虑行业本身是否有吸引力，绝对不是好思路。银行劫匪威利·萨顿（Willie Sutton）之所以臭名远扬，就是因为他那句话，"我抢劫银行是因为那儿有钱"。作为一名投资者，你一定要牢记，有些行业在本质上就比其他行业更赚钱，他们是寻找"护城河"的好处，他们就是你的长期投资资金要去的方向。

巴菲特认为长期而言，投资一只股票的收益率，与这家公司的净资产收益率非常接近。他投资的公司有鲜明的高 ROE、高毛利率、高 ROIC 和低负债率的特征。

一、高 ROE：净资产回报率是指每年的净利润除以净资产的比率

巴菲特曾明确表示："我们判断一家公司经营得好坏，取决于其 ROE，我选择的公司，都是净资产收益率超过 20% 的公司。"巴菲特在 1987 年致股东的信中说："1977—1986 年，1 000 家公司中只有 25 家能够达到优异业绩的双重标准：过去 10 年平均净资产收益率超过 20%，而且没有一年低于 15%。这些超级明星企业同时也是

股票市场上的超级明星，过去10年这25家公司中有24家公司的股票表现超越标普500指数。"

由伯克希尔·哈撒韦2020年年报披露的普通股持仓可以看出，持有的以消费者为中心的公司的ROE普遍都非常高。查理·芒格在《穷查理宝典》中认为："品牌的知名度会获得信息优势和社会认同，从而产生规模优势。"偏好带来溢价，消费行业的高质量龙头公司的ROE都在20%以上。50年来，日常消费行业与医疗保健行业一样，处在全部行业净资产收益率的顶端。

巴菲特将ROE配合资产负债率来评估公司。ROE能真实反映企业的盈利能力，但是要同时关注净资产回报是权益资本形成的还是借债形成的。高质量公司自我造血能力强，不需要额外举债进行再生产，从而抗风险能力强。在严重的经济危机中，最先死掉的就是负债率高的企业。

二、高毛利率：毛利率是指毛利与销售收入（或营业收入）的百分比

巴菲特更偏爱那些具有持续竞争优势且拥有定价权限的行业龙头企业。投资者可以从财报上长期保持较高毛利率的数据来作为判断标准，因为这一指标是反映所处行业的发展状况，同时也对一个企业在行业中的定价权进行了解答。

巴菲特还提醒投资者们说：如果一个行业的平均毛利率低于20%，那么几乎可以断定这个行业存在着过度竞争，在这样的行业中很难会有一家公司能在同行竞争中创造出可持续性的竞争优势。从伯克希尔·哈撒韦2020年年报披露的数据来看：苹果公司销售毛利率为38.78%、销售净利率为21.73%；可口可乐一直保持销售毛利率为59.31%、销售净利率为23.53%；评级公司穆迪的毛利率

则高达100%，强生公司的毛利率为51%、净利率为21.01%；宝洁公司毛利率为51.26%、净利率为18.84%。相比之下，那些没有强大竞争优势的公司毛利率就低得多了，伯克希尔·哈撒韦的投资比例也很小，例如：通用汽车毛利率只有21%。巴菲特早期买过后清仓的美国钢铁公司（U.S Steel）的毛利率为17%，固特异轮胎公司毛利率只有20%。这些公司无一例外地陷入激烈竞争或困境。

三、高ROIC：全球著名咨询公司麦肯锡给出了一个价值投资最核心的指标ROIC

ROIC的全称是资本投入回报率，ROIC衡量的是股东和债权人投入的本钱，到底获取了多少回报，这是一个生意的本质。麦肯锡甚至认为，ROIC低于6%的公司都是时间的敌人，都是伪成长。除银行和汽车股外，伯克希尔·哈撒韦投资的重仓公司ROIC大多数在9%以上，远超6%。

四、低负债率：高质量公司的负债都很低，反映在资产负债表上就是资产负债率很低，反映在利润表上就是利息保障倍数很高

巴菲特非常青睐那些利息支出占息税前利润的比率很低、因而利息保障倍数很高的企业。自1982年以来，巴菲特曾多次在致股东的信中公开声明他想要收购企业的基本标准，其中就有"公司在仅仅使用少量负债或零负债情况下有良好的权益收益率水平"。伯克希尔·哈撒韦投资的普通股公司银行股负债率比较高，其他公司负债率一般在70%左右，绝对控股的公司资产负债率极低。

芒格说:"40岁以前没有价值投资者。"遵循 ROE 20%、毛利率 40%、ROIC 9% 以上以及低负债率指标,来挑选高质量公司的投资者,应该是价值投资者吧?

第六节　巴菲特的择时策略

第50说　危与机

不入虎穴，焉得虎子？

——范晔《后汉书·班超传》

危机，在西方被定义为风险，而在东方的智慧中，将危机视为"危"（危险）和"机"（机会），风险中孕育的恰恰是机会。中国战国时期的"商祖"白圭，他的经商致富的原则是"乐观时变"，实行"人弃我取，人取我与"的贱买贵卖的方式。这与巴菲特的"别人贪婪时要感到恐惧，别人恐惧时要变得贪婪"的投资原则基本一致，都是逆向操作。

95岁的约翰·邓普顿（John Templeton）在为《邓普顿教你逆向投资》一书作序时说："我一直坚信，没有比活在这个时代更幸运的了，我们都应该深深感恩，能够生在这样一个不可思议的繁华盛世……牛市在悲观中诞生，在怀疑中成长，在乐观中成熟，在兴奋中死亡……最悲观的时刻正是买进的最佳时机，最乐观的时刻正是卖出的最佳时机。"他在1954年到1992年的38年时间里，获得了年化复合16%的回报，他尤其擅长逆向投资。

自1825年英国第一次爆发普遍的经济危机以来，至2021年，已经爆发了47次大规模的金融危机。可以说，资本主义经济从未彻底从经济危机的冲击独立出来，这是由于资本主义体制不可避免地带来经济危机的副产品，并且由于资本主义的特性，这种危机的爆发还存在着一定的规律。美国经济学家约瑟夫·基钦（Joseph Kitchin）于1923年发现了3—4年的短周期小危机，法国医生、经济学家克里门特·朱格拉（Clèment Juglar）则在1862年就发现了市场经济存在着9—10年的周期波动。

巴菲特的投资之道受芒格的逆向思考启发，进行逆向投资，巴菲特曾说："很久以前，查理·芒格立下了自己最远大的雄心壮志：我唯一想知道的是我将会死在什么地方，一旦知道后我就会永远不去那个地方。芒格这番话是受到了伟大的德国数学家卡尔·雅可比（Carl Gustav Jacob Jacobi）的智慧启发，卡尔·雅可比将'逆向，总是逆向'作为解决难题的方法。在伯克希尔·哈撒韦，我们运用了芒格的这个思想。"

在巴菲特的投资生涯中，经历过的各种危机数不胜数，早在1994年，巴菲特在致股东的信中就提到过一段经典的话："对于坊间一般投资人与商业人士相当迷信的政治与经济的预测，我们仍将保持视而不见的态度，30年来，没有人能够正确地预测到越南战争会持续扩大、工资与价格管制、两次的石油危机、总统的辞职下台以及苏联的解体、道琼斯指数在一天之内大跌508点或者是国库券利率在2.8%与17.4%之间巨幅波动。"

他又说："想象一下，若是我们因为这些莫名的恐惧而延迟或改变我们运用资金的态度，将会使我们付出多少的代价，事实上，我们通常都是利用某些历史事件发生，当悲观气氛到达顶点时，找到最好的进场机会,恐惧虽然是盲从者的敌人,但却是基本面信徒的好朋友。"

巴菲特认为在往后的若干年间,一定还会有一连串令人震惊的事件发生,但是不要妄想要去预测它或是从中获利,关键是找到可投资的优良企业,长期而言,外在的意外对伯克希尔·哈撒韦的影响实属有限。

知行合一,巴菲特在危机中保持了理性和行动的勇气。

比如在1987年股灾"黑色星期一"后多数股票腰斩,市场一片混乱。在1988年,巴菲特重仓买入可口可乐5亿美元,1989年增持4亿美元,1994年又增持3亿美元,累计投资13亿美元,10年之后1998年,升值到133亿美元,一只股票10年净赚120亿美元。到2019年年底,持有可口可乐近4亿股,市值达到221.4亿美元。

1990年美国银行业股价由于地产泡沫破灭大幅下滑,在市场一片看空的声音中,巴菲特大举买入富国银行,持股数达到500万股,持股比率接近10%。

在2000年科技泡沫破灭市场大跌时,巴菲特强势入股穆迪成为其最大股东。

在2008年,全球爆发金融危机,市场充满恐慌情绪的时候,巴菲特亲自撰文在《纽约时报》上发表,他当时说:"对于美国很多竞争力强的公司,没有必要担心他们的长期前景。这些公司的利润也会时好时坏,但多数大公司在5年、10年、20年后都将创下新的利润纪录。"

巴菲特也强调他无法预测股市的短期变动,对于股票1个月或1年内的涨跌情况不敢妄言,但是在市场恢复信心或经济复苏前,股市会上涨而且可能是大涨的情况很可能会出现。因此,如果投资者"等到知更鸟叫时,将错过整个春天(股市已经大涨)"。

同时,巴菲特和芒格也都警示投资者:"在一家公司或一只股票不受欢迎时买进，不一定就是明智的投资方式，投资中真正需要的是思考而不是参考，否则，逆向投资策略如同随大流的策略一样愚蠢。"

美股历史上一共出现过 5 次熔断，而 2020 年 3 月在短短的 10 天内连续熔断 4 次。2020 年 5 月 3 日，在伯克希尔·哈撒韦的线上股东年会，面临"活久见"的危机，巴菲特援引前白宫总管拉姆·伊曼纽尔（Rahm Emanuel）的话："千万不要白白浪费一次严重的危机。"

第 51 说　择时原则与卵巢彩票

爱国主义毕竟是可敬的——永远是可敬的，永远是高贵的——它有权利昂起头来，傲视世界各国，毫无愧色。

——马克·吐温

投资行业一般有择股与择时之说，巴菲特说他投资从不择时："我们根本就不听或不读那些涉及宏观经济因素的预估。在通常的投资咨询会上，经济学家们会做出对宏观经济的描述，然后以那为基础展开咨询活动。在我们看来，那样做是毫无道理的。假想艾伦·格林斯潘（美联储前主席）在我一边，罗伯特·鲁宾（克林顿政府时期美财长）在我另一边，即使他们都悄悄告诉我未来 12 个月他们的每一步举措，我是无动于衷的。"

实际操作中，他择时不关注宏观形势，只关注资本市场的人性："别人贪婪时我恐惧，别人恐惧时我贪婪。"但这句话有个大前提，那就是"卵巢彩票"。巴菲特成功离不开美国的国运，他说："我是 1930 年出生的，当时我能出生在美国的概率只有 2%，我在母亲子宫里孕育的那一刻，就像中了彩票，如果不是出生在美国而是出生在其他国家，我的生命将完全不同……和孟加拉国相比，人们更希望在美国出生！这就是卵巢彩票。"

美国的国运是巴菲特投资业绩的基础，他善于借势，伯克希尔·哈撒韦的成功是搭美国"顺风车"的产物。有专家认为巴菲特的成功离不开以下两方面：一方面，"二战"后美国主导世界霸权，1980年里根供给侧改革，美国迎来长达20年的经济繁荣，巨大的经济体量为伯克希尔·哈撒韦提供了广泛的并购和投资选择，伯克希尔·哈撒韦受益于美国经济的长期繁荣和消费增长。另一方面，美国股市长牛，1980—2000年美国资本市场迎来长牛，随着401K[①]计划推出，共同基金和养老基金等大型机构入市，重仓股票的伯克希尔·哈撒韦快速发展壮大。

深海才能养大鱼，只有在美国资本市场这样的"深海"里，才能养出伯克希尔·哈撒韦这样的"大鱼"。全球的大公司主要在美国，苹果、亚马逊、微软等巨型公司，市值都在万亿美元以上，2022年初，伯克希尔·哈撒韦的市值已经超过7 000亿美元，比很多小国家的股市总规模还要大。

恐惧与贪婪的择时指标——"巴菲特指标"，是指美国股市的总市值与国民生产总值的比率。2001年12月，巴菲特在《财富杂志》发表的文章中指出："这个百分比关系曲线若在70%至80%，市场在底部，是买股票的好机会；若百分比接近200%，则市场过热，买股票就如同玩火。"在市场恐惧和贪婪时运用"巴菲特指标"的择时方法使得巴菲特的投资成效显著。

有人研究发现了巴菲特应对伯克希尔·哈撒韦的危机投资规律

---

① 401K计划也称401条款，始于20世纪80年代初，是一种由雇员、雇主共同缴费建立起的安全基金式的养老保险制度。

如下，一是 1987 年美国"黑色星期一"，巴菲特在股市暴跌之前已经卖出了大部分股票，仅将 Capital Cities/ABC、GEICO 与华盛顿邮报作为愿意长期持有的三只股票，1987 年公司净资产回报率为19.5%，领先标普 500 指数同期的回报率 14.4%。二是 1997 年亚洲金融危机，1997 年伯克希尔·哈撒韦减持部分金融和可选消费行业股票，1998 年大幅增持消费、金融行业股票，1997 年公司净资产回报率为 34.1%，市值回报率为 34.9%，分别高于标普 500 指数回报率 0.7% 和 1.5%。三是 2000 年科技泡沫时期，1999 年巴菲特坚持不投资互联网科技股，在其重仓的前 9 只股票中，依然是日常消费行业的股票最多，其次为金融股，这也使伯克希尔·哈撒韦在 1999 年的表现不尽如人意；事后来看却让其避免了科技泡沫破灭的冲击，之后的 3 年里巴菲特远远跑赢市场。四是 2008 年全球金融危机时期，2008 年伯克希尔·哈撒韦公司新增了四只股票，主要集中在公用事业和工业领域；2008 年 8 月大幅购买比亚迪，成为其海外最大股东；卖出了日常消费、金融等行业 11 只股票，重仓股大幅减持宝洁公司和强生公司。

由以上数据可见，巴菲特确实没有错过每一场大的危机。

约瑟夫·熊彼特在名著《经济发展理论》中提出了"创造性破坏"的概念。熊彼特认为："衰退是必然的，也是必要的。在衰退中淘汰弱者，是推动革新创造、重新迎来繁荣的必经之路。"

巴菲特认为股价过低最常见的原因是悲观主义，有时对于整个市场，有时对于某一家公司或某一个行业，他选择在这样一种环境下进行投资，他喜欢悲观主义导致的低价。他曾说："乐观主义才是理性投资者的真正敌人。"关于道指 20 000 点是否过高，巴菲特的观点是在 1929 年前后道指 200 点也被认为太高，道指可能在我们有生之年会接近 10 万点，这不需要任何奇迹，只要美国系统继续发挥活力。

巴菲特背靠美国资本市场，选择由优秀企业家管理的高质量公司,在市场遇到危机、这些优质公司股票被低估时出手买入,并集中、长期持有享受复利,这就是他的"天时、地利、人和"三位一体的成功之道。在东方,中国作为与美国比肩的"G2",中国的资本市场规模是仅次于美国的全球第二大资本市场,拥有宁德时代、比亚迪、福耀玻璃、招商银行等伟大的企业和企业家,中国的社会稳定,改革开放政策明确,发展势头超过美国。

芒格说:"中国人在过去 30 年完成的事业,是人类历史上最引人瞩目的成就之一。"

中国的投资者身处伟大的中国和伟大的时代,与巴菲特一样,也有"卵巢彩票""水大"的中国资本市场,一定会养育像伯克希尔·哈撒韦一样的"大鱼"和巴菲特一样的超级投资者。

第 52 说　舍利子与结石

> 到处都是撕裂之时,弥合缝补者最为珍贵。
>
> ——罗曼·罗兰

在投资事业中,追逐泡沫没有安全边际,加大对市场风险的承担去博取收益也没有安全边际;投资者唯有练就"火眼金睛",利用好"市场先生",在大众恐慌时,辨识出"舍利子"和"结石";在能力圈内,人弃我取,以低成本获取珍贵的宝贝,才有安全边际。

舍利子,相传为释迦牟尼佛遗体火化后结成的珠状物。佛教认为,舍利是由修行功德练就的,一直是指人们心中非常神秘的珍宝。结石由无机盐或有机物组成,会引发疾病。

一些特殊机会投资者，错把"结石"当"舍利子"，结果身陷深坑不能自拔，耗时耗力耗心，收益甚微。与之不同，巴菲特看到心仪已久的高质量股票受到外部冲击，"伤皮肉而未伤筋骨"时，坚信这些公司是内在价值仍然极高的"舍利子"，果断投资，在冬春之交播种，在夏秋收获。

巴菲特"舍利子"投资方法的五个案例如下。

1. 危机中买入美国运通股票

2. 收购《布法罗晚报》

1977年1月8日，伯克希尔·哈撒韦以3 250万美元收购《布法罗晚报》全部股权，面临《信报》的诉讼和工会的罢工，巴菲特和芒格合力，将企业从危机中拯救出来，起死回生。1978—1982年合计亏损1 276.7万美元，逆袭成功后，1983—1999年的16年间合计税前利润7.34亿美元，赚得盆满钵溢，《布法罗晚报》成为"伯克希尔·哈撒韦七圣徒"。

3.《华盛顿邮报》利空中做多

1973年春，《华盛顿邮报》凯瑟琳和白宫斗法，报道"水门事件"，白宫不允许《华盛顿邮报》做白宫新闻报道，市场担心会损失大量重要新闻源，电视台许可证不能顺利申领，威胁到《华盛顿邮报》近半利润，并伴以工会大罢工会导致邮报停刊。负面危机集中爆发，《华盛顿邮报》股价从高点每股38美元暴跌到每股16美元。巴菲特在这时登场，1973年2月开始买入，至11月共投入1 006万美元，均价每股22.75元，持股比例约10%，成为第2大股东。后连跌3年，最多时浮亏约30%。至20年后的1993年，拿回700万美元分红，市值4亿美元，20年收益高达40倍。

4. 抄底盖可保险

巴菲特的硕士论文是对盖可保险进行研究，该公司1975年承保亏损1.9亿美元，计提的准备金数量不足以应对保险索赔，全国多个州的保险委员会准备宣布盖可保险破产清算。公司股价从前期高点61美元暴跌至2美元，市值跌落至约5 000万美元，最大跌幅接近97%。面对这种情况，格雷厄姆都说难以置信，不寒而栗。巴菲特从2.125美元的价位开始买进，共720万股，累计投入资金4 713.8万美元，平均买入成本约6.55美元/股。后来，盖可保险不断回购公司股份，巴菲特持股比例从1/3上升到约51%，1989年持股市值突破10亿美元。1995年，巴菲特支付23亿美元收购了剩余的一半股权，100%控股了盖可保险，盖可保险成为伯克希尔·哈撒韦保险浮存金的重要来源。

5. 坚定持有通用再保险

1998年6月19日，巴菲特以出让伯克希尔·哈撒韦18%的股权的方式对通用再保险进行收购，折合总价约220亿美元。1998年和1999年全球连续发生多起重大灾难事故，让通用再保险支付了巨额赔偿；1999年通用再保险为5部好莱坞电影提供的保险，全军覆没，直接导致损失1亿美元；还可笑地被一家骗子公司直接骗走2.75亿美元。这些损失拖累了伯克希尔·哈撒韦1999年的表现，在当年指数上涨21%的情况下，巴菲特创下有史以来最低的年度投资回报率——0.5%，伯克希尔·哈撒韦的股票价格下跌了20%。2000年3月1日，在致股东的信里，巴菲特给自己1999年的表现打分为D(不及格)，他用"特别惨"来形容通用再保险的情况。通用再保险在2002年计提13.1亿美元的损失，以修正以前年度所发生的错误估计。1999—2002年通用再保险的保险部门累计亏损74.7亿美元，收购前通用再保险净资产为82亿美元，相抵后几乎资不抵债。尽管对通用再保险的并购在一开始的结果是痛苦的，但后来巴菲特派阿吉特·贾恩直接管理，扭转了局面，将伯克希尔·哈撒韦提升到了保险业内的一个无可比拟的高度，并大大加强了它的浮存金，最终大获全胜。

罗曼·罗兰说："到处都是撕裂之时，弥合缝补者最为珍贵。"巴菲特是一位"弥合缝补者"，他"艺高人胆大"，在市场将"舍利子"误认为"结石"时，力排众议，勇于出手，英雄般地力挽狂澜，为伯克希尔·哈撒韦的资产端的巨额投资利润以及负债端源源不断低成本的保险浮存金"添砖加瓦"，终于建成了伯克希尔·哈撒韦保险投资集团的不朽功业。

第53说　英雄与狗熊

我们来到这个世上，就应该跟最好的人、最美的事物和最芬芳的灵魂倾心相见，唯有如此才不负生命一场！

——尼采

巴菲特说："我不会和自己不喜欢或者不欣赏的人打交道，就像选择婚姻伴侣一样，这就是关键。"

巴菲特认为"好企业家"和"好公司"具有同等的重要性："好骑师配好马才能出好成绩，一瘸一拐的老马恐怕会有些力不从心。"巴菲特非常重视企业家的素养，如果"骑师"的为人和能力不符合他的标准，他会毫不犹豫地出手换人。同时，他绝对维护优秀管理者、创始人以维护所属公司优秀基因的传承，正如他所说："一家经典企业由一个企业家终其一生，有时甚至是好几代，以无微不至的用心才能建立。"

巴菲特对人才的看重可以从其投资收购行为中进行分析。他在考虑标的公司的内在价值时，CEO是被重要衡量的因素。有些被收购公司的 CEO，与巴菲特一道成就了企业的辉煌，也常常被巴菲特在致股东的信中如对待"英雄"一般，热情洋溢地表扬。而有些职业经理人，导致公司经营每况愈下，甚至到了破产停业的边缘，严重损害了公司的价值，结局当然是黯然离场。

关于巴菲特的投资收购的方式主要有两种：第一种是控股型的收购，大多是买一些家族企业。这些家族企业一般由于遗产税和众多的家族成员有利益诉求，出售绝大部分股权或全部股权给伯克希尔·哈撒韦。一方面伯克希尔·哈撒韦没有储备相应业务的经营人才，另一方面家族中在经营该产业的成员仍希望继续留任经营，这样就形成了共赢的局面。对于这种产权和经营权分离的方式，伯克希尔·哈撒韦信守承诺，充分放权，被收购的家族企业成员继续经营原产业，在其年纪大了之后，由他们推荐自己家族成员继续经营。一个接一个的案例，以及这些人的现身说法，使得全球有类似诉求的卓越的家族企业，都把伯克希尔·哈撒韦视为最可靠的买家，这也是伯克希尔·哈撒韦拥有这么庞大的资金还有非常好的收购标的，以至于拥有八家世界 500 强企业的原因。第二种是拥有强有力的人事话语权的普通股投资。比如可口可乐的两次换 CEO，与巴菲特都有关系。

巴菲特通常不会干涉管理层，希望优秀的管理层能够长期留任，越久越好。他曾说："我们基本上不做尽职调查，我们的尽职调查就是看着他们的眼睛。"

细数与巴菲特合作过的英雄般的"好骑师"，有以下几个非常著名的例子。

1. 对于汤姆·墨菲（Tom Murphy），巴菲特称赞道："汤姆·墨菲不但是伟大的管理者，也是那种你会希望将自己女儿嫁给他的人。"在 1986 年 1 月，巴菲特将伯克希尔·哈撒韦持有的大都会 ABC 的股票委托给墨菲和伯克，而且保证他们有权限制伯克希尔·哈撒韦出售股票，他直接放弃了自己的投票权，后来该股份换成迪士尼股权大赚。

2. 凯瑟琳·格雷厄姆。从1973年开始，巴菲特大举买入《华盛顿邮报》股票，并一度占有10%的股权，获得了一名董事的席位。巴菲特在《滚雪球》中表达了对《华盛顿邮报》掌门人凯瑟琳·格雷厄姆、这位年长13岁的女导师和红颜知己的感谢之情："无论她到哪里，都会受到女王一般的招待，我见到了世界上许多我之前没有看到的有意思的事情。"

3. 王传福。2008年经济危机时，伯克希尔·哈撒韦投资2.32亿美元购买了2.25亿股比亚迪港股。巴菲特对美国CNBC谈到他最欣赏的四个CEO，提到的第二个名字是比亚迪创始人王传福，巴菲特点评："王传福总有许多伟大的想法，而且擅长梦想成真！"

4. 马克·多尼根。巴菲特在2020年致股东的信提道："PCC的CEO马克·多尼根是一位充满激情的经理，他一如既往地将同样的精力投入我们收购的业务中。我们很幸运由他来管理。"

听惯了巴菲特的称赞，以为伯克希尔·哈撒韦旗下都是优秀的企业家，实际并非如此，巴菲特也遇到过让他头疼的人。巴菲特一般可以忍受短期的糟糕，但当公司到了无法容忍的地步，他还是会毫不犹豫地出手，换掉CEO，相关的案例如下。

1. 劝离两任可口可乐公司CEO。从巴菲特1988年买入到1997年底，可口可乐股价不到10年上涨超过10倍，远超同期标普500指数不到3倍的涨幅。但到了1999年，可口可乐出现股价暴跌，伯克希尔·哈撒韦股价也跟随大幅下跌。原因是可口可乐新的掌门人爱华仕能力不行、比较官僚。2000年感恩节后，巴菲特和投资银行家艾伦约了爱华仕交谈，明确表示已经不再相信他了。爱华仕主动辞职，但是接替爱华仕的达夫特也不争气，巴菲特再次忍无可忍，更换了他，直至新CEO把可口可乐带出泥潭。

2. 换掉通用再保险CEO。巴菲特买进通用再保险后，曾公开宣称过"非常失望，对公司和CEO完全失去信心"，换掉时任CEO隆·弗格森，由阿吉特·贾恩接任。

3. 所罗门事件。1987年9月28日，巴菲特认购了7亿美元的所罗门优先股，不久就出了大麻烦，麻烦来自债券交易部门负责人梅利韦瑟和他的得力助手莫泽尔，他们钻财政部规定申购国债的上限的空子，引发财政部决定取消所罗门主要交易商资格，这将直接导致所罗门破产。经巴菲特、芒格和MTO律所的共同努力，财政部对所罗门只实施了2.9亿美元罚款，梅利韦瑟离职，莫泽尔入狱4个月。

4. 更换利捷公务航空公司CEO。由于利捷公务航空公司的客户不断流失，公司创始人兼CEO理查德·圣图利（Richard Santulli）递交了一封辞呈，巴菲特接受了他的辞职并紧急派索科尔救火。

对待好骑师像英雄，对待无能之辈也毫不犹豫。知人善用，是巴菲特作为企业家身份的最强能力！

第七节　巴菲特的投资心性和风格

第54说　加法与减法

> 万物之始，大道至简，衍化至繁。
>
> ——老子《道德经》

人的一生，诱惑太多，往往由于过度行动而在平庸的事情上倾注了过多的精力，只能取得平均的收益，而无法达到巴菲特式杰出的超额收益。

放长线，钓大鱼，是巴菲特取得非凡业绩的原因之一。巴菲特开玩笑说自己用屁股赚的钱比用脑袋赚得更多，其实就是因为他比别人都更能长期持有股票，他曾说："我最喜欢持有一只股票的时间是：永远。"

村上春树写道："除了才华，如果再举小说家的重要资质，我将毫不犹豫地举出集中力来，这是将自己拥有的有限的才能汇集，尔后倾注于最为需要之处的能力。没有它，则不足以办成任何大事。"正如村上春树所言，在社会生活中，有了集中力，我们可以把有限的时间和精力，持续地投入在一件事情上，通过积累，取得成就。

但是，我们在现实生活中却往往过于短视，每天在一些嘈杂的信息中，忙于应付，而且乐此不疲。或有或无的短期利益常常轻易就能迷惑了我们的双眼，而我们一丝一毫的"机会"也不愿错过。就这样，忙忙碌碌、浑浑噩噩地度过平庸的一生，还浑然不觉。人们的爱好兴趣普遍太多，各种无法拒绝的应酬和所谓商机，侵蚀了我们的学习和思考时间，在不正确的道路上努力，有时会南辕北辙，勤而少获。人们会由于短视而满足于小利、错失了大得。

麻省理工学院前教授丹·艾瑞里（Dan Arialy）在《怪诞行为学》一书中说，人们在面对多个选择时，即使明知其中一项可以获得最大成功，他们也不愿意轻易放弃其他选择。因为我们的大脑，对于放弃可能失去收益的风险，是天然排斥和抗拒的。所以，能够获得巨大成功的人，能克服那种心理上的本能。

巴菲特管理时间的法则是，写下你认为重要的 25 件事情，然后从 25 件中再挑出 5 件最重要的事情。很多人问剩下的 20 件事以后慢慢再做吗？完全不是，巴菲特的做法是那 20 件事情全部不做。"重要"相对于"最重要"来说，其实就是"不重要"了。既然不重要，那么这 20 件事，就是你不惜一切代价要避免去做的事情。你需要做减法，不要再让那 20 件事占用你的能量，而集中火力去做那 5 件事就足够了。诱导自己的大多是那些"鸡肋"的事，如果一开始就认为毫无价值的事，我们是不会投入精力的。要使用奥卡姆剃刀原理果断地避免那些"重要的鸡肋"。

生活中的"二八定律"无处不在，在任何一组东西中，最重要的只占其中小部分，约 20%，其余 80% 尽管是多数却是次要的。投资中，大概率 80% 的收益来自 20% 的投资。

查理·芒格曾说过："我们长期努力保持不做傻事，所以我们的收获比那些努力做聪明事的人要多得多。"美国心理学家罗伊·鲍迈斯特（Roy Boumeister）教授提出了"自我耗损"理论："尽管你什么都没做，但是每一次选择、纠结、焦虑、分散精力，都在损耗你的心理能量。每消耗一点心理能量，你的执行能力和意志力都会下降。"所以唯一的办法，就是从坏习惯手上，把那些意志力都"抢"过来。

巴菲特曾说投资中需要两种能力，一种是识别优秀公司的能力，另一种是隔绝市场情绪传染的能力。而阅读恰是投资者认知自己、主动观察自己的起心动念，进而认知他人，隔绝群体噪声和提高判断力。

"判断是人生阅历的核心组成部分，也是所有组织运作的中枢要点。"错误＝偏差＋噪声，这是丹尼尔·卡尼曼在《噪声》里关于决策和判断领域的公式。他在《思考，快与慢》中指出，如果人们过度关注短期而忽视长期目标，许多人都会表现出乐观偏差。偏差是系统性的错误，是一致的行为，也是全人类的通病；但噪声是分散的，是互相之间都不一致。每个人的噪声源头不一样，也许是情绪，也许是意外的信息。减少偏差，就会离正确近一点；减少噪声，就会离正确的概率大一点。

普通投资者容易身不由己被卷入噪声的漩涡，需要强大的思维能力和正确的认知方式，才能在关键时点上做出高质量的决策。

地震处理和信号处理行业有一个专用名词：信噪比，即信息中有效信号和无效噪声的比值。股市中的信息也有信号和噪声之分，时间越短噪声越多；反之，时间越长噪声越少。巴菲特只倾向长期持有股票，而不去做短期的投机，这样就减少了噪声对他投资决策的干扰。

不同时间尺度下的概率是不同的，纳西姆·尼古拉斯·塔勒布（Nassim Nicholas Taleb）在《随机漫步的傻瓜》中举例证明了"时间越短，噪声越多，随着时间的增长，噪声会相互抵消而信号凸显出来"。资本市场充满着随机性，波动才是常态，只要经受得住小的波动，才能看到大的稳定。无论是股市还是人类社会，短期内有进有退，那是正常波动，长期来看则必然是前进的。

做正确的事，时间不是问题。巴菲特只喜欢看得懂的生意，而且他还要看清这个企业 10 年的大方向。巴菲特的投资目光是长远的，他把投资当成运动和娱乐，他喜欢"捕获稀有的快速移动的大象"。

乔布斯说："决定不做什么跟决定做什么同样重要。"在机会来临时，巴菲特告诉我们要放手去做；而在这之前，要对所有看似诱人实际不符合投资标准的生意谨慎识别，坚决拒绝。

无疑，什么时候做加法以及什么时候做减法，是投资中获胜概率提升的关键。

第 55 说　专注与耐心

> 人的思想是了不起的，只要专注于某一项事业，就一定会做出使自己感到吃惊的成绩来。
>
> ——马克·吐温

罗杰·洛文斯坦在《巴菲特传：一个美国资本家的成长》中这样形容巴菲特："巴菲特的天才主要体现在品格上——耐心、有纪律和理智……他的才干源于他无可比拟的独立心智，能够排除外界一切干扰专注地工作。"

1991 年，巴菲特应邀去比尔·盖茨家做客，席间比尔·盖茨的父亲问巴菲特："人一生中最重要的特质是什么？"当时的世界第一富豪和第二富豪比尔·盖茨和巴菲特的回答都是：专注。芒格也在哈佛大学的演讲中坦言自己深受爱因斯坦自述成功的理论"好奇、专注、毅力和自省"的影响。

塞缪尔·约翰逊（Samuel Johnson）说，卓越的成就一般靠一生孜孜不倦的追求，因为它并不能靠轻轻松松取得。大脑在同一时间内专注于许多事情是不可能的，更不要指望它能够轻松自如地完成这些任务。大脑在不同任务之间转换耗时耗力，特别是在比较复杂和生疏的任务之间转换。

我们要做的仅仅是回归简单，巴菲特赞同失败是因为我们拥有了那些所谓伟大和复杂的系统，或者是运用了神奇的准则等。决策要少，也要好。因为它迫使我们对每一个决策更为专注，同时也减少错误的概率。

巴菲特和芒格很早以前就明白，在一个人的投资生涯中，做出上百个聪明的小投资决策是件很辛苦的事。他们的这种想法随着伯克希尔·哈撒韦资金规模日益扩大而愈加成熟，因此他们决定，只要在仅有的几次时机中采取正确的决策就够了，并不可能每次都聪明，所以他们现在只要求每年出现一次好的投资想法就满足了，比如投资苹果公司。

查理·芒格说，有时干活越卖力，信心越膨胀，但你努力的方向可能是错的。他认为有一些原本很不错的公司，由于领导人头脑发热，将原本扎实的基础业务弃之不顾，反而跑去购买那些业绩普通甚至糟糕的公司，盖可保险就是一个案例，盖可保险在20世纪80年代到处插手各种业务，几乎没有一个业务成功，为此付出了巨大的代价。

巴菲特信奉："每个人终其一生，只需要专注做好一件事就可以了。"艾丽斯·施罗德（Alice Schroeder）描述巴菲特时写道："他除了关注商业活动外，几乎对其他一切如艺术、文学、科学、旅行、建筑等全都充耳不闻——因此他能够专心致志追寻自己的激情。"

芒格表示:"我们热衷于把事情简单化,如果事情太麻烦了,我们就跳过去换一个,还有什么比做到这一点更简单吗?"威廉·詹姆斯说:"聪明的诀窍在于辨别主次,知道哪些是重点,也知道哪些该忽略。"更多的信息不代表更丰富的知识或者更成功的决策。今天我们获取的信息量更多了,但同时接触错误信息的机会也更多了。需要避开不相关因素,纵观全局。

在专注的同时,等待投资实现其预测价值的过程需要的则是耐心。

在《庄子·齐物论》中,记载了一个故事:一个养猴子的人(狙公)给猴子分发食物橡子。他对猴子说:"早上给你们三个,晚上给你们四个。"猴子都很恼怒。于是他改口说:"既然这样,那么就早上给你们四个,晚上给你们三个。"猴子听了都很欢喜。对此,庄子评论道,"名实未亏而喜怒为用,亦因是也"。大意是说,早上三个晚上四个与早上四个晚上三个虽然名义上不同,但实际上都是七个,是一样的啊!可猴子却因此或怒或喜,也是因为"不知其同也"。这个故事后来演化成成语"朝三暮四",用来比喻行事反复无常、经常变卦,没有耐心。

格雷厄姆在《聪明的投资者》一书中明确指出:"聪明的投资者的品质与智商毫不相干,它是指要有耐心、要有约束,并渴望学习,此外,还必须能够驾驭情绪,并能够进行自我反思。这种投资的智慧与其说是表现在智力方面,不如说是表现在性格方面。"

彼得·林奇也说:"要投资就要坚持到投资成功。"他认为股票投资成功所必需的个人素质应该包括,耐心、自立、常识、对于痛苦的忍耐力、心胸开阔、超然、坚持不懈、谦逊、灵活、愿意独立研究、能够主动承认错误以及能够在市场普遍性恐慌之中不受影响保持冷静的能力。他为投资者提出了 10 倍股理论,关键是要坚持跑完全程。

关于耐心,巴菲特认为:"耐心是一种难能可贵的美德。耐心等待长期的信号，盯着击球区，等待最好位置的球再挥杆，确保胜率。等待机遇来临必须要有足够的耐心，诱惑面前要敢于拒绝，仓促时会做出错误的判断，这就是投资的诀窍。"同时，在资本分配方面，巴菲特也肯定了耐心的重要性："在资本分配方面，活动并不与所取得成绩成正比，其实在投资和收购领域，狂躁的行为只会让你事倍功半。好的机会不是天天都有的，如果你每天都感到有投资的迫切需要，肯定会犯许多错误。大机会都是等出来的，投资必须要等待适合出手的好机会。做事必须简化程序，一切从便于解决问题的角度入手，剔除一些可能性，然后集中在少数有可能的几点，去除杂芜，留下本质。"

巴菲特始终坚持以长期投资的理念进行投资操作："如果一只股票不想持有 10 年以上，那么你最好连 10 分钟都不要拥有。"伯克希尔·哈撒韦在 2020 年年底的 15 大持仓普通股中，有 10 家持有期超过 5 年，可口可乐持有期有 34 年，收益接近 16 倍，穆迪持有期有 21 年，收益 27 倍，比亚迪持有期有 13 年，收益 25 倍，苹果持有期有 5 年，收益 3 倍。

专注提高能力，耐心提高概率。巴菲特的专注和耐心，是他投资成功的基础。

放长线，才能钓到大鱼。

第 56 说　集中与分散

如果投资是你的专长，分散不符合逻辑。不把资金投到第一位的机会，非要投到第 20 位的机会，不合理。

——沃伦·巴菲特

"少就是多",巴菲特说:"你要是后宫里有 40 个女人,你就永远不可能了解她们当中的任何一个人。"

现代投资组合理论提倡分散投资,"不要把所有的鸡蛋放在同一个篮子里",借以减少投资风险。但巴菲特却持反对态度,他认为在能力圈的范围内,采用集中投资策略才能最终获胜,这个观点与格雷厄姆对持股分散的观点也有所不同。

《巴菲特的投资组合:集中投资策略》中指出,集中投资法必然是一种长期的投资方法。集中投资的本质可以简述为:选择为数不多的,可以在长期超越平均回报的股票,将你的大部分资金集中投资在这些股票上,无视股市短期的涨跌波动,坚毅忍耐,持股不动。

集中投资的第一步,是找到"杰出的公司",选择那些长期表现优良和管理层稳定的公司,这些公司未来大概率会重复他们过去的表现。第二步,"集中投资",将资金集中投资在那些大概率可以超越平均表现的公司身上。

巴菲特对他的集中投资方法解释说:"如果你是个有点儿基础的投资者,了解一些企业的经济状况,并且可以找到 5—10 家定价合理、具有长期竞争优势的公司,那么,传统所谓的多元化对你而言可能毫无意义。"

早在 1934 年,凯恩斯就认识到通过广撒网的形式,投资于那些自己知之甚少、不具备特别信心的公司,从而降低风险的想法是错误的。其实每个人的知识和经历都是非常有限的,在任何特定的时间段里,他熟悉的公司也不过两三家。

菲利普·费雪是鲜明的集中投资倡导者,对公司了解得越多,回报就越高。他通常将投资组合里的股票控制在 10 只以下,其中 3—4 只市值常常占 75% 的仓位。他在《普通股的不普通利润》中写道:"在没有充分了解的情况下买进一家公司,或许比不充分的多元化更具危险性。"他认为优质的股票是极其难寻的,否则每个人都可以发现并持有他们了。他自己要么拥有最好公司的股票，要么干脆不买。

集中投资策略，要求投资者耐心持股。短期而言，许多因素都会影响股价，例如利率的变化，通货膨胀的变化和短期公司盈利预期的变化。但是随着时间周期的拉长，股票所代表的公司的经济发展趋势、利润和业绩将渐渐主导股价的表现。

价格波动是集中持股的必然副产品，集中投资追求的是超越平均的结果，单只股票受外界情绪的影响，会带来急剧的波动。巴菲特的伯克希尔·哈撒韦的波动率比市场的波动率要大，一般都认为是其杠杆因素，其实主要是与巴菲特的集中持股风格有关，巴菲特就是忽略这些价格波动的大师。

芒格说："从一个扑克玩家的角度出发，当明白有巨大的胜算时，应该下大注。"概率论告诉我们，当胜算大的时候，我们就应该增加自己的投资注码。与概率论并行的另一个数学理论——凯利优选模式也为集中投资提供了理论依据。确定概率和赔率后，通过凯利法则确定投资的比例。

巴菲特持有熟悉的股票，具有很高的持股集中度，他说："对你所做的每一笔投资，你都应当有勇气和信心将你净资产的 10% 以上投入此股。"2020 年年底，伯克希尔·哈撒韦普通股持仓前 10 大持仓约 85%，10—20 大持仓为 9.5%，前 20 大持仓合计接近 95%。

费雪认为，股权溢价应由两个本质不同的成分构成：一是风险补偿；二是交易成本补偿。他认为风险并不是期望收益率的唯一因素，换手率与交易成本也与之相关。伯克希尔·哈撒韦 2020 年年报披露的 15 大持仓股票中，有 10 家持有超过 5 年以上，合计占普通股持仓的 80% 以上。

能力圈是集中投资的前提，对公司越了解才越敢长期持有。拥有最好的公司，获取超越市场的高回报，这是巴菲特坚持的投资策略。美国股市的公司，股东持股特别分散，巴菲特的资金体量大，他对高质量企业的持股比例达到一定规模,就可以进董事会影响决策,保障投资安全。

众所周知,分散的多元化持股方式,持有的股票品种很多,股票之间的协方差即相关性很小,单只股票价格的变动对于组合的影响很小,会平滑波动,给投资者带来舒适的感觉。

巴菲特谈分散投资时提到,如果不是职业投资者,不追求通过管理资金实现超额收益率的目标,我觉得应该高度分散。我认为98%到99%的投资者应该高度分散,但不能频繁交易,他们的投资应该和成本极低的指数型基金差不多。

对于决定投入时间和精力把投资做好的职业投资者,巴菲特觉得分散投资是大错特错的,真能看懂的生意,投资不应该超过6个。

巴菲特表示他不会同时投资50家或70家企业,他认识的投资比较成功的人,都不搞分散,沃尔特·施洛斯是个例外,沃尔特的投资非常分散,巴菲特认为那是诺亚方舟式的传统投资法,像是开了一家动物园。

投资应该集中还是分散?我们同意巴菲特的观点,职业投资者集中,业余投资者分散。

第57说　乌龟与兔子

没有人愿意慢慢变富。

——沃伦·巴菲特

2019年,在伯克希尔·哈撒韦公司股东大会上,巴菲特公开说:

乌龟的生命比兔子长得多,当兔子寿终,乌龟仍然在不停向前!

巴菲特喜欢引用伊索寓言中的故事说明投资的道理。早在2500年前,古希腊寓言家伊索已经诠释了"龟兔赛跑"道理:乌龟与兔子为谁跑得快而争论不休,于是,他们定好了比赛的时间和地点。比赛一开始,兔子觉得自己是天生跑得快,对比赛掉以轻心,躺在路旁睡着了。乌龟深知自己走得慢,毫不气馁,不停地朝前奔跑。结果,乌龟超过了熟睡的兔子,夺得了胜利。乌龟所做的,无非就是让自己一直前进,不停下、不后退。乌龟提高胜率,控制回撤,小步慢跑。股市中小阳不断的股票,动能更足,好过涨停的股票。有时候,一些小阳的股票,不知不觉中,就好几倍了。

2007年,中国价值投资的践行者但斌在《时间的玫瑰》中写道,兔子跑得快,但是它只能活3年,乌龟爬得慢,但是它可以活千年、万年,它会一直爬下去,遇到风险缩回来,没有风险再向前爬。他说:"投资像孤独的乌龟在与时间竞赛","在投资中,我们希望成为乌龟。"

巴菲特的投资生涯,就是一场典型的乌龟式长跑活动。第一,他活得足够长,91岁了,还活跃在投资的第一线;第二,他将资金投资在高质量公司上,享受成长的时间复利,复利滚动的基础,是能以持续的正收益保持增长;第三,他风险控制能力强、回撤的次数相对较少。要特别警惕回撤损失本金,因为复利同样也会起到巨大的反噬作用产生"负利"。63年中,巴菲特只有11年是亏损的,亏损占比很少,并且他只有3个年份的回撤超过20%。

美国投资界另外一名天才杰西·利弗莫尔(Jesse Livermore),是最有名的"兔子型"股票大作手,他演绎的是在"1%"成功率的道路上的传奇。这位无人不晓的伟大交易员,著有投机者的"圣经"——《股票大作手回忆录》。他像一只独狼一样,习惯独立判断,独立操作,他赚钱依靠的是对趋势的精准判断,并且重仓下注,在一系列股票交易中展现了惊人的预判和择时能力,实现了资产快速膨胀。天才也会犯错或输给运气,这种博1%胜率的方法,一次错误就是致命的。他的人生中经历了4次破产,3次东山再起,但利弗莫尔的最后结局是破产、自杀。

美国价值投资界,如果说巴菲特是一只永不停歇的乌龟,那么投资大师彼得·林奇就是一只勤奋的兔子。有这样一组数据:林奇一年的行程10万英里,也就是一个工作日要走400英里;早晨6:15他乘车去办公室,晚上7:15才回家,路上一直都在阅读;每天午餐他都跟一家公司洽谈;他每天大约要听取200个经纪人的意见,通常一天他要接到几打经纪人的电话,但一般只交谈90秒钟;他和他的研究助手每个月要对将近2 000个公司检查一遍。彼得·林奇在1977年至1990年的13年里,实现了年化复合增长率29%,同期排名第一。这是他呕心沥血换来了的,他自己觉得受够了高强度的工作,而且他父亲是46岁英年早逝,他担心重蹈覆辙。在46岁事业巅峰的壮年时,"劳模"彼得·林奇选择了退休。

巴菲特曾谨慎地表示:"从利润到股价的传导效应是不均衡的和无法预测的,尽管从长期的角度来看市场价格可以很好地追踪到企业的价值,但在任意特定的年度这种关系可能是随意扭曲的。"

罗伯特·哈格斯特朗的《巴菲特的投资组合:集中投资策略》中提到他们在做投资组合实验时,利用由1 200家公司构成的实验室投资组合,观察到了如下结果:

• 当持股为3年时,相关系数为0.131—0.360(0.360的相关系数意味着36%的价格变动可以由利润的变动来解释);

• 当持股达5年时,相关系数为0.374—0.599;

• 当持股期为10年时,相关系数增至0.593—0.695;

• 当持股期为18年时,利润与股价的相关系数达到0.688,具有显著意义的相关性。

随着时间的推移，在收益与股价之间存在着越来越大的相关性，这也证实了巴菲特的观点：只要有足够长的时间、强大的企业终会拥有强大的股价。以上数据是实验室的概率，而巴菲特所投资的股票，由于巴菲特的影响力，会吸引无数价值投资者对伯克希尔·哈撒韦所投资的股票的追捧，大大缩短股价与业绩同步的时间，提高了一致性的概率。

　　查理·芒格用龟兔赛跑的寓言来解释坚持的重要性，兔子虽然跑得快，但它总是走走停停；乌龟虽然移动得慢，但是它始终都是在向前移动的。他在1986年回到他的母校哈佛大学毕业典礼上的演讲中说："反复无常，不虔诚于自己所做的事情。这容易让自己成为龟兔赛跑里的兔子，被一系列平庸的乌龟超过。"

　　社会就像动物世界里的一个大赛场，前期积累了巨额财富的人就像那些会跑的兔子，先人一步"富了起来"，当政策调控和市场危机到来时，不少聪明的兔子没能跑到终点。"缩头乌龟"是一个贬义词，但是在投资事业中，遇到风险即果断回避的乌龟式风控意识，值得仿效。要想赢在终点，必须像乌龟一样一边回避风险、一边恒久向前。

　　慢，就是快！

第58说　赢家与输家

　　祸兮，福之所倚；福兮，祸之所伏。

——老子

本杰明·格雷厄姆曾引用古罗马诗人贺拉斯的诗句："今天那些已然坍塌的，将来可能浴火重生；今天那些备受尊荣的，将来可能会销声匿迹。"以此来描述股市中的赢家与输家，他相信聪明的投资者，能从低效市场的均值回归的修正力量中获利。好像宇宙规则一样，命运之神在证券领域转动，它让兴起者衰落，让衰落者兴起，一切终将过去，向着均值回归。

巴菲特说：发现能成为市场赢家的方法有很多种，但最常见的市场输家就是典型的喜欢菜篮族模式的人！他的意思是投资中的输家往往具备一个特点，把投资股票当成市场买菜一样轻松随意，进进出出。

投资者还应该掌握股票赢家和股票输家的规律。股票的赢家，与诺贝尔经济学奖得主理查德·塞勒提出的投标中的非理性行为一样，由于投资者的不理性，存在"赢家的诅咒"现象。理查德·赛勒在《赢家的诅咒》中讨论了经济学悖论和反常现象，如拍卖竞标的赢家往往不能实现预期的收益，甚至会遭受损失，这就是赢家的诅咒现象。

股市也是一样，非理性的投资者会推高某些公司的股价，让公司的股价远远地高于其内在价值。在狂欢的泡沫中仿佛都是赢家，然而一旦良好的美梦没有得到进一步信息的确认和验证，比如销售和利润达不到预期，这时候投资者就会用"脚"投票。在下跌的过程中，失去理智的投资者也会处置过度，让公司的股价远远低于公司的内在价值，从而赢家股票变成输家股票。被彻底低估的输家股票，是聪明的投资者的猎物，他们以远低于企业内在价值的价格买入，等待价值修复而获利，由此，输家股票又变成了赢家。

格雷厄姆把"均值回归"称为"我们商业中的神秘之一"，他认为，无论是宏观经济，还是具体行业和公司，修正力量都会发挥作用，即"均值回归，无论高于或低于价值中枢（或均值），都会有以很高的概率向价值中枢回归的趋势。一种上涨或者下跌的趋势不管其延续的时间多长，都不能永远持续下去，最终均值回归的规律一定会出现：涨得太多了，就会向平均值移动下跌；跌得太多了，就会向平均值移动上升。"

均值回归不仅表现在公司股票价格上，而且对公司经营和财务结果（比如资本回报率）同样产生作用。高成长及高盈利会吸引新进入者，它们参与竞争会降低盈利，导致成长停滞；与之相反，亏损及不利的盈利又会让一些竞争者选择退出，给那些留守者带来一段时间的高成长和良好盈利，这个过程是循环往复的。

价格围绕价值波动是众所周知的规律，概率层面上是波动幅度以及价值度量的准确性。投资，要遵循规律，以提高获胜概率。巴菲特投资策略的核心定位是：高质量公司的股价沿着坐标右上角的ROE回报率的射线而波动和均值回归。

耶鲁大学投资委员会前主席查尔斯·埃利斯（Charles Ellis）在《赢得输家的游戏》一书中引入赢家游戏和输家游戏的概念。这两个概念源自西蒙·拉莫对网球比赛的观察，经过大量数据分析，拉莫发现，在专业比赛中，80%的得分是赢来的，即赢家把球击到对方救球范围之外；在业余比赛中，80%的得分是输掉的，即来自输球一方的撞网和出界。同一种运动，不同参与者赢球的精髓不同，基于此，拉莫将网球运动区分为赢家游戏和输家游戏。

与之类比，查尔斯基于两大维度将股票投资分为赢家游戏和输家游戏。他认为：第一，短期投资为输家游戏，长期投资为赢家游戏。短期内，市场处于一种随机游走状态，扣除佣金及税费成本后，交易者的综合收益为负，是一种输家游戏。而长期来看，股市随经济发展呈现长期向上的趋势，指数不断爬升，长期持有可稳赚不赔，是一种赢家游戏。第二，积极投资为输家游戏，被动投资（知其雄、守其雌）为赢家游戏。对个人投资者来说，只身入股市与机构投资者博弈，只能充当韭菜角色，始终是典型的输家游戏，美股如此，中国 A 股更是如此。

橡树资本创始人霍华德·马克斯曾谈及投资的思维，他认为股市投资需要逆向思维、辩证思维、系统性思维。"这只股票目前市场炒得很火，所以可能会涨"是输家思维；"这只股票目前炒得很火，所以价格可能已经很高"是赢家思维。在投资的世界里，分歧是绝对的，共识是相对的，分歧产生美，共识反而会制造太多的惨案。

西方的英国人弗朗西斯·高尔顿（Francis Galton）发现了均值回归现象，中国春秋末年的思想家老子早就在道德经里说："天之道，损有余而补不足。"万事万物的兴衰，包括四季交替、王朝的更迭、物种的繁荣与灭绝、企业的兴衰、宦海的沉浮、个人的成败、商品和股票的涨跌等，莫不如此！

第四章
金融投资理论

这一部分主要介绍了当今流行的金融投资理论，以及巴菲特的价值投资理论在理论界的论争与定位。从宏观和微观、有效市场与行为金融、多元思维模型等角度，力求展现一个投资理论和决策理论的轮廓。读者或许能从"横看成岭侧成峰"的平视和仰视，到"一览众山小"的俯视，由此助力投资者理解、掌握和实践价值投资理论。

第一节　宏观投资理论

第 59 说　宏观因素与微观因素

桃李不言，下自成蹊。

——司马迁《史记·李将军列传》

巴菲特曾提出："形成宏观的看法，或者听别人的宏观或市场预测，纯属浪费时间。事实上，它还是很危险的，可能让你的视野变得模糊，看不清真正重要的东西。"

但是，巴菲特果真对宏观不懂或忽略宏观因素吗？

作家米格尔采访《滚雪球》一书的作者艾丽斯，问道："许多价值投资者都遵循回避所有宏观经济问题的投资思路，比如宏观经济风险等。我想知道巴菲特是如何看待整体经济的？他如何将他对宏观经济的看法融入他的数据库和决策中？"艾丽斯回答说："第一，巴菲特对经济周期以及相关数据了然于胸，他利用宏观经济数据为特定公司的经营构建背景，也就是说，他将宏观风险具体到了特定公司的微观层面上。第二，宏观经济数据给巴菲特提供的信号是市场先生将在哪里出错，比如，股市的哪个板块可能有宝可挖。他在一定程度上知道过去几年（一直到2008年）经济有泡沫，因为你稍微做一些统计就会发现，公司利润率处于不可持续的高水平，房屋增长量超过人口增长的情况到了荒唐的地步。因此，他没有介入抵押贷款行业，不过不难想象，肯定有很多人去找他，催促他进行一些看起来非常诱人的交易。宏观经济是他思考投资的背景。"通过这段对话可见，巴菲特的投资策略是在分析宏观因素的背景下，通过微观因素的分析精选个股。

巴菲特的主要知识来源有四位大师，巴菲特曾说他的书架上有四本书：一是古典经济学创始人亚当·斯密的《国富论》；二是著名的宏观经济学家兼投资家凯恩斯的《就业、利息和货币通论》，该书是有史以来对人类社会影响最大的宏观经济学专著之一；三是他的导师格雷厄姆的《聪明的投资者》，该书在第二章就是讨论投资者与通货膨胀；四是菲利普·费雪的《普通股的不普通利润》，这本书中提到有五种力量影响股价，包括经济态势、利率趋势、政府对投资和私人企业的整体态度、通货膨胀的长期趋势以及新发明和新技术对传统行业的影响力。由此可见，读过三个商学院的巴菲特有极强的宏观经济学功底，他绝对不是不懂宏观经济的人。

巴菲特认为，长期而言，上市公司股票总值的增长速度与国民经济增长速度基本一致。换句话说，股市长期是一台称重机，称出的是国民经济的增长。巴菲特分析了过去80年来，美国所有上市公司总市值占GDP的比例，他发现的规律是如果所有上市公司总市值占GDP的70%—80%，对买入股票长期而言，可能会让投资者有相当不错的报酬。

众所周知，宏观经济分析的框架，从国民经济的核算公式开始：

GDP= 消费＋投资＋净出口＋政府购买

消费者物价指数（CPI）是通货膨胀的衡量指标，各国央行和宏观经济决策部门针对就业指标和通货膨胀率来制定相关宏观经济政策，包括货币政策和财政政策，比如降准、降息、扩大政府投资等。出口贸易与经济全球化有关，伯克希尔·哈撒韦的重仓股可口可乐就是受益于经济全球化。

巴菲特的估值模型主要是现金流量折现模型，这个模型主要与宏观指标折现率（无风险利率）、必要报酬率（CPI）及微观指标公司的利息相关。

巴菲特认为利率是一切价值的基础。就像他在太阳谷的著名演讲中说："利率即借贷成本是对时间的定价，金融领域的利率就如同物理学当中的重力。利率变化，所有金融资产，包括房子、股票、债券的价值都会发生变化。"

关于微观因素，N.格里高利·曼昆（N. Gregory Mankiw）在《经济学原理》中对以下微观经济学因素进行阐述：供给与需求、消费与生产、市场效率与垄断、成本与竞争、公共部门经济学和劳动部门经济学等。

在投资行业，微观因素主要是"选行业"和"选公司"。巴菲特强调投资者应聚焦所关注的公司资产的未来产出。选择行业与选择公司一样重要。巴菲特建议：不要自寻烦恼，要把注意力放在树木而非森林上，不要为股市的短期命运而忧虑，应当关注你所投资或者你打算投资公司的长期前景。就微观因素而言，在能力圈选公司尤为重要。

宏观就是贝塔，微观就是阿尔法。巴菲特利用贝塔找安全边际，利用阿尔法选高质量个股，他是巧用宏观和微观的"功夫高手"。

第60说　繁荣与萧条

面对创造性破坏带来的损失，美国人总是愿意用牺牲换取收益，如果我们不能认清这个事实，就无法解释美国的崛起，也无法解释美国如何应对历次挑战。

——艾伦·格林斯潘

市场经济的繁荣和萧条就像白天与黑夜，也如春夏与秋冬，循环往复。

索罗斯和巴菲特最大的共同点，就是深信社会经济的繁荣与萧条，周而复始。他们唯一的不同，只是在交易上。索罗斯侧重市场从繁荣走向萧条的卖空过程，巴菲特却侧重萧条时大举买进，等待世界的下一场繁荣。他们俩都是投资大周期、择时的行家里手，并在市场的左侧和右侧，占领着投资世界伟大的标杆。

美国美林银行在2004年发布"美林投资时钟理论"，展示如何运用宏观经济周期的更替，决定风险资产的配置和股票行业的选择。经济周期是经济学里一个由来已久、得到公认的概念。美林投资时钟理论提出结合GDP增长和CPI两个宏观变量，将经济周期划分为4个阶段，分别是衰退阶段、复苏阶段、过热阶段和滞胀阶段。

第一，衰退阶段。特征是GDP增长下行，CPI下行。巴菲特喜欢在衰退阶段布局，也就是当别人恐惧的时候，从而寻找安全边际。衰退阶段的最佳选择是利率债或信用评级较高的公司债。

第二，复苏阶段。特征是GDP增长上行，CPI下行。当新的信号出现后,是巴菲特进一步加仓的好时机。经济触底反弹,股票是复苏阶段的最佳选择。

第三,过热阶段。特征是 GDP 增长上行,CPI 上行。这个时候是巴菲特警惕的时候,逐步持有现金类资产。大宗商品是最佳选择。在 2020 年新冠肺炎疫情期间,美联储大放水,巴菲特预测到商品资源将涨价,果断出手大比例投资日本的伊藤忠等前几大株式会社,是因为这些公司拥有全球最好的矿业公司股权。

第四,滞胀阶段。特征是 GDP 增长下行,CPI 上行。这个阶段就是巴菲特恐惧的时候,做减法为主。现金是最佳选择。2020 年和 2021 年,巴菲特都没有对外投资,一直在储备现金,以及回购自己公司的股份。

一般认为,繁荣是指美林投资时钟的复苏阶段和过热阶段,在繁荣时期,GDP 的增长都是上升的,适合投资于股票;但在衰退阶段和滞胀阶段,GDP 的增长是下降的,不适合投资股票。

如图 4-1 所示:经典的繁荣至萧条的经济周期从左下方开始,四个阶段顺时针推进,在此过程中债券、股票、商品和现金依次变现优于其他资产。

《经济发展理论》一书是著名经济学家约瑟夫·熊彼特的成名之作,在该书最后第六章中,熊彼特运用他的"创新理论"分析了经济周期的形成和特点。熊彼特认为,由于"创新"或生产要素的"新组合"的出现,不是像人们按照"概率论的一般原理"所预料的那样连续均匀地分布在时间序列之上,而是时断时续、时高时低的,有时集中出现,有时平平淡淡,这样就产生了"商业循环"或"经济周期"。同时,在资本主义的历史发展过程中,"创新"是多种多样、千差万别的,因而对经济发展的影响就有大小、久暂之分,这就形成了周期的升降起伏波动。

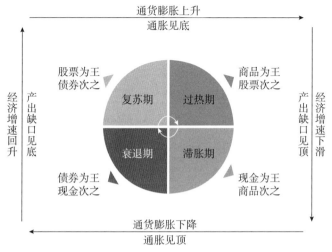

图 4-1　美林投资时钟示意图

巴菲特 99% 以上的财富都是在 50 岁之后累积的，可以说，他的财富是这时才开始实现爆发式增长。从经济周期角度来看，1972—1981 年正是第四轮康波周期中的萧条阶段，这期间各类资产的价格纷纷超跌，巴菲特 52 岁（1982 年）之后，第四轮康波周期中的上升阶段正式开启（1982—1991 年），那些在萧条期被巴菲特抄底购入的超跌优质资产，在此刻迎来了新一轮猛烈的增长，巴菲特的资产也开启了暴增的势头。

正所谓"人生发财靠康波"，在萧条期抄底，在繁荣期收获回报，这是巴菲特的智慧，也是他的命运，他抓住繁荣和萧条的经济周期规律，加速积累了巨额财富。

第 61 说　利率与股利

喂养母牛是为了获得牛奶，喂养母鸡是为了获得鸡蛋，建设果园是为了获得果实，喂养蜜蜂是为了获得蜂蜜，购买股票是为了获得股利。

——约翰·布尔·威廉姆斯

价值投资，与利率与股利紧密相关。利率由美联储或各国央行确定，是调节货币政策的重要工具，亦用以控制投资、通货膨胀及失业率等，继而影响经济增长。合理的利率，对发挥社会信用和利率的经济杠杆作用有着重要的意义。股利即红利，是指上市公司分配给股东的利润，由公司的管理层提出、股东大会确定。

在《巴菲特的阿尔法》一文中，认为巴菲特主要通过投资高质量公司的股票获胜，尤金·法玛的博士学生克里夫·阿斯内斯等人在《质量因子》（*Quality Minus Junk*）一文中将质量定义为一种股票的特征，高质量的股票收益率理应更高。李斌和冯佳捷在实证质量因子在中国 A 股市场的有效性时论述如下。

通过分析戈登股利增长模型，可以推导出股票的价格应该与上市公司的盈利性、股利分配、安全性和成长性等因素有关。戈登股利增长模型认为在股利增长率和折现率不变的情况下公司的现值可以由式（4-1）给出：

$$P = \frac{D_1}{r-g} \quad (4\text{-}1)$$

式中，P 为股票价格，D_1 为第一期现金流，r 为折现率，或投资者的必要收益率，g 为股利增长率。为了让股票价格在时间序列和截面上更加稳定，且具有可比性，在式（4-1）两侧同时除以股票的账面价值：

$$\frac{P}{B} = \frac{Pro}{B} \times \frac{D_1}{Pro \times (r-g)} \quad (4\text{-}2)$$

可以在式（4-2）的右侧提取 4 个变量：Pro/B，D_1/Pro，r 和 g，其中 Pro 为利润。这四个变量分别代表上市公司的盈利能力、股利分配情况、折现率（即必要收益率）以及成长性。

• 盈利性（Profitability）：在其他条件不变的情况下，盈利能力较强，即 Pro/B 较高的公司的股票相对价格也较高。

• 成长性（Growth）：在其他条件不变的情况下，g 较高的上市公司的股票相对价格也较高。

• 安全性（Safety）：现金流的折现率可以理解为必要收益率，与利率相关，有些公式加上一个风险补偿；巴菲特一般以 10 年期国债收益率为参考，乘以一个系数增加安全垫。

• 股利分配（Payout）：一般由公司管理层决定，且股利分配可以看作是公司对股东友好度的度量。詹森提出可以通过高股利分配率来降低企业自由现金流，从而减少管理者的代理问题，从式（4-2）中看出假设其他条件不变，较高股利分配的公司的股票相对价格更高。

20 世纪 70 年代，美国经济出现了滞胀，当时的美国总统尼克松为挽救下滑的美国经济，提出了八项主张，其中有一条是限制上市公司发放现金股利。所以，对公司的估值从股利指标过渡到了盈利指标。除了银行仍然保持长期分红的习惯，许多公司以股票回购代替股利发放。

菲利普·费雪在《怎样选择成长股》第 7 章 "股利的喧嚣" 提出：不管未作为股利发放的利润被用来做什么，只要所做出的行为能够增加股利，都应该被投资者看成受欢迎的股利行为。利润应该以一个什么比例来进行保留，才能使公司获得最高的成长，这是股利发放政策判定的基本原则。在 5—10 年的时间里，最高的股票回报不是来自高股利发放率的股票，而是来自低股利发放率的股票，能力优秀的管理层能在公司业务经营中取得很大成功。

巴菲特和芒格是费雪的忠实追随者，他们认为自己的投资能力比伯克希尔·哈撒韦的其他股东强，所以，伯克希尔·哈撒韦将盈利用于再投资而不是股利分配。巴菲特在2021年致股东的信中谈保留盈利的力量时说："在伯克希尔·哈撒韦，一直以来查理和我都高度重视有效地运用保留盈利。有些时候，这份工作其实是很轻松的，可是在另外一些时候，这份工作用'困难'来形容都嫌不足——尤其是我们面对着体量巨大，而且还在持续膨胀的现金的时候。"凯恩斯对保留盈利的看法是管理良好的工业公司会保留一部分利润重新投入业务中去，好的投资存在一个有利的复利因素，经过多年的时间，除了支付给股东的股息外，一家稳健的工业企业资产的实际价值会以复利形式不断增长。

巴菲特对内在价值的定义是：一个公司的内在价值是其存续期间所产生现金流的折现值。DCF模型涉及两个关键变量，一个是现金流，二是折现中使用的折现率，前者与企业利润息息相关，后者与利率息息相关。在1999年11月《财富》发表的《巴菲特谈股票市场》一文中，他主要也是在谈这两个变量与投资的关系。

从1964年到1981年的17年间，美国道琼斯工业平均指数几乎没有变动：1964年12月31日，指数为874.12点，1981年12月31日，指数为875.00点。巴菲特对此的解释有两点。一是美国长期国债的利率在此期间呈现大幅上扬的态势，从4%飙升到15%。利率之于投资就好比地心引力之于物体，比率越高，向下牵引的力量也越大。二是美国企业的利润。美国企业税后利润占GDP比重从1932年达到巅峰之后又大幅滑落。到了20世纪50年代开始在4%—6.5%盘整，紧接着在1982年滑落到3.5%的低点。

1982—1999年，美国GDP在17年间增长不到3倍，但是在利率下降的情况下，GDP中企业利润占比提高到6%。利率与利润两个变量的同时改变，使道指从875点一直上涨到9181点，涨幅超过

10倍,同时市场的心理因素也起到不可或缺的作用。

巴菲特分析资本市场的宏观框架的一个重要因素是政府部门、居民部门及企业部门在总体 GDP 中的分配比例。他认为,从整个资本市场来看,利率下降,企业部门的利润占 GDP 的比重提高,股市繁荣。另外,使用微观的现金流折现估值模型也是一样,利率下降,则折现率下降,公司的估值上升,股市上涨。

从以上分析我们可以看出,巴菲特认为影响股市的波动有三个关键因素:一是利率,二是盈利,三是投资者的心理因素。

第62说 混沌与秩序

在现实和虚幻之间,每个人的内心深处都想发现一种模式,以整合无序的世界。

——乔治·约翰逊《心中的火焰》

巴菲特说:"我发现分析公司的基本面比分析市场的人心要容易得多。"

米歇尔·沃尔德罗普(Mitchell M. Waldrop)写了一本名为《复杂》的书,研究秩序与混沌边缘的科学。为什么股票市场会在1987年10月的一个星期一这一天之中猛跌500多点?该书主要受访者布莱恩·阿瑟(W. Brian Arthur)说,在经济学的所有陈谷子烂芝麻的问题中,股市行为是最古老的问题之一,股市交易所本身就是人工生命的一种形式。

《复杂》中提道,达尔文的自然选择理论如何解释像眼睛和肾脏这样精妙复杂的结构？难道仅仅是随机进化的偶然结果吗？生命究竟是什么？难道生命无非是一种特殊而复杂的碳水化合物？大脑是什么？大脑这个普普通通的三磅重的团块，是如何产生像感情、思想、物体和意识这样不可言喻的特征的？也许最根本的是为什么总是有而不是无？这些问题都属于一个系统，即复杂系统。复杂系统却具有将秩序和混沌融入某种特殊的平衡的能力，它的平衡点即通常被称为混沌的边缘。

钱学森先生著有一本《论系统工程》的书，他解释道：复杂系统的结构稳定性代表着有序性，但这稳定性到底是怎么产生的呢？从热力学的角度看，系统必须是开放的，系统本身尽管在产生熵，但系统又同时向外部环境输出熵，输出大于生产，系统所保留的熵在减少，所以走向有序。系统自己走向有序结构就可称为系统自组织。

股票市场像一个随机游走的混沌的复杂系统，由于新信息的出现，公司的内在价值会发生改变，投资者对股价判断的概率会发生变化，但是市场在瞬间可能会存在反应不足的现象，量化投资者可以利用这个有迹可循且从混沌到秩序的短期机会。

沃伦·巴菲特是价值投资的代表人物，而詹姆斯·赛蒙斯（James Simons）是量化投资首屈一指的代表。赛蒙斯24岁获得博士学位，25岁赴哈佛大学任教，26岁为美国军方破译密码，30岁担任纽约州立大学石溪分校数学系系主任并结识了时任物理系教授的杨振宁，38岁时与当时世界上最著名的数学家陈省身教授合作研究出"陈–赛蒙斯（Chern-Simons）理论"，获得了代表几何学最高成就的奥斯瓦尔德·维布伦几何奖。他随后创立文艺复兴科技公司，将数学思想融入投资，使用量化手段寻找投资圣杯。赛蒙斯缔造的文艺复兴科技公司，凭借复杂的数学模型和算法进行海量数据分析，成为市场上最引人注目的量化公司之一。文艺复兴科技公司的标志性产品是"大奖章基金"。1988年至2018年，"大奖章基金"在扣费后的年化复合收益率高达 39.1%，远超同期基金和指数。文艺复兴科技公司的科学家依据历史价格等海量数据，写了超过 1 000 万行代码，他们设计了一个系统来构建理想的投资组合，做出最优决策，创造最大回报。他们的投资系统具有自我适应性，即能够自主学习和调整，会自我修正。与巴菲特和芒格还坚持战斗在投资的第一线不一样，赛蒙斯自 2010 年就从文艺复兴科技退休颐养天年了，还因为好友杨振宁和陈省身的原因在清华大学捐了一栋"陈赛蒙斯楼"。

量化投资有两大流派，一派是因子模型驱动的，CAPM 本身是个单因子模型，多因子模型是将动量因子、价值因子、成长因子、大小盘因子等加入 CAPM 模型中，我的博士论文是将代表巴菲特投资风格的质量因子（QMJ）和风险因子（BAB）加入代表中国市场的 CH-3 因子中构建 CH-5 因子模型，实证其对中国公募基金和基金经理的解释能力。另一派是数据驱动的，只看数据不懂金融理论，以文艺复兴科技公司为代表。量化投资使用统计学和概率论建立模型，基于过去的数据和各种新信息进行分析决策，利用市场短期的定价错误，频繁交易，凭借胜率大过败率获利。两者都是以计算机决策代替人的决策，避免情绪影响。

芒格是价值投资者，他认为企业一定是根植在社会自然规律中的，应该从最简单的通识规律去识别和理解企业，找到企业成长和发展的底层规律，而不是用一系列数值去预测和分析企业的表现。

在 2021 年，伯克希尔·哈撒韦股东大会回答问题环节，主持人代表投资者提问："您如何看待量化交易？在 30 年的时间里，詹姆斯·赛蒙斯的'大奖章基金'取得了扣除手续费后年化 39% 的收益率，这说明量化交易是可行的。您是否会考虑为伯克希尔·哈撒韦聘请一位量化交易专家与特德·韦施勒（Ted Weschler）和托德·康布斯（Todd Combs）一起工作？"

巴菲特回答："我对第二个问题的回答是'不会'。第一个问题，请查理回答。"

芒格说:"问题中提到的量化基金做短线交易做得炉火纯青。他们发明出了一些小算法,能让他们具备短期的预测能力。只要算法好用,一直赚钱,他们就一直用。但是,同样的交易体系,用来做长期选股,就不灵了。还是开发一些小算法,用算法机械的预测,选择长期投资的股票,业绩比他们做短线交易差远了。即使是他们用来做短期交易的那套体系,如果用得太狠了,也会失灵的。所以说,他们这套体系,能达到的规模是有天花板的。"

巴菲特说:"但是,他们都非常、非常聪明。"

芒格说:"是,也赚了很多钱。"

巴菲特说:"嗯,不是一般的聪明。"

芒格说:"又聪明,又有钱。为人也是正派的。"

巴菲特说:"是的。"

芒格说:"詹姆斯·赛蒙斯。"

巴菲特说:"我们不会去研究怎么靠短期交易股票赚钱。很简单,我们搞不明白。要是我们真有靠交易股票赚钱那个本事,我们可能也早去搞短线交易了。我们真不会。既然我们自己不懂,也就不可能请别人来做我们自己都不懂的事。就这么简单。"

量化交易就像"壁虎捕捉飞虫",寻找短期的机会,积小胜为大胜。用赛蒙斯的话说,交易"要像壁虎一样,平时趴在墙上一动不动,蚊子一旦出现就迅速将其吃掉,然后恢复平静,等待下一个机会"。

而巴菲特和芒格是"猎象""捕鲸"式交易者,寻找大的机会,依靠长期投资制胜。

中国也有学者从事量化投资,中国人民大学汉青商学院的年轻博士生导师肖刚在美国名校读完博士后回国任教,他创立的量化交易模型在实操中有不俗的阿尔法。

从混沌中找到秩序，从短期和长期定价错误中找到投资机会，是巴菲特和赛蒙斯共同的智慧。

第63说　周期与阿尔法

历史不会重演，但总会有惊人的相似。

——马克·吐温

巴菲特的阿尔法，与他对周期的洞察和利用周期形成的安全边际有关。格雷厄姆的价值投资有"市场先生"理论，市场先生的情绪，不可能一直高昂，也不可能一直沮丧，市场先生情绪的变化，就形成了周期。

主要的周期理论有：平均大约40个月（将近三年半）的"基钦周期"；大约9—10年资本主义经济周期的"尤格拉周期"；每一个周期历时50—60年的"康波"长周期。

凯恩斯在《通论》的第22章"略论经济周期"时指出：所谓循环运动，也就是说周期，向上或向下趋势，一经开始以后，不会朝同一个方向一直下去，物极必反。要充分解释经济周期，还有一个不容忽略的特征，即"危机现象"。股市中有一个奇怪的现象，往往向上趋势变为向下趋势时转变得非常突然，但从向下趋势变为向上趋势时，通常来说并无突出的转折点。凯恩斯的解释是资本的边际效率（投资回报率）变动有循环性，他使用资本的边际变动来解释经济周期。

凯恩斯认为经济周期主要受到资本边际变动的影响，固定资产的更新、人口增加、库存减少以及市场心理的突然变化，并不是变化无常的，而是有规则地在3—5年变动。中国也有3—5年的周期说法。

格雷厄姆认为市场极难把握，利用牛熊交替的"贱买贵卖"这种做法是不现实的，只能采取策略来解决这个问题。他构建了一个"股债平衡"的方案：建立一个股债平衡组合，随着市场的上升将不断地出售所持有的股票，并将其所获投入债券中。当市场下降时，它会采取相反的做法。

我们来看看巴菲特投资银行股和金融股的时间特征（见表4-1）。

表4-1 巴菲特投资银行股和金融股的时间特征

公司	买入时间（年）	持有年限（年）	初始成本（百万美元）	持仓现价（百万美元）	年化收益率（%）	累计增长率（%）
穆迪公司	2000	19	248	5 857	18.11	2 261.69
美国运通	1994	25	1 287	18 874	11.34	1 366.51
维萨	2011	8	349	1 924	23.79	451.29
高盛集团	2008	11	890	2 859	11.19	221.24
美国银行	2011	8	14 631	31 306	9.98	113.97
美国合众银行	2006	13	5 709	8 864	3.44	55.26
纽约梅隆银行	2010	9	3 696	4 101	0.55	10.96

数据来源：伯克希尔·哈撒韦2019年年报。

通过观察及历史数据分析，我们发现巴菲特重仓投资的金融股普遍在金融危机发生后。1990年美国经济危机时，巴菲特买入富国银行，当时市盈率不到5倍。巴菲特说："1990年我们能够大规模买入富国银行，得益于当时一片混乱的银行股市场行情……在投资者纷纷抛售逃离银行股的风潮中，我们才得以投资2.9亿美元买入富国银行10%的股份，我们买入的股价低于税后利润的5倍，低于税前利润的3倍。"

伯克希尔·哈撒韦的美国运通股权实际上是1991年买入的优先

股在 1994 年转股形成的,当时美国运通正遇到竞争危机;穆迪是在 2000 年互联网泡沫破灭时,邓白氏分拆出穆迪前买入;高盛集团是 2008 年危机中买的优先股;美国银行是 2011 年以优先股的形式买入,当时 2008 年的金融危机后遗症仍然存在,美国银行甚至美国的整个银行体系都风雨飘摇;2010 年买入纽约梅隆银行也是在低位,2020 年新冠肺炎疫情暴跌时大比例增持。

危机后公司的估值一般比较低,利用危机抄底,容易形成安全边际。我们还可以列举巴菲特的危机投资法:比如 1988 年秋天买入可口可乐,当时经历了 1987 年股市崩盘,可口可乐的股价较崩盘前的价格低了 25%。

根据周期理论,逢"7""8"和"9"的年份,一般容易有"危机"。危机一般要持续几年,巴菲特在"10"或"11"的年份以"进可攻、退可守"的优先股形式介入。他善于利用危机抄底,形成安全边际。2019 年年底开始的新冠肺炎疫情,由于来得太猛太快,巴菲特等待并购的电话才刚刚响起,美联储就迫不及待地使用了超常规的救市措施,大量放水,遇到危机的公司也都获得了援助。所以,巴菲特手握的超 1 000 亿美元没有买到"猎物"。许多评论家说巴菲特的投资方法过时了,这两年没有跑过标普 500 指数,那是因为他们根本不懂得巴菲特的"危机投资法"。假以时日,待新冠危机过去,美联储受到通货膨胀压力加剧"缩表",科技股的泡沫挤压,巴菲特的现金将派上用场,那时"沧海横流,方显英雄本色","90 后"的巴菲特又将大显身手。

投资要站在趋势上。博时宏观杨锐提到过孙正义构建了从 1900 年到现在差不多 120 年的一个框架,这个框架将人类社会的发展分成四个阶段:农业社会—工业社会—信息时代—人工智能时代。孙正义说在这个框架里挣钱简单,例如在 20 世纪 60 年代,美股指数中最重要的权重股是与汽车相关的石油能源、钢铁等;从 1995 年到

2019 年，是信息革命、互联网革命的信息时代；现在进入了 AI 人工智能时代。

1994 年巴菲特在致伯克希尔·哈撒韦股东的信中说："我们将继续忽略政治和经济预测，这对大多数投资者和商人来说都是一个昂贵的娱乐。"

正如《聪明的投资者》第 8 章所说，我们无法预计过去的周期如何到来，但它一定会到来。巴菲特运用格雷厄姆的股债配置"程式方法"，在危机到来的时候利用好"市场先生"，从而找到安全边际。巴菲特的超群收益，既与他大比例持仓苹果等优质股的顺周期有关；也与他利用好"市场先生"的逆周期投资银行股等有关。

在中国资本市场，宏观分析如货币政策、利率与产业政策、行业政策等，对投资者都重要。2021 年，教培、房地产、游戏等产业，如果没有提前分析宏观政策和行业政策，对投资者的教训，实在是太昂贵了。

巴菲特的阿尔法，基于他是周期的"好骑师"。

第二节　微观投资理论

第 64 说　因子与能力

典型意义上说,一个有胆量对有效市场假说理论提出质疑的经济学教授,可以与质疑教皇的伽利略相媲美。

——沃伦·巴菲特

有效市场假说是现代金融学的理论基石。它的基本观点是价格反映了一切与股价有关的信息,股票价格是不可预测的。任何投资者只能得到有效市场组合的收益率,投资者不可能战胜市场。

巴菲特说:"我确信市场存在很多无效率的现象。这些'格雷厄姆——多德村'的投资者成功地掌握价格与价值之间的差异。股票的价格总能被华尔街的一群人影响,当那些情绪化的、贪婪的或者沮丧的人肆意驱动股价时,我们并不认为市场对股票的定价总是合理的,事实上,市场价格多数时间都是不合理的。"

"市场效率论"之辩,各执一端。当今,世界上最著名学校的商学院讲授的主流是有效市场理论,普遍认为巴菲特的成功来源于偶然或者运气,其他对巴菲特及价值投资理论的研究大多停留在定性层面。如何用定量的方法解释巴菲特的巨大成功?

一、因子理论:

20世纪60年代威廉·F.夏普(William F. Sharpe)、杰克·特雷诺(Jack Treynor)和约翰·林特尔(John Linter)提出资本资产定价模型(CAPM),该模型考虑了资产对系统风险或市场风险的敏感性(用 β 表示),以及市场的预期回报和预期理论无风险资产的回报。之后,由于存在诸多不能解释的问题,不断有新的定价模型或定价因子被提出。法玛(Fama)和弗兰奇(French)(1993)指出,可以通过建立一个三因子模型来解释股票回报率,一个投资组合的回报率可以通过其对三个因子的暴露来解释:一是市场因子(Marketing,MKT)= Rm-Rf;二是市值因子(Small Minus Big,SMB),三是账面市值比因子(High Minus Low,HML)。Fama-French 三因子模型的提出,解释了 CAPM 模型中因子未能反映对于风险因子的补偿的问题,对于有效市场的异常进行了解释。在某些情况下,股价产生的收益会偏离通过因子计算出的预期收益,即此时的有效市场出现了异常,而通过模型三因子模型则可以解释该部分的异常收益。

卡尔哈特(Carhart)(1997)在 Fama-French 三因子的模型之上加入了动量因子(UMD),即股票收益率会延续原有的运动方向趋势,并构建出了四因子模型。通过数据研究发现基金收益的90%以上能由市场风险等四因素进行解释,即四因素模型很好地揭示和分解了基金的收益。

Fama 和 French(2014)在三因子的模型上添加了盈利性因子和投资因子来构建五因子资产定价模型。其中,新添加的盈利因子(Robust Minus Weak,RMWt)是指盈利能力较强和较弱的股票多样化投资组合的回报率之间的差异,投资因子(Conservative Minus Aggressive,CMAt)是指低投资公司和高投资公司股票多样化投资组合的回报率之间的差异,称之为保守型和进取型。

巴菲特在1988年致股东的信中认为市场有效与不总是有效对投资者来说,其差别如同白天与黑夜。而格雷厄姆-纽曼公司、巴菲特合伙企业以及伯克希尔·哈撒韦公司连续63年的成功经验,足以说明有效市场理论是多么荒唐透顶。

二、用有效市场理论的因子、有效解释巴菲特的能力

大家都熟悉对冲基金TOP1是瑞·达利欧掌舵的桥水基金,大家不知道TOP2就是AQR资本。AQR资本管理公司总部位于美国康涅狄格州格林威治,是全球最大的量化对冲基金,由克里夫·阿斯内斯、大卫·卡比勒(David Kabiller)、罗伯特·克莱尔(Robert Krail)及约翰·刘(John Liew)创立于1998年,最高峰时资产管理规模超过2 260亿美元,现在管理规模1 500亿左右。AQR资本为机构客户和财务顾问提供各种定量驱动的另类投资和传统投资工具(也就是为客户提供数据分析以及投资项目),雇员数量达到693人,在波士顿、芝加哥、洛杉矶、伦敦和悉尼设立办公室。它强调研究驱动、高科技带来的实用洞见、经济直觉和严格的风险管理。

AQR资本将金融理论和实际应用相结合,利用市场的无效性进行赚钱,创始人克里夫·阿斯内斯的博士导师是研究有效市场假说的诺贝尔经济学奖获得者尤金·法玛。

在1998年,科技股达到前所未有的高度,市场一片繁荣。在一片叫好声中,AQR资本创始人阿斯内斯清醒地认识到互联网泡沫的破灭已经为时不远,于是AQR资本开始倾全力做空高价科技股。虽

然这个过程非常煎熬，因为泡沫直至 2000 年才破裂，使得 AQR 资本在此期间承受了巨大的浮亏和压力，管理资产从 10 亿美元缩水至 4 亿美元，好在后来互联网泡沫破灭绝处逢生。这一次泡沫股市很好地反映了无效市场的作用。

由于与巴菲特一样，经受了 20 世纪 90 年代末的互联网泡沫的煎熬，克里夫·阿斯内斯亲自领衔，运用公司的研究力量，用有效市场理论的因子，有效解释巴菲特的能力。该公司的《巴菲特的阿尔法》一文发表在 2018 年的《金融分析师》杂志上。

Frazzini and Pedersen（2013）认为由于投资者的融资约束，导致高贝塔值的股票阿尔法较低，提出 BAB 因子（Betting Against Beta）；Asness，Frazzini and Pedersen（2013）以美国和其他 24 个发达资本市场为研究对象，从盈利性、成长性、安全性和股利分配等四个方面定义了股票的质量，提出质量因子（QMJ）；在此基础上，Frazzini,Kabiller and Pedersen(2018) 在《巴菲特的阿尔法》一文中，阐明了 QMJ 因子、BAB 因子以及 1.7∶1 的杠杆倍数，能够从统计学意义上解释大部分巴菲特的阿尔法，由此证明了巴菲特的成功是能力而不是运气。

美国 CFA 协会 2018 年度"格雷厄姆与多德卓越奖"颁给了《巴菲特的阿尔法》一文。

第 65 说　泡沫与基本面

阳光下的泡沫　是彩色的
就像被骗的我　是幸福的
追究什么对错　你的谎言

基于你还爱我

——邓紫棋《泡沫》

股市泡沫是指因投机交易极度活跃，证券的市场价格脱离实际价值大幅上涨，造成表面繁荣的经济现象。行为金融理论认为股市泡沫是由于群体思考和群体行为的认知偏差所导致的。

巴菲特是基本面投资者。基本面投资方法是首先对公司的行业市场前景和规模潜力进行分析，然后用公司的销售增长、毛利率、市场占有率及资本结构、现金流等一系列指标来估计公司的内在价值，并将公司指标与行业同行和竞争对手进行比较。

基本面在泡沫中孕育，互联网经历了从泡沫到基本面的阶段。

第一阶段，互联网泡沫。《喧嚣的九十年代》有这样一段话："泡沫破裂了，经济陷入了衰退，这些结果的发生是无法避免的，建立在虚假根基之上的喧嚣的90年代，最终走向终结。"

1994年，万维网和浏览器出现，互联网引起了公众注意，随后带来的就是巨大的、虚假的繁荣，每天都会有新创立的互联网公司，每天投资人嘴里念叨的都是到纳斯达克上市，每天都会有草根一跃成为富豪。有机构跟踪了315家网络公司的盈利情况，这些公司必须在未来5年以每年96%的增长率才能匹配当前的股价，这些公司的总市值达1.2万亿美元，收入加起来一共才有290亿美元，股市变成击鼓传花的博傻游戏。

1999年是网络投资热的最高峰的泡沫时期，投资者们对网络概念的狂热追捧的同时，也是对巴菲特的质疑声达到最高潮的一段时间，因为巴菲特是网络股最大的看空者之一。1999年夏天，《时代周刊》公然在封面羞辱巴菲特："沃伦，究竟哪儿出了问题？"当时，网络股几乎成为投资者眼中唯一的热门股，而巴菲特投资的可口可乐听起来似乎是上上个世纪的名词了。然而，巴菲特并没有就此和市场舆论妥协，在1999年的太阳谷峰会上，巴菲特决定受邀为峰会做闭幕演讲，他在这次演讲中首次对股票市场的未来走势做出公开预测，他毫不犹豫地预测了互联网股票泡沫的破灭。

2000年3月，美国商业周刊《巴伦周刊》提出了烧钱率（Burn Rate）的概念，对引发互联网泡沫的破灭起到了致命一击。《巴伦周刊》专门做了一张表格，列举了顶级公司账面上的现金离烧光还剩多久。读者们震惊地发现：207家公司，74%现金流为负，51家的现金会在接下来12个月内烧完，就连互联网龙头亚马逊也撑不过10个月。

2000年3月10日，美国纳斯达克指数达到疯狂的顶点5048点，在5000点之上稍微停留一小段时间后，科技股泡沫就发生破裂。在随后的一年中，纳斯达克指数狂泻66%，下跌到2000点以下。股价下跌导致投资人情绪恐惧，恐惧导致股价进一步下跌，最终导致互联网泡沫大面积破裂。

亚马逊股价从113美元下跌到6元，思科股价从80美元下跌到13美元左右，中国的网易在2000年6月赴美上市，股价从15.5美元一路下跌，最低时只有0.48美元。

从1998年6月30日至2000年2月29日，伯克希尔·哈撒韦股票回撤44%，而标普500指数整体上涨32%，巴菲特跑输市场76%。在2020年3月互联网泡沫破灭后，伯克希尔·哈撒韦股价上涨了26.6%，而同期标普500指数下跌9.1%，巴菲特跑赢市场35.7%。

第二阶段，互联网的基本面。当前的美股互联网是基本面阶段，与互联网泡沫时有很大区别。

一、利率影响基本面估值

利率越低，公司运用的资金成本越低，以DCF为估值模型的公司的内在价值越高。美联储在戳破 2000 年科技股泡沫的过程中发挥了重要作用，它当时在纳斯达克见顶前后将利率升至周期新高。一旦美联储有意将短期利率拉至周期新高，为繁荣的美国经济降温，科技行业就开始瓦解。利率影响投资者的资产配置选择。2000 年，美国联邦基金利率接近 5.85%，这意味着投资者在蓬勃发展的科技股之外，还可以从债券中获得可观的回报。

2020 年，除了特斯拉等电动汽车股票的飙涨，还有 SPAC 和 IPO 市场创纪录的增幅，2020 年美股和 2000 年的市场的确有一些相似之处，纳斯达克指数过去两年累积上涨了 94%。而在 1999 年，纳斯达克指数飙升了 86%。

二、公司业绩的基本面支撑

以亚马逊为例，亚马逊 2020 财年营业收入为 3 860.64 亿美元，同比增长 37.62%。全年归属于普通股东净利润为 213.31 亿美元，同比增长 84.08%，第四季度净利润为 72.22 亿美元，与去年同期的净利润 32.68 亿美元相比增长 121%；云服务 AWS 四季度营收将增长 29% 左右，年营收达 450 亿美元。

2021 年 12 月 27 日，亚马逊市值是 1.72 万亿美元，微软的市值是 2.57 万亿美元，苹果的市值是 2.96 万亿美元，谷歌的市值是 1.97 万亿美元，伯克希尔·哈撒韦的市值是 6 659 亿美元。

早在 1997 年时，巴菲特决定不投资亚马逊，当时，他曾有机会投资亚马逊的 IPO，但最终决定放弃。2020 年亚马逊公司的基本面，与 2000 年互联网泡沫时期已经不可同日而语。巴菲特说，最近每当看到亚马逊年报时，他都会感到痛苦。他说，亚马逊和贝佐斯所做的事远远超出他所能想到的任何成就。如果他能想到这点，或者说认为这样的事情真的能够做成，那么他当时就会买入亚马逊。

前有泡沫，后有基本面。一个改变人类生活方式的创新，一定会受到资本市场的追捧，如果前期错过了，在泡沫破灭后，凤凰涅槃的王者出现，是恰当的投资时机。

2021年兴起的元宇宙，未来20年也许会像当年的互联网一样，从泡沫到基本面，最终改变人类的生活方式。

第66说　地产与股票

你不理财，财不理你。原本以为基金是我每月额外的理财收入，结果却成了最大的开支。

——民间谚语

当前，中国已成为世界第二大经济体。2020年，中国的GDP达到14.73万亿美元，占世界GDP总量的17.4%，中等收入人群超过4亿人。在居民金融资产结构中，各类非存款资产占比已达47%，财富管理需求进入新阶段，资产管理行业发展潜力巨大。中国银保监会副主席肖远企认为，中国资产管理行业要自觉做长期价值投资的表率，要始终敬畏受托职责，普及长期、理性和价值投资理念，主动培育投资而非投机的市场氛围。中国央行副行长陈雨露表示，资产管理既是金融行业最大的横截面，涉及银行、证券、基金、信托、保险等各类金融机构，又是金融市场上各类金融资产与投资者的连接部。

中国居民的大类资产配置，正在从房地产转向资本市场，公募基金是资本市场最主要的力量之一。2021年6月30日，公募基金管理规模达到23万亿元，持有中国A股市值5.5万亿人民币，占中国A股总市值的6.74%、自由流通市值的14.2%，公募基金已成为中国财富管理最优和最主要的选择之一。依赖于政府城投和房地产的信托公司，生存空间越来越狭小。各大银行也成立了理财子公司，将原来的表外资产转到理财子公司。为防范风险，将理财子公司与总行进行物理隔离办公，毕竟，股权投资与有资产抵押的信贷相比是风险更高的金融活动。

在美国早期，认为只有投资债券才是投资，投资股票是投机。尤其是1929年开始的大萧条，对股票市场的冲击巨大。美国股市花了40年，也就是巴菲特解散合伙基金的1969年，才从大萧条中走出来。20世纪70年代又是经济调整，直至1980年后，由于401K养老金入市，股市与退休养老金相关性大大增加，意味着与社会稳定息息相关。所以，每次危机到来，美联储都出手救市，大量的放水导致股市的反弹，也会引发通货膨胀。然后，待经济好转马上遏制通胀加息，利息加到一定程度，债券的诱惑大过股票，又引发股市危机。如此循环往复。

相比房地产市场，证券市场波动性更大。中国的投资经理，有巴菲特式的洞察力和主动管理能力吗？中国的资本市场相对比较封闭，国外的投机资金的进出也受限，比美国的资本市场更加稳定。一个资本市场的稳定性，与参与的资金的性质有关。2014年到2015年中国股市的大起大落，就是由于场外配资的杠杆比例过大，导致的暴涨暴跌。管理层吸取教训，严控场外配资，而且加大机构投资者在市场参与者中的比例，同时加大市场的监管力度，促进市场更加有效。个人投资者逐步退出直接参与买卖股票，通过到银行或证券公司购买基金的产品来间接参与市场。预计中国资产管理行业的未来30年，会像过去的房地产市场一样，长期增长。

对于大类资产配置从房地产为主，转向加大证券的配置，监管层和投资者都心存疑虑。价值投资适合中国吗？中国的基金经理中有巴菲特式价值投资者吗？

从某大型保险公司频频踩雷地产公司来看，中国的资产管理行业还存在过去 30 年的路径依赖，一些保险公司、银行等机构掌握大量资金的决策层，对于股权投资的认识，还停留在房地产和政府平台公司刚性兑付的时代，甚至还是"明股实债"的借贷思维。资金管理的决策者还亟待如巴菲特一样，知识自我进化，与时俱进，一个主动管理时代的到来，必然先"知"后"行"，才能知行合一。

通过零和博弈来获利的资产管理机构，从长时间来看，很难跑赢指数。一部分机构没有系统的投资策略，像个人投资者一样追涨杀跌，与巴菲特所描绘的华尔街顾问机构一样。中国资本市场的稳定，需要培育投资者的长线价值投资意识；投资机构既要考虑自己的收费，又要顾及投资者的利益和投资的舒适度，这样，长期的价值投资市场才能培育起来，资本市场也就更稳定。居民家庭资产配置才会逐渐投资到股票中，财产性收入才会增加。中国股市的长牛和慢牛大概率能够实现，资本市场直接融资服务的功能才会大大增加。

中国金融系统主要依靠银行，银行的理财子公司投资配置能力增强后，银行的利益与资本市场紧密联系，资本市场的发展必然进入新阶段。

第三节　有效市场理论与行为金融学

第67说　过度自信与锚定效用

> 如果你身上唯一的工具是把锤子,那么你会把所有的问题都看成钉子。
>
> ——马克·吐温

清华大学五道口金融学院的余剑锋教授是宾夕法尼亚大学沃顿商学院的博士,与曾在美联储工作过的王健博士合著了一本书——《理性的非理性金融》,他们认为金融市场中的不理性现象随处可见,从数不胜数的资产泡沫,到瞒天过海的庞氏诈骗;从新兴市场屡次在金融危机中遭受重创,到 2008 年金融海啸席卷全球。这些时常爆发的金融怪象,使人很难相信金融市场真像传统学院派经济学家宣扬的那样,是一个理性和有效的市场。就微观行为而言,很多股票价格异象,可能是投资人一些看似非理性的行为造成的。

投资者的行为偏差,就如格雷厄姆所指出的"市场先生",主要分为预期中的偏差和风险偏好中的偏差。预期中的偏差包括有限注意力偏差、可得性偏差、代表性偏差、锚定效应和过度自信；风险偏好中的偏差包括厌恶损失、对小概率事件放大、心智账户、多次赌博中的风险偏好，等等。

芒格很早之前就研究过这种心理和行为偏差，他称这种偏差为人类误判心理学，他在《穷查理宝典》一书中有专门的章节论述，引起很多专业投资者的关注和学习。这些心理和行为偏差其实是人类长期进化的结果，它们在人类的进化过程中，成功地帮助我们的祖先在恶劣的自然环境中生存繁衍。这些心理和行为偏差，曾经的正面作用已经消失，甚至成为缺点，但它们已经成为我们基因的一部分，因此很难克服。

中国金融市场中也出现了很多异象，如股民在股市中的各种高度投机行为。下面以工业大麻的炒作为例，分析投资者在投资中的过度自信、锚定效用等非理性行为。

投资行为包括信息收集、信息处理、投资、反馈调节等环节。在"工业大麻"概念股的这一追捧热潮中，可以看出投资者相关不理性的行为如下。

1. 过度自信。"过度自信"一词源于认知心理学的研究成果，是一种普遍存在的心理现象，诺贝尔奖获得者塞勒指出，"在心理学领域有关个人判断的研究成果中，最强的结论就是人们是过度自信的。"

过度自信是指人们过度相信自己的判断能力，高估了自己成功的概率和私人信息的准确性。过度自信的决策者常常表现为对自己的决定非常独断，忽略事实依据和客观事物发展规律，以自己的意愿为中心，始终对自己的观点保持高度乐观，不会根据客观环境变化而更改自己的判断。在"工业大麻"概念股案例中，投资者对个股的信息分析应该至少包含两个方面，一是关于"工业大麻"的信息，二是包括基本面等其他方面的信息，且这两种信息都是非常重要的。但实际在这场炒作中，投资者的关注重点是"工业大麻"相关信息，对这一信息赋予了过高的权重，而忽视其他重要信息，比如，在 37 只概念个股中，有 8 家公司 2018 年净利润为负，另有 8 家公司 2018 年净利润不超过 5 000 万；对 5 月 24 日个股 PE 的统计中（不考虑 9 家 PE 为负的个股），最高值为紫鑫药业的 562 倍，最低值为东风股份的 14 倍，简单均值为 86 倍，远高于 A 股的平均 PE 值 13 倍的水平，这些都是与公司估值相关的重要信息。此外，即便有些个股在澄清公司业务与"工业大麻"无关后，仍有一些投资者不肯正视实际情况，不愿变更自己的观点。如润都股份于 3 月 27 日发布澄清公告后，有部分投资者依旧在股吧表示如下："我说你有你就有""没有对今天是利好"，以这样无脑的信仰代替分析，引起短期内的狂热，但"潮水退去时就知道了谁在裸泳"。

2. 可得性偏差。"可得性偏差"也被称为易得性偏差，是启发式偏差的一种，指人们的注意力是有限的，往往选择性地、浅层次性地处理那些容易获得的信息，根据认知上的易得性来判断事件的可能性，导致赋予那些易见的、容易记起的信息以过大的比重，而忽视对其他信息的关注并进行深度发掘，从而造成判断的偏差。在"工业大麻"概念股这一案例中，投资者对"麻"这一词语变得非常敏感，以至于在对上市公司进行信息扫描和信息处理时，尽管一些上市公司业务中没有"大麻"类相关业务，但因为有"麻纺""亚麻纺"等词语，也被投资者自动编码成为"大麻"概念，因此造成了伪概念个股的不正常波动。

以上案例是对行为金融理论在实践中运用的案例介绍。行为金融炒股就像凯恩斯说的"选美效用"，是运用情绪的短期非理性投资、短线的零和博弈。专业投资者可以利用行为金融获利，但对普通投资者而言，这种投资方法，成功的概率太小，与巴菲特的价值投资理念是背道而驰的！

第68说 淡水学派与咸水学派

> 人类的行为是由六种自然的动机所推动的：自爱、同情、追求自由的欲望、正义感、劳动习惯和交换倾向。
>
> ——亚当·斯密

西方经济学派分为淡水学派和咸水学派，这两大学派构成了主流西方经济学的传统。

2013年的诺贝尔经济学奖颁给了三位经济学家：尤金·法玛、拉尔斯·皮特·汉森和罗伯特·希勒。有趣的是，这三位伟大的经济学家分属于两个相互对立的学派。尤金·法玛和拉尔斯·皮特·汉森是芝加哥大学的，属于淡水学派；而罗伯特·希勒是耶鲁大学的，属于咸水学派。

1976年，经济学家罗伯特·霍尔确立了美国咸水学派和淡水学派经济学的分类，简单地说就是把美国主流经济学派分为靠近五大湖区高校的淡水学派和位于美国东西海岸高校的咸水学派。

巴菲特长期与淡水学派的有效市场理论论战，咸水学派证明了市场的低效存在，巴菲特通过市场的低效而获得成功。

淡水学派，又叫甜水学派（Sweetwater School），是20世纪70年代出现的经济学思潮，主张自由经济、市场经济，立场接近于新古典经济学。哈耶克（Hayek）、米尔顿·弗里德曼（Milton Friedman）都曾执教于芝加哥大学，支持新古典学派理论。他们的观点来源是古典的"李嘉图均衡"和"萨伊定律"，所以也被称为新古典主义学派。淡水学派的成员主要来自芝加哥大学、卡内基梅隆大学、罗彻斯特大学、明尼苏达大学等。

淡水学派的前提假设是人是理性的，市场能够及时反映全部信息。淡水经济学家通常更强调：

• 自由市场的好处。淡水经济学家认为政府的干预应该是有限的，在可能的情况下允许企业在不受政府影响的情况下经营。

• 理性预期。淡水经济学家强调新古典经济学模型，该模型假设个人寻求效用和利润最大化。

• 真实商业周期。经济周期的波动是由于供给方面的波动，而不是需求的波动。

• 货币主义。虽然淡水经济学家更怀疑政府刺激需求的能力，但他们确实相信通过使用货币政策来控制通货膨胀。

米尔顿·弗里德曼是芝加哥学派中最重要的人物之一，他的影响不仅限于经济学，还包括政治学。芝加哥经济学派在淡水学派中很重要，亨利·考夫曼（Henry Kanfman）谈到对芝加哥经济学派的总结时这样说：对严谨学术和公开学术辩论的坚定承诺，对新古典价格理论的有用性和洞察力的坚定信念，以及支持和促进经济自由主义和自由市场的规范立场。

咸水学派，即盐水学派（Saltwater School），又被称为凯恩斯主义学派。与淡水学派相对，咸水学派支持凯恩斯主义，认同政府干预总体经济。这一学派认为市场不总是有效的、是有缺陷的，人性是无克制的，人是有限理性及集体非理性的，人的行为偏差会造成市场的错误定价。咸水学派怀疑自由市场，主张政府监管和可自行决定的财政政策发挥更大作用。

咸水学派的成员主要来自哥伦比亚大学（巴菲特的母校）、哈佛大学（芒格的母校）、耶鲁大学、麻省理工学院、斯坦福大学（费雪的母校）、加州伯克利大学、宾夕法尼亚大学（彼得·林奇的母校）、普林斯顿大学（贝佐斯的母校）等高校。

咸水经济学家更倾向于凯恩斯主义，无论是新凯恩斯主义还是经典凯恩斯主义，他们相信政府支出和投资可以在启动陷入衰退的经济方面发挥作用。咸水学派以2008年诺贝尔经济学奖获得者保罗·克鲁格曼（Paul Krugman）为代表。

咸水经济学家更批评理性预期，并指出非理性行为的广泛存在。而且，值得一提的是，著名行为经济学家理查德·塞勒（Richard Thaler）于1995年开始在芝加哥大学任教，主要研究领域是行为经济学、行为金融学与决策心理学，他在颠覆旧芝加哥经济学派方面发挥了重要作用。芝加哥大学的淡水学派教授，对塞勒有很深的成见，有效市场理论的代表人物尤金·法玛公开说："他做的研究很有趣，但什么用都没有。"不过，尤金·法玛私下还经常与塞勒打高尔夫球，而有些知名教授与塞勒见面时，招呼都不打。

塞勒因行为经济学方面的贡献获得2017年诺贝尔经济学奖，他还曾客串出演获得2016年奥斯卡最佳改编剧本奖的电影《大空头》。

巴菲特是凯恩斯主义学派的践行者，他的导师本杰明·格雷厄姆所称的"市场先生"，就是明确表达的资本市场参与者的集体无理性。如果市场真的完全有效，个人努力是徒劳的，投资指数基金是唯一最优选择。

咸水学派的巴菲特说："如果市场是有效的，我将会是一个拎着马口铁罐子四处乞讨的乞丐。"

第69说　行为金融与有效市场

> 我们应当牢记，股市定价并未形成一门完美的科学。
>
> ——罗伯特·席勒《非理性繁荣》

罗伯特·希勒是耶鲁大学经教授，2013年因资产价格实证分析方面的贡献获得诺贝尔经济学奖。他当年凭借基本面分析，以一部《非理性繁荣》准确预测了互联网泡沫。他在2014年提出证券市场定价的效率理论主要分为两类：一是"行为金融学理论"，早期以约翰·梅纳德·凯恩斯、本杰明·格雷厄姆和戴维·多德为代表，后期代表人物是丹尼尔·卡尼曼、理查德·塞勒和席勒自己；二是"有效市场理论"，以芝加哥大学的尤金·法玛教授为代表。

一、行为金融学

1. 早期的行为金融学理论

凯恩斯超前地提出了投机性市场的影响，凯恩斯认为，由于基本面的模糊，金融交易中无法避免地充斥着"幻想元素"。完全竞争的市场在生活中不存在，人们的经济行为总是受到心理因素的影响，由此导致市场的失灵。他应用人们熟悉的选美活动的规则及现象，研究和解释股票市场波动的规律，认为金融投资如同选美，投资人买入自己认为最有价值的股票并非至关重要，只有正确地预测其他投资者的可能动向，才能在投机市场中稳操胜券。

1934年，本杰明·格雷厄姆和戴维·多德在《证券分析》一书中指出：市场价格经常偏离证券的真正价值，因疏忽或偏见引起的对某一证券价值的低估可能会持续很长时间，而由于投资过热或人为的刺激因素造成的价值高估同样有可能会持续很长时间。在进行证券分析时，我们不能自行制定一套适用于所有普通股的"正确的估值规则"。他们认为普通股的价格不能通过计算精确得到，而是人类一系列行为间相互作用的结果。他们的投资策略主要基于对"无知、人性贪婪、大众心理、交易成本"等投资现象的观察。

2. 1970年后兴起的行为金融学理论

卡尼曼和特沃斯基提出行为金融学重大成果的"前景理论"，将心理学领域的研究应用于经济学当中，认为个人基于参考点的不同，会有不同的风险态度，人的决策选择取决于结果与前景预期的差距，而非结果本身，利用前景理论可以对收益与风险的关系进行实证研究。2017年，诺贝尔经济学奖得主理查德·塞勒提出"禀赋效用"，指的是当一个人一旦拥有某项物品，那么其对该物品价值的评价要比未拥有前大大增加。诺贝尔经济学奖得主罗伯特·席勒认为，市场本质上受心理驱动的观点已经得到了广泛的认同，投资观念可以像病毒一样扩散，信息技术的发展进一步加速了泡沫的动态形成，而泡沫的产生指的是价格增长的消息以一种心理感染的方式激发投资者的热情。芒格对人类误判心理学和心理偏差有很深的研究。

行为金融学的市场有限效率论，证明了格雷厄姆提出的"市场先生"存在，为巴菲特式的主动投资者超额收益的来源提供了有力的理论支持。

二、有效市场理论与现代投资组合理论

从传统角度考虑，经济学家将金融市场的行动者建模为理性实体，并做出投资和消费决策，以实现明确目标的最大化。

亚当·斯密的"看不见的手"理论认为，市场会通过价格自发地调整经济中的供给与需求，就像一只看不见的手，自动实现市场效率的最大化。

哈里·马科维茨（Harry Markowitz）在论文《投资组合选择》中提出了均值—方差分析方法与投资组合有效边界模型，标志着现代投资组合理论的开端。

尤金·法玛在1970年提出了"有效市场理论"（EMH），并指出有效市场分为三类：弱有效市场、中等有效市场、强有效市场。

杰克·特雷诺提出了特雷诺比率，用于衡量基金单位风险获得的收益。威廉·夏普定义了夏普比率，以风险调整后的收益率作为基金和股票绩效评价标准化指标，对投资绩效作出评估。迈克尔·詹森用詹森指数来衡量基金业绩中超过市场基准组合所获得的超额收益，詹森阿尔法用于评价基金盈利能力，也称为超额收益率阿尔法。特雷诺与费希尔·布莱克（Fischer Black）提出信息比率（Information Ratio），来衡量基金和股票单位主动风险所带来的超额收益。19世纪80年代，索提诺比率（Sortino Ratio）用单位下行标准差产生的收益率（风险调整后的收益率）来间接评价基金经理的能力，是夏普比率的改进版，是用来衡量风险调整后收益的指标。

纵观股市发展至今，人类始终没有一个有效的理论或方法可以对股市波动规律进行科学的解释。建立在有效市场理论基础上的金融工程，通过量化交易，使得文艺复兴基金的创始人詹姆斯·赛蒙斯的"大奖章"基金获得了非凡的巨额回报；价值投资的伟大实践者巴菲特通过伯克希尔·哈撒韦，运用资本市场群体非理性的"市

场先生"的定价错误,取得了 50 多年来最好的回报。

巴菲特认为,有效市场是"经常"有效还情有可原,但如果说是"永远"有效就有点过了。

第 70 说　主动投资与被动投资

流水不争先,争的是滔滔不绝。

——老子《道德经》

投资管理行业出现了两种互相对抗的策略:主动管理型投资与被动管理型投资(即指数型投资),两者呈现拉锯状态。

主动管理型投资分为长期投资和短期投资。巴菲特式的价值投资是长期投资,短期投资一般表现为通过数量化方式及计算机程序发出买卖指令的量化投资或者情绪博弈的行为金融投资。

主动管理型的共同基金投资经理会不断大量买进、卖出股票,他们的工作是锚定基准及其他同类型基金,以获得超额收益取悦客户,这意味着他们必须持续地胜出市场。为了保持领先地位,主动管理型的投资经理往往试图预测未来半年的股市走向,并不停地调整组合的持仓,以便从预测中获利。平均而言,共同基金的换手率超过 100%。

与主动管理型投资相对的是指数型投资,这是一种买入并持有的被动投资方式。组合持有一系列多元化分散的股票,以设计为一个特定的指数,例如标普 500 指数和沪深 300 指数。

保罗·萨缪尔森(Paul Samuelson)说:"虽然我不知道是谁最

先发明了轮子，但是我敢说第一支广泛分散化且对投资者友好的指数基金，正是由约翰·博格独创的。"他认为巴菲特不可能使普通投资者成为沃伦·巴菲特，然而约翰·博格可以通过最小化换手率和无用的销售费用，帮助任何一位普通投资者成为一名精明的巴菲特式投资者。

对于持股还是持币的问题，约翰·博格是这样告诉广大普通投资者的："永远要在场内。如果你因为恐惧退场，还想着抄底回来，其实你已经被自己的情绪打败。"实际上，巴菲特、施洛斯等价值投资者的长期的持股比例都很高，因为预测股市的顶部非常困难。

指数基金之父约翰·博格在《共同基金常识》一书中提出，名义回报率是初始股息率、盈利增长率和市盈率变化三者之和。实际回报率是名义回报率除以（1+贴现率）。如果市盈率没有发生变化，则股票总的回报率几乎完全依赖于初始股息率和盈利增长率。在很长的周期里，投机因素对回报率的影响已经被证明是中性的，投机不可能永远自我获益。短期投资策略，实际上忽视了股息率和盈利增长率，而这两个因素在数周或数月的时间里无法体现其重要性。短期策略和投资毫无关系，却和市盈率倍数的估值变化，即投机联系紧密。

巴菲特在 2017 年致股东的信中写道："如果要竖立一座雕像，用来纪念为美国投资者做出最大贡献的人，那么毫无疑问应该选择约翰·博格。"

格雷厄姆晚年时称赞指数基金为个人投资者的最佳选择。巴菲特说道："通过指数基金定投，一个一无所知的投资者实际上能够超过大多数专业投资者。"

偏好指数型基金的投资者，都知道巴菲特著名的 10 年赌约：指数投资的 10 年收益会超过主动管理的对冲基金投资组合收益。开始于 2008 年的赌约也早已在 2017 年底揭晓了结果。最终巴菲特赢了，标普 500 指数以 125.5% 的累计收益率打败了对手方精心挑选的 5 只母基金平均 36.3% 的收益率，即使是 10 年里表现最好的一只基金累计收益也仅为 87.7%。

从这个赌局中，我们也不难看出，美股市场上指数投资的收益或许更胜一筹。对此，巴菲特也给出了一个建议：把所有的钱都投资到一个低成本的追踪标普 500 指数的指数基金中，然后努力工作，享受复利。

在中国资本市场，至 2020 年底的过去 10 年大多数年份，股票型基金和偏股混合型基金都跑赢了指数型基金，跑输的年份仅有两年。为什么美股指数型基金跑赢主动型基金，而 A 股主动型基金更胜一筹呢？原因是 A 股市场整体以散户为主，散户容易受到市场情绪影响，机构有专业优势。

指数基金遵循了达尔文主义，去劣存优，补强汰弱，确保指数中的公司是持续发展、领先发展的高质量、强势公司，所以，先锋集团标普 500 指数长期能保持先进性。巴菲特在 2014 年立下遗嘱，其名下在伯克希尔·哈撒韦股票的净资产之外全部净资产的 90%，将让托管人购买指数基金，可见指数基金在股神巴菲特心目中的地位。

第 71 说　理性与非理性

狂热的欲望，会诱出危险的行动，干出荒谬的事情来。

——马克·吐温

巴菲特认为股票市场是非理性的，这没什么可怕；恰恰相反，只有非理性的市场才有机可乘。从这一点上看，股市不理性是好事，关键是你自己要能理性对待。

巴菲特在伯克希尔·哈撒韦1985年年报中分享了一个格雷厄姆最喜欢的小故事。一个石油商人在天堂门口见到了圣彼得，圣彼得告诉他一个坏消息："你已经获得了进入天堂的资格，但是，你看天堂已经没有石油商人的位置可以把你塞进来了。"石油商人想了一会儿，问他能否对里面喊几句话，圣彼得同意了。石油商人挥舞双手高喊："在地狱发现了石油。"天堂的门立刻洞开，所有的石油商人都蜂拥而出涌向地狱。圣彼得很是佩服，于是邀请商人进入天堂。但石油商人想了想拒绝了："不，我还是和他们一起去吧，有时谣言也有可能是真的。"

纽约大学金融教授拉瑟·佩德森（Lasse Pedersen）在他2015年的著作《高效的无效：行家如何投资及市场如何定价》中提出，现实生活中的金融市场应该是一个接近有效的无效市场。金融市场在一定程度上存在无效性，这样专业投资者才会花时间和精力去收集信息，并且利用这些信息从市场中获利。

余剑锋教授和王健教授在《理性的非理性金融》一书中指出：进化的机制可以解释现在人类很多的行为和偏好，尽管这些行为用现代标准很难理解。现代社会中，一个更善于表达、更开放的人可能获得的机会更多，但多数人的本性却非常害羞，需要经过专门的训练才能克服这种害羞的心理。原因是在远古时代，一个在群体中更出众的人，往往更容易被捕猎对手注意到，更容易被捕杀，因此留下后代的机会也更小。

一些类似的行为偏差，不仅影响到我们的日常生活，也直接影响到人们的投资行为和金融资产定价。每种偏差都可能引发一种特殊的金融市场异象，这种偏差在现代社会被视为非理性，但从人类的基因发展过程来看，却是人类过去的理性行为在现代社会的非理性表现。

所以，王健和余剑锋两位教授称之为"理性的非理性金融"。

虽然资产价格长期有规律可循，但它在中短期内的走向主要受市场情绪和一些非理性投资行为（也称为噪声交易）左右。因此在中短期资产价格可以完全偏离由基本面决定的内在价值。在这种情况下，即使是顶级的对冲基金发现了市场上这种明显的定价错误，试图通过交易去纠正这种错误，也不一定能从中获利，甚至会面临巨额亏损。主要有两个原因：第一，噪声交易可能会使得错误定价进一步扩大，导致套利者亏钱；第二，职业套利者的资金量有限，因此他们在交易中往往需要很大的杠杆，并且投资期限相对较短，如果交易造成的错误定价，使亏损进一步扩大，职业套利者不得不清偿承受损失，即使他们的交易策略长期而言是正确的。

哈佛大学教授安德烈·施莱弗（Andrei Shleifer）和芝加哥大学教授罗伯特·维什尼（Robert Vishny）在1997年发表了一篇著名论文，强调了短期内由于受噪声交易和市场情绪影响，原本被高估（或低估）的股票可能会被进一步被高估（或低估）。哈佛大学的罗伯特·默顿（Robert Merton）教授是长期资本管理公司的合伙人之一，也是1997年诺贝尔经济学奖的得主，施莱弗教授和维什尼教授曾经把他们的论文初稿送给罗伯特·默顿教授阅读，但是文章中强调的套利者所面临的潜在市场情绪的风险并没有引起默顿的重视。1998年，长期资本在皇家荷兰和壳牌的投资策略中遇到的致命问题，正和施莱弗教授和维什尼教授1997年的论文描述得一模一样，事后来看，罗伯特·默顿教授显然是对有效市场理论过于自信了。

巴菲特认为，"市场先生"应当是你的"仆人"而不是"向导"，所以你要利用它，而不是被它利用。

巴菲特对投资者的非理性行为有着深刻认识。他说，事实上，每个人都充满了贪婪、恐惧、愚蠢的念头，这是很正常的，也是可以理解的。而关键的问题是，这种贪婪、恐惧、愚蠢的念头能导致什么样的结果，却是不可想象的。

1998年9月16日，他在伯克希尔·哈撒韦公司股东特别会议上幽默地说："我们希望股票市场上'傻子'越多越好。为什么呢？因为这样的'傻子'越多，就会出现更多的非理性投资，而这时候，我们这些理性的投资者反而会捕捉到更多的有利机会。"

"理性地利用非理性"，这是《理性的非理性金融》一书的核心理念，也是现代社会中巴菲特式的聪明的投资者获胜的诀窍。

第72说　预期中的偏差与风险偏好中的偏差

如果你在错误的路上，奔跑也没用。

——沃伦·巴菲特

人类的大脑有许多解不开的谜。为什么人类在某些方面会非常擅长，在另一些方面却又一无是处？人类为什么会集睿智与愚蠢于一身？许多心理学家和神经学家一直致力于某些研究，以便能够使我们弄清楚大脑中存在的一些看上去自相矛盾的地方。理查德·塞勒和卡斯·桑斯坦（Cass Sunstein）在《助推》一书中认为这涉及两种思维方式之间的区别，一种是自觉和自动的，另一种是思考和理性的，第一种思维方式称为直觉思维系统，第二种思维方式称为理性思维系统；丹尼尔·卡尼曼在《思考，快与慢》中，认为这两个系统分别为"系统1"和"系统2"。

现代社会非常复杂，不断会有新的信息出现。投资者需要根据新的信息不断更新对未来情况的预期和估计。传统的金融学理论，假设投资者都是理性的，这意味着当投资者收到新的信息时，他们会用贝叶斯公式去更新他们对将来事件的预期。统计学告诉我们，用贝叶斯公式去更新我们的预期，是正确的和最优的方法。但是在现实生活中，人们却不习惯用贝叶斯公式去思考问题。

巴菲特通过不断地学习，以及坚守格雷厄姆的投资原则，对抗了股市中常见的心理错误，从而没有掉进心理偏差的陷阱。

人们的第一直觉基本都是错的，一个主要的原因是人们在过去几百万年的进化过程中，用到最多的是频率而不是概率。余剑锋和王健两位教授在《理性的非理性金融》一书中认为，人们一般不会用贝叶斯公式思考，所以预期中会出现很多可以预测的系统性偏差，包括预期偏差和风险偏好偏差。余剑锋教授是我在清华大学五道口金融学院上课时的老师，他和王健教授在总结心理学文献的基础上，形成了行为金融中预期偏差和风险偏好中的偏差各五个方面，逻辑清晰，非常全面。

一、预期偏差的五个方面

预期偏差1：可得性偏差。比如媒体报道会导致我们预测上的偏差，因为媒体更喜欢报道那些不经常出现，但更吸引眼球的事件；有权势的人由于受各种约束接触面窄，容易对身边的人偏听偏信。

预期偏差2：有限注意力偏差。人们每天的时间和注意力都非常有限，由于处理信息时需要消耗时间和大量的能量，人脑在决定采用深层思考前，往往更倾向于用直觉去解决问题。

预期偏差3：代表性偏差。人们往往对其他人和事物有一个先入为主的印象，比如投资者的资金会去追捧过去收益率高的基金，尽管在数据中过去的收益率并不能准确地预测将来的收益率。

预期偏差4：锚定效应。人们在回答问题或者做决定时，往往太重视以前帮助自己形成观点的信息,即使这个信息实际上并没有太大价值。而且很多研究发现,一旦人们已经形成某种观点,即使有新的证据出现,他们也不会积极地改变自己原来的看法,更不会主动地寻找可能推翻自己观点的证据。

预期偏差5:过分乐观和过分自信。在美国有19%的人认为自己是全国最富有的1%;80%以上的人认为自己的开车水平高于平均水平。但在股票交易上,过分自信和乐观并不是一件好事,它会造成过度频繁的股票交易,从而导致投资者的平均收益率很低。

二、风险偏好中的偏差的五个方面

风险偏好中的偏差1:依赖参照点。现实中几乎所有的东西都是相对的,而且大多数情况下正是这种相对水平而非绝对水平,决定了我们的感觉和态度。我们常说的"不患寡而患不均"也是类似的道理,我们的快乐一般依赖于和身边朋友的比较。

风险偏好中的偏差2:厌恶损失。人们不愿意卖出亏钱的股票,因为一旦卖出,亏损就成了事实,而继续持有这只股票,还有翻本的可能性,这种投资者的行为叫作处置效应。

风险偏好中的偏差3:对小概率事件的放大。有些人冒险买入"彩票型"快破产公司的股票,他们认为股票的价格已经很低了,再跌也没有太大空间了,但是一旦这个公司起死回生,股票价格会暴涨,尽管这种概率很小,但人们往往趋向于给这种结果过大的主观权重。

风险偏好中的偏差4:心智账户。如果把100次投资当成一个统一的事件,那这100次投资就是非常好的投资,但是投资者倾向于把投资放在不同的心智账户里,而不是放在同一心智账户里。

风险偏好中的偏差5:多次赌博中的风险偏好。对于连续性的多次赌博，投资者的风险偏好可能会与他们之前的投资收益有关。研究发现，当实现盈利后（比如卖出盈利股票后），人们更加能够容忍风险；当实现损失后（"割肉"卖出股票后），人们倾向于承受更小的风险；当账面有盈利时，人们更加厌恶风险，从而偏向卖出股票实现盈利；当账面亏损后，如果有希望翻本的话，人们倾向于承受更大的风险，但是如果不能够翻本，人们可能会倾向于承受更小的风险。

芒格说，手里拿一把锤子的人，把所有的东西都当一颗钉子处理。这就属于心理偏差，也就是说我们常常犯经验主义错误。

股市中，无数个个体的偏差汇聚成集体的偏差，这就是巴菲特的老师格雷厄姆定义的"市场先生"。

第四节　多元思维投资决策理论

第 73 说　时间与空间

时间是人类的伟大奇迹。

——阿尔伯特·爱因斯坦

我们身处在一个由"长、宽、高"的维度组成的静态空间中，当且仅当"时间"这个维度介入，世界才能从静态转为动态，从单调转为多彩。时间推动着世界前进，时间的积累让人类创造价值。爱因斯坦说："时间是人类的伟大奇迹。"

股市也是一样，如果只把股市看作是短线套利的地方，它只是个零和游戏的空间，不产生任何价值。事实上，股市中存在大量的投机者，他们利用市场情绪进行频繁的短线操作，导致了市场出现随机剧烈的波动，这也是系统中噪声的主要来源。而真正的投资者却被短期表现的压力"扣为人质"，这样的股市并没有展现出其应有价值。

时间看不见、摸不着，但只有加入时间的维度，你才能看到巴菲特眼中的股市。巴菲特说:"世界上最强的力量不是原子弹,而是复利!"而复利,正是时间的馈赠。

在他唯一授权的官方传记《滚雪球》中,巴菲特曾这样总结自己的成功秘诀:"人生就像滚雪球,当我们发现很湿的雪和很长的坡,把小雪球放在长长的雪坡上,不断积累,越滚越大,优势越来越明显。"当你在正确的方向上,复利将让你的雪球不断变大!

在1963年的致股东的信中,巴菲特提到了一个关于哥伦布的有趣小故事,强调了两点:第一,复利对时间变化的敏感程度和对收益率的敏感程度相当;第二,通过一个长期投资项目来看,收益率上看似微不足道的改变实际上会累积起来,产生巨大影响。

在股市中的复利到底是指什么呢?

芒格曾经说过,巴菲特认为10美元的理发费相当于30万美元,这实际上就是一种复利的思维。简单来说,如果在1956年,投资10美元于其合伙公司并按照22%的收益率复利,那么到2014年,巴菲特将收获100万美元,这是一个惊人的事实:22%的收益率通过58年的复利可以得到10万倍的增长。

巴菲特管理伯克希尔·哈撒韦的50年中,取得了巨大的成功,这其中,复利起到了不可磨灭的作用。1965年,伯克希尔·哈撒韦的股价为18美元,而到了2021年12月,伯克希尔·哈撒韦的总市值是6 425亿美元。在2021年巴菲特致股东的信中,巴菲特总结了1965年到2020年间伯克希尔·哈撒韦的复合年增长率为20%。如果保持以这个利率增长到2065年,伯克希尔·哈撒韦的股价将通过100年的复利得到0.8亿倍的增长,从每股18美元变成每股15亿美元。

当然,以上的计算过于理想化。在现实中,并不是所有的项目都可以保持以既定复利公式顺利运转,时间成为投资的朋友的前提是,这是一个可以不断重复投资并顺利产生复利的投资项目。其间产生的每一点利息都变成本金附加进去产生利息。这样利滚利,投资时间一长，产生的利息会逐渐成为投资项目总收益中的主要组成部分。最终收益取决于年平均回报率和时间长度这两个因素。

在股市中的投资，可以满足以上所有需求。

巴菲特在股市操作中十分重视时间维度，他认识的复利，就是通过他的投资准则选定优秀的企业之后，有意识地放慢节奏，长期持有它，静待时间带来的馈赠，享受复利带来的收益。谁都知道股市有风险，投资需谨慎。巴菲特对应风险的态度并非短线操作随时甩卖，而是相信时间可以熨平股市短期波动带来的风险，创造良好的盈利空间。他说："时光的最佳之处在于其长度。"

时间可创造复利空间，时间可缓释风险，这就是长期投资的逻辑，而长期投资正是巴菲特成功之道的核心。

第74说　模糊的正确与精准的错误

投资中两件事情不能忘记，第一条是不要亏损，第二条是永远不要忘记第一条。

——沃伦·巴菲特

"宁要模糊的正确，不要精确的错误。"

什么是"模糊的正确"？假如你在热带雨林中，只能根据指南针来辨别方向，你并不清楚下一步会遇到什么猛兽，也不清楚哪条是穿越雨林的最短路线，你发现此刻很难找到正确的方向，你无法预测下一步会遇到什么情况，但是你知道前进的方向是对的。这就叫"模糊的正确"。

然而,"精确的错误"往往是一条看似通向成功的康庄大道,沿路的每一步都有明确清晰的指引路牌,你开车一路疾驰而毫不费力,但打开导航却发现从一开始目的地就设置错误。

这句话的英文原文是"Would rather be roughly right than precisely wrong",是巴菲特1986年致股东们的信中的一句话,用中文表达就是"南辕北辙"。而不管是股市、职场还是人生,我们面临的并不是"正确"和"错误"的选择,而是"当下的正确"和"长远的正确"的选择,是对当下的"确定性"和未来的"模糊性"如何结合的选择。

以创业为例。每一位创业者都从怀着梦想和一个长远战略目标开始,但是都很快陷入资金不足、人才短缺、技术弱、市场开拓慢等实际困难,陷入"迷雾"之中。此时,任何的市场机会,即使与创业者的长远战略不相符,不是他想要的,但都是"迷雾中的路"。为了企业可以活下去,创业者往往会选择"务实"地先抓住眼前的机会。

很多创业者就在此时犯了"精准的错误",把手段变成了目的,于是慢慢失去了长远战略定力,业务结构和人力结构都开始走样,最后变成一家没有战略,纯粹为了活着而活着的公司。这就是没有"模糊的正确",却抓住了"精准的错误"。

纸上谈兵固然容易,在股市中如何抓住"模糊的正确",不犯"精准的错误"呢?我们可以从巴菲特身上找到启发。

巴菲特在1955年成立合伙人投资基金时曾强调:"最重要的不是牛市赚多少钱,而是熊市不赔钱或者少赔钱。"所以,保本是他做投资的基本原则,即他心中"模糊的正确"。巴菲特说过,"投资中两件事情不能忘记,第一条是不要亏损,第二条是永远不要忘记第一条。"以保本为投资作为前进旅途的指南针,不论前行过程中遇到什么样的选择,巴菲特始终坚持朝着正确的方向。

然而巴菲特也不是不犯错的,在过去的投资生涯中,巴菲特也曾犯过"精确的错误"。巴菲特曾数次反省过自己的错误:"如果你在错误的路上,奔跑也没有用。"

在1989年致股东的信中,巴菲特提到不要为了便宜货买烂公司,这说的就是现在巴菲特的公司伯克希尔·哈撒韦。虽然伯克希尔·哈撒韦在2018年世界品牌实验室编制的《2018世界品牌500强》中排名第262位,并且入选2019年《财富》世界500强,紧接着在2020年名列《财富》全球最受赞赏公司榜单第5位,然而在40年前,它是一家濒临破产的纺织厂。巴菲特以非常低的价格买下了它的控制权,以为应该很容易有机会以不错的获利沽出了结,但是他忽略了行业前景惨淡的事实,砸在了手里。这就是"精准的错误",短期看来似乎有不错的收益,然而却与长期战略目标相悖。

巴菲特对此事进行过多次总结和反省:"长期而言,原来看起来划算的价格到最后可能一点都不值得,在经营艰困的企业中,通常一个问题才解决不久,另一个问题就接踵而来,厨房里的蟑螂绝不会只有你看到的那一只。""时间是优秀企业的朋友、平庸企业的敌人。"投资于平庸资质的企业不但投资期限延长,并且大大降低了收益的时效性。

如今伯克希尔·哈撒韦在巴菲特的精心运作下,已经从一家失败的纺织企业摇身变成了一家主营保险业务、在其他许多领域也有商业活动的公司。公司从1964年的2 288.7万美元,增长到2021年年底的6 600亿美元总市值,股价从每股7美元上涨到44万美元以上。

巴菲特及时认识到自己的错误并积极改正,更可敬的是,他将失败的经验一直牢记于心,在日后的决策中一直谨记"正确的模糊"的指引,尽量不犯"精准的错误"。

2021年,在新冠肺炎疫情的影响下,商业格局的每个角落都充斥着不确定性,面对未知的经济变化,伯克希尔·哈撒韦2021年三季度的财报中,现金高达1 492亿美元,创历史新高,这一数据也体现了面对这次疫情的挑战,巴菲特所给出的答案。

《滚雪球》作者艾丽斯·施罗德谈论巴菲特眼中的"现金"时说到:"现金不只是一种几乎没有回报的资产,而是一种可以标价的看涨期权。当巴菲特认为这种期权很便宜时(相对于现金购买资产的能力),他愿意以超低利率持有。他认为现金是一种无终止日期、无行使价的看涨期权。"

在历史上有成千上万的投资大师,这其中,巴菲特仍然可以脱颖而出成为人们争相学习的传奇,原因之一在于:在未发现确定性的投资标的前,与其投资不确定性,巴菲特更偏向于将投资暂时停滞,持现等待,避免了"精确的错误"的发生。

第75说　后视镜与望远镜

> 投机并不犯法,也非不道德,但也没有很厚的油水。
> 　　　　　　　　　　　　——本杰明·格雷厄姆

一个成功的投资者,除了在当下做出明智的投资决策以外,还应像在行车过程中随时观察后视镜一样对过往的投资历史作出总结,得出经验教训,避免未来犯同样的错误。同时还应像用望远镜观察远方一样对未来的投资方向有所规划。显然,巴菲特在这两方面做得非常优秀。

巴菲特对自己的投资业绩有着非常规律的总结反思。自巴菲特早期运作合伙基金时起,每年在给合伙人的信中都会将一年来的业绩表现进行总结,并与当年的道琼斯指数作对比,以判断有没有完成预期"超过道琼斯指标 10%"的投资目标并分析原因。通常在信的第一段或第二段,巴菲特会率先诚实客观地告诉投资者自己以及伯克希尔·哈撒韦在过去一年里所犯的错误、错失的投资机会。

这一处事原则也可以从他管理公司资产配置中体现。1996 年 6 月,巴菲特为伯克希尔·哈撒韦股票的持有者撰写了题为《所有者手册》的小册子,用以解释与所有者相关的企业原则。巴菲特提出:"我们觉得需要定期根据结果反思股利政策。我们注意观测将收益留在公司资产里,大部分时间,每留存 1 美元,每股价格将提高不少于 1 美元。"由此得出"我们在未来五年将继续这样的滚动原理"的决定。同时对于未来的安排上,他也认为"我们的净资产增长时,留存收益很难获得很好的使用。"因此,"如果我们到达无法用留存收益创造额外价值的境地,我们将会将它们分配给股东自行投资。"

此外,巴菲特曾数次公开回顾自己失误的投资。以 1989 年致股东的信为例,他详细地在信中回顾了自己前 25 年投资生涯所犯的错误并总结出以下经验:

- 不要为了便宜货买烂公司,以合理的价格买下一家好公司要比用便宜的价格买下一家普通的公司好得多。
- 优秀的骑师会在好马而不是衰弱的老马上充分发挥。优秀的企业管理者应该在前景更好的公司发挥才能而不是帮前途渺茫的企业从困境中挣脱。
- 避免与巨龙相逢而不是杀死他们。避开需要解决难题的公司股票而专注于简单明了的公司股票。
- 警惕企业看不见的影响力。企业往往存在惯性发展,也就是企业不愿意改变现有方向;企业的计划或并购案多于其能负担的数量;在崇拜领导者的组织中,很难听见理智客观的声音;过度的同业模仿。
- 更严重的错误是,错失主动上门的机会。

另外，巴菲特对自己的投资理念也不乏时时反思。早期巴菲特声称不会碰自己不了解的科技股，2017 年，巴菲特却在股东大会上承认对错失谷歌成立早期的投资机会而感到后悔。据他回忆说，在谷歌刚上市不久时，谷歌创始人曾与自己会面并商谈投资事宜，但巴菲特并没有抓住这个机会，他反思自己认为是由于没有真正意识到创始人的才能，导致了对投资价值衡量的失误。到如今，谷歌重组后的母公司 Alphabet 的市值在 2020 年 1 月已经突破 1 万亿美元，到 2021 年 11 月已经突破 2 万亿美元，是数字世界广告领域不可动摇的霸主。

对于市场的走势，巴菲特始终强调短期波动是市场情绪决定的，预测短期将发生什么事太难了，因此在做投资决定时，他不考虑自己对股市、利率、汇率、商品价格和国内生产总值（GDP）等总体变数的看法。在解释坚持长期的价值投资而非短期的投机交易时，他喜欢引用格雷厄姆的话："投机并不犯法，也非不道德，但也没有很厚的油水。"

与预测市场走势态度相反的是对于投资标的未来走势的预测。巴菲特就像用望远镜仔细观察远方一样小心谨慎地思考，看到确定性很高的结果时才会进行投资。他信奉一个基本原理就是：短期市场不时会陷入完全失去理性、彻底疯狂的状态；但长期而言，证券的价格会与潜在实质价值一致。因此，他依靠内在价值判断企业的未来趋势，也就是一家企业在余下的寿命中可以产生的现金流量的贴现值。巴菲特的自传《滚雪球》中也印证了这一观点："不确定的时代，只投资可以提供确定性意义的公司。"而这就是需要用望远镜观察的关键点。

第76说　理性与感性

> 情绪系统如同一只"大象",理性系统则是这只大象的"骑象人"。
>
> ——乔纳森·海特《象与骑象人》

为什么股神巴菲特很难复刻,因为他的很多原则看起来很简单,其实很难坚持下来。通过很多研究分析会得出一个很有趣的结论:尽管巴菲特投资业绩极为抢眼,投资策略有迹可循,非常简单并且毫无隐瞒,然而真正完美执行巴菲特投资理念的人少之又少。这是因为很多人行动的驱动力量不是理性,而是感性。

格雷厄姆直言:"我们将十分注重投资者的心理层面。事实上,投资者的主要问题——或其最大的敌人——很可能就是自己(亲爱的投资者,问题不在于我们的命运,也不在于我们的股票,而在于我们自己)。"巴菲特也告诉我们投资时智商并不是最重要的:"如果你的智商超过125,那么投资成功与否与你的智商水平没有多大关系,如果你的智商一般,那么你需要对自己的欲望有相当强的自控能力,强烈的投资欲望可能使你血本无归。"

可见,投资行为是人的心理的一种外生表现。著名的心理学家弗洛伊德对此有经典的解释框架:人类的人格由本我、超我、自我三部分构成。

本我是极度感性的,充满着情绪化、原始欲望和冲动。

超我是经过极度理想化的社会规则约束后的状态。佛家追求的心性与入定正是一种超我。

　　自我是遵循现实的状态，它处在本我和超我这一对完全矛盾的状态之间，协调着极度的感性和极度的理性。心学大师王阳明认为"心即理"，人心有欲望（感性）也有约束（理性），根据自身的实际情况制定合乎自身的规则，并切实做到，才是"知行合一"，这就是自我。

　　尽管自我是一种比较合乎实际的状态，但是很多人并不能完全做到。心理学家乔纳森·海特在《象与骑象人》中的比喻最为形象：情绪系统如同一只"大象"，理性系统则是这只大象的"骑象人"。这位骑象人坐在大象的背上，享有支配权，看上去像是大象的主宰者。但是事实上，这位骑象人的控制权却是一点也不稳固的。他们互相之间有一种微妙的力量来平衡协调。

　　纵观巴菲特的投资策略，能比较容易发现他的投资是以理性为主导的，《巴菲特传》中有一句话可以概括这一点："他早年就不断储备知识，而且他能够用一种理性的方式把知识转化成创造财富的能力。"他一直在努力做一名"独立思考和内心的平静"的掌握主动权的骑象人。

　　从巴菲特投资理念的各个方面来看，他仿佛也是一个极致的理性主义者。他认为："股票不应该是我们人生的全部，因此，带着赌徒心态走进交易大厅的行为是极其危险的。"他主张投资者把股票当作一种正当的投资行为，而不是幻想通过短期的冒险投机达到一夜暴富的效果；在选择投资标的时，他只在能力范围内选择可以理解的标的；把自己当成持股公司的老板；把自己当成企业分析师，而不是市场分析师或是证券分析师；对高确定性的机会会毫不犹豫地重仓出手；他主张在一定时间内，不要去关注价格的变动，也不要因为近期的新闻而买入或卖出股票，长期来看，股票价格会回归其内在价值；针对投资的空档期，巴菲特并不会因为资金闲置而焦虑，在好机会到来之前可以一直耐心等待……

然而巴菲特在投资的时候真的是不带一丝感性的"超我者"吗？

1967年，巴菲特在致合伙人的信中写道："我会愿意持续地买入一个公司的股票，只是基于我个人对于该公司人员和所处行业情况的喜好，哪怕在其他方面的投资可能取得更高的回报率。但是更令人愉悦的方式也许是持续地持有它们并尝试（通过财务等手段）改善其状况——哪怕对它们的运营只是有一点点的改进。"

另一个例子是巴菲特从小当过报童，对出版行业一直情有独钟。在1969年收购了太阳报业后，巴菲特并没有在年度报告中提到它的运营情况，也没有采取措施加强其盈利能力，这与他投资理念显然是相悖的，他解释说，"因为这家公司规模较小，财务状况也就不那么理想。"不难猜到，持有这一企业的原因和他的个人情怀分不开。1973年5月7日，太阳报业凭借它1972年5月30日一篇关于当地Boys Town（孤儿乐园）的专题调查报道获得了普利策奖。巴菲特在1974年致信中自豪地提道："这是历史上第一次一家周报在这一领域获此荣誉。"并且向他们表示祝贺与肯定："他们的成就让我们明白出版的水平并不一定和报纸的规模画等号。"

由此可见，巴菲特在投资中也有着感性的考虑。他始终坚持长期投资也可以印证这一点，在对股票长期持有的过程中，股价每天都会有不同的波动，并不是说长期投资需要人达到"超我"的理性状态才能抵御波动带来的诱惑或恐惧，相反，正因为巴菲特是个充满感情的凡人，他"深爱"这家企业的产品，才使他可以十年如一日对重仓持有的企业抱有坚定的信心。

巴菲特遵循的其实是一种自我，在感性和理性之间根据自身的优势制定出内心的规则，往往是感性、理性二者兼而有之，并几十年如一日地做到"知行合一"，这对我们每一个人都是一种启发。

第77说 惯性与反身性

> 市场中存在着为数众多的参与者,他们的观点必定是各不相同的,其中许多偏向彼此抵消了,剩下的就是我所谓的"主流偏向"。
> ——乔治·索罗斯

股票市场的价格是买卖双方之间价格博弈的结果,在投资交易的过程中,投资者并非单方面地影响投资市场的价格,价格的变化同样影响了投资者的决策。最先提出投资者会与投资市场价格相互影响的理论的是乔治·索罗斯。受其老师卡尔·波普(SirKarl Raimund Popper)影响,索罗斯认为事件参与者的思想是不完备的,是在事态发展中不断变化去进一步得到真理的过程,这个过程中作出的判断都只针对当前的事态,也就是说参与者的思想与所参与的事态本身是相互决定的,即反身性理论(Reflexive Theory),他把这一哲学概念用在了股票投资上并取得了巨大的成功。

在股票市场上,索罗斯的反身性理论可以解释为:投资者如果单纯地利用数理模型去定量分析股票价格的走势,往往得不到一个正确的判断,这是由于价格的背后除了资产的内在价值外,还有投资者们的价格博弈对市场产生的影响。这其中包括投资者不同的投资预期与投资目的、投资手段、投资工具和投资期限,不同的投资心理以及对风险承受能力等因素都会产生不同的投资策略,对市场价格的影响也会不同。这些复杂多样的变量在价格决定上都起到了一定的作用,而价格变化的速度、幅度和趋势等因素也会反过来影响这些变量。

反身性理论具体的表达式为：

$$y = f(x) \text{——思想决定行为} \cdots\cdots\cdots\cdots\cdots\cdots ①$$

其中：y：人的行为

x：人的思想

$$x = F(y) \text{——行为对思想有反作用} \cdots\cdots\cdots\cdots ②$$

联立两个式子可得：

$$y = f(F(y))$$
$$x = F(f(x))$$

x 和 y 都是它自身变化的函数——认识是认识变化的函数，行为是行为变化的函数。索罗斯将该函数模式称作"反身性"。它实际上也是一种"自回归系统"。

举一个简单的例子，在牛市中投资者投资热情往往异常高涨，通过不断地大量投资使股价上涨，而股价的上涨印证了投资者对股价走势的判断，进而又加大了投资力度，这时股票价格已经不依据其内在价值变化，但是投资者在价格泡沫破碎前往往可以得到一个好结果。简单地说，就是市场偏见的自我强化、自我论证的正反馈闭环，股价直到脱离内在价值而崩溃。

然而，股票市场常常处于不均衡的波动阶段，投资者的投资热情往往得不到股价的回应，当投资者失望卖出放弃持有时，股价又意外地拉涨甚至飙升。索罗斯指出我们对市场的理解永远是错的，因为投资者的思想认知是不完备的，他们的预期由于自身学识、阅历等因素的不同会与未来客观的事实之间存在不同程度的偏差，而这种偏差又影响交易活动的进程。

索罗斯论证了参与者与事件的相互作用性，这是一个动态波动的过程，同时市场的均衡也是一个动态的过程。索罗斯提出："市场中存在着为数众多的参与者，他们的观点必定是各不相同的，其中许多偏向彼此抵消了，剩下的就是我所谓的'主流偏向'。""存在着一种反身性关系，其中股票价格取决于两个因素——基本趋势和主流偏向，这两者又反过来受股票价格的影响。"索罗斯的投资秘诀就是抓住主流偏向出现过度非均衡倾向的机会，利用市场会对非理性行为作出反省和修正，发现市场预期与客观事实之间存在的明显偏差。这种情况下，主流偏向与客观事实之间存在明显差距，市场中理性的投资者会对这种过度偏差进行修正，但不理性的投资者会使市场出现惯性效应，使非均衡走势很难短时间修正，市场处于剧烈的波动和不稳定的状态中，此时市场容易出现盛极而衰的情况，提前判断这一情况并进行逆向操作，这是一种利用市场情绪的投机策略。

索罗斯的投资秘诀本质上与巴菲特的价值投资理论一样，都以内在价值为依据，不同的是索罗斯更多地考虑市场的因素，以价格的变化为交易导向，认为市场中的每个企业都受其影响，不存在完全独立性；而巴菲特更多的是站在企业价值的角度上，始终坚持要投资好的企业而不是便宜的一般企业。

市场中还存在与反身性相对应的另一种效应——惯性效应，利用惯性效应的投资者并不以内在价值为投资依据。惯性效应又称动态效应（Momentum Effect），"是投资者对信息的非理性反应而引起的异象之一"。具体来讲，就是股票价格有延续原发展方向变化的趋势。惯性效应的提出和论证是基于对有效市场假说的质疑，对于出现这种异象的成因，从保守性偏差的角度解释，投资者对新信息的反应速度往往不足以快速作出交易判断，因此市场短期会出现惯性效应。

利用惯性效应进行投资，即"追涨杀跌"。惯性效应按照不同类型惯性投资行为的特点可以分为两类，即基于历史收益率的惯性投资行为与基于股票特征的惯性投资行为。基于历史收益率的惯性投资行为是以投资标的的历史股票价格为主要参考依据的投资。基于股票特征的惯性投资行为，简称特征惯性。顾名思义，其投资思路是以投资标的的某一特征为主要依据，包括所属行业板块、换手率、市值等。

反身性理论是一种哲学思想，可以用来解释很多市场现象的出现。惯性效应的产生以及市场上存在很多利用惯性效应进行投资的行为都是对反身性理论的印证。

第78说 机构与散户

高树靡阴，独木不林。

——《达旨》

无论是股票市场还是货币市场，都离不开两种主要参与者：机构与散户。

机构投资者是指用自有资金或者从分散的公众手中筹集的资金专门进行有价证券投资活动的法人机构。机构投资者通常是一个大型专业化组织，例如资产管理公司、银行或保险公司。与之相对的是个人投资者，即人们常常说的散户，通常是指非专业的投资者。

按照流通市值口径测算，2021年第三季度，A股市场一般法人、个人投资者、境内专业机构、外资分别持有流通股市值为30.99万亿美元、23.95万亿美元、12.2万亿美元、3.56万亿美元，剔除法人持股部分后，个人投资者流通股持股占比60.3%、境内专业机构占比30.73%、外资持股占比8.97%。与2019年第一季度美股的相同数据对比，其个人投资者流通股持股占比30.7%、境内专业机构占比54.4%、外资持股占比14.9%。美股的机构投资者比例显著高于A股。

机构投资者与散户投资者身处在同一个投资市场中，受相同的宏观经济环境影响，被相同的市场规则制约。简单来说，二者同为一场博弈游戏的参与者，有着相同的游戏规则，但是也存在着较大差异。

具体可从以下五个方面进行对比。

第一，机构投资者在专业素质角度占据绝对优势。机构投资者的构成基本都是金融专业相关的拥有较高专业素养的人才，他们被要求具有高水平数学能力的同时，也具备跨学科学习的能力。此外，他们在团队协调与分工作业方面也比散户投资者的效率要高很多；而散户投资者多为非金融专业人士，往往从实践中累积经验来体会金融规律，这使投资的成本大大提高。

第二，二者在资金量方面存在的巨大差异使彼此产生微妙的制约关系。机构投资者的资金量较单个散户而言是巨大的，由此使机构投资者对股价拥有一定的调控能力。机构投资者可通过控制买卖资金量来对股价进行拉升或打压，而单个散户投资者往往无力反抗。然而，散户占市场参与者多数，使情况发生了有趣的变化。散户资金量虽小，但人数众多，且其买卖操作往往是机构投资者不可预测的，因此机构投资者也无法做到通过资金量控制价格波动的绝对有效性，由此价格并没有成为二者中哪一方可以绝对掌控的武器，只能说机构投资者一定程度上是占了主导，毕竟散户投资者彼此之间对于买卖的资金量也是不可控的。

第三，投资者专业素质投射到具体交易中就产生了二者操作方法的不同。机构投资者在投资前期会认真进行科学的市场调研，并将不同投资组合的收益与风险进行可行性分析，他们拥有成熟的战略计划以及完善的交易操作模式，通过将大量理论和实践相结合可以逐步达到自己的预设收益目标并且做到有效控制风险；而散户投资者对市场的反应相对被动，往往通过对大趋势的跟风或听取一些"专家"的分析就进行买卖操作，没有科学的建仓方式，也没有后续操作的基本规划，容易犯一些心理偏差而导致的不理性操作的错误。归根结底，是因为他们投资往往没有前期准备，所以被打得手足无措是常事。

第四，在投资心理方面，机构投资者更理性，散户更感性。机构投资者会分析价格波动产生的理性原因，且对企业实际估值的根本逻辑不会轻易动摇，操作也是会根据预先设置好的买卖点与止损点来进行。散户投资者的表现多为盲目和武断，人由于天性使然，会被眼前大幅的涨势所诱惑，忽略潜在的风险和实际的泡沫——"贪婪"，也会被短期内不合理的大规模下跌所震慑，无视企业内在价值的安全边际——"恐惧"，从而"追涨杀跌"，在感性完全占据上风对操作进行主导时，这一不合常理的现象出现也是非常合理的了。

第五，也是最重要的一点，机构投资者与散户投资者的信息来源存在巨大的差异。在可获得的信息方面，机构投资者可以购买专业的金融数据库终端服务，例如彭博（Bloomberg）、Wind以及路透等数据库，这项花费是巨大的，如彭博的年费价格就高达20万/年，散户投资者往往不能负担。同时，机构投资者拥有实地调研的机会，可以获得比企业公开更直观的信息；相对而言，散户投资者只能通过新闻网站、官方公开渠道和普通资讯软件等方式获取宏观数据和市场行情，其信息来源是有限的，并且往往掺杂着大量噪声。总的来说，信息不对等是机构投资者的绝对优势。

巴菲特在早期算是散户投资者，他独自运营着合伙基金，为什么他年年都可以创造跑赢市场的奇迹？

这其实很好解释，巴菲特和市场上存在的大多数散户投资者的区别就好比普通人和世界冠军的区别。从上面提到的五方面来说，他都站在机构投资者的高度。他从小就开始了自己的商业版图构建，拥有大量商业经验，并且大学开始学习大量专业投资的知识理论，是集实践与理论为一身的专业投资者；在资金量方面，他初期筹集了 10 万美元进行投资，尽管资金量不大，但是由于他只投资于高安全边际的股票且长期持有，因此短期的市场价格波动对他来说全无影响；他的投前准备是相当严格的，始终坚持只投资自己能力范围内可以理解的投资标的，在投资前将其未来现金流进行高确定性的贴现，只有满足其标准的才会出手，一旦出手必长期持有，这比一般机构投资者的操作更为安全；他不会因为感性而冲动，只专注于企业长期的内在价值增长，短期市场价格不论如何波动，他都可以夜夜安眠；最后一点，也是常人难以企及的一点，他的交际圈确实为他提供了更多的投资机会和安全边际，并且随着他的成功，他的好友圈会愈加广泛，因此信息来源将更加全面且权威。

世界上能有几个巴菲特？世界冠军就是世界上的最厉害的那一个，所以巴菲特就是巴菲特，就只有这一个。对于普通投资者而言，散户始终处于相对的劣势，市场也逐步出现去散户化的发展趋势，把专业的东西交给专业的人去做不失为明智的选择。

第 79 说　常态与均值

在别人恐惧时贪婪，在别人贪婪时恐惧。

——沃伦·巴菲特

投资的经济环境是投资决策的主要考量因素之一。

"在别人恐惧时贪婪，在别人贪婪时恐惧。"这是巴菲特众多名言中流传最广的一句，这句话反映了巴菲特对投资经济环境的深度思考：在一定经济环境下，股票价格因为各种原因无法准确反映其价值，这是市场的常态，但是不管是偏高还是偏低，它都是一个价格回归均值的过程。也就是说，对于有价值的企业，股价过高之后必定回落，过低之后必然回涨，而且围绕着它的实际价值波动。

巴菲特应用这一原理进行诸多经典的操作。

1982年至1987年，美国进入繁荣强盛的大时代，经济飞速发展，股市行情一路高歌，出现了前所未有的牛市，投资者高涨的投资热情使股价居高不下，价格向高于企业内在价值的轨道不断偏离，与此同时，不少企业利用杠杆进一步加大投资规模的操作明显增加，这进一步抬高了股票价格。常言道，"月盈则亏，水满则溢"，1987年，美股首次触发熔断，失去价值支撑的高涨价格就像一碰即破的泡沫，不少投资者在价格泡沫破灭之时倾家荡产甚至负债累累。而巴菲特却从这场不理智的狂欢中全身而退，他认为股价的涨幅超过了上市公司发行债券利率的12%—13%，这严重背离了他价值投资的标准，于是他没有因为高昂的股价诱惑深陷其中，而是始终遵循自己的投资原则，在不满足投资条件时，及时结束投资，这一判定其实很多人都能看清，但只有很少人可以果断抽身，巴菲特的这种高度的警惕和对不理智市场的恐惧，让他避免了大量财产的流失。

在投资者纷纷为股价的不断上涨而喝彩的氛围中，巴菲特选择了"众人皆醉我独醒"，保持谨慎的"恐惧"；与之相对地，美股崩盘后大量股民恐慌性抛售股票的情况下，巴菲特则"贪婪"地寻找买入的绝佳机会。

这场金融股灾使所有企业都不可避免地遭受损失，可口可乐公司也不例外，其股价大幅下滑。1988年，巴菲特看中了这一投资机会，先后买入了价值10亿美元的可口可乐股票，该股票之后一直是巴菲特投资组合中的常胜将军，到 1998 年，可口可乐给巴菲特带来的收益超过 120 亿美元，到 2019 年，其价值已达到 220 亿美元。吉列也是当时巴菲特投资的另一个成功案例，他判定吉列刀片是日常必备的消耗品，其经营业绩的保障使投资风险几乎可以忽略，在股灾后投资，无疑提高了价格的安全边际，因此巴菲特"贪婪地"买入了 9 900 万股吉列股票，如他预想的那样，到 2005 年，吉列公司成为全球最大的日用消费品企业，其股票价格暴涨，巴菲特实现投资 6 亿美元获利 45 亿美元。

1987—2007 年，全球经济进入资本主义历史上少见的大稳定繁荣时期。在此期间，金融领域的科技创新独树一帜；投资银行机制在金融体系中取得统治地位；各类风险投资也在发现社会增长动力方面发挥了很大作用。巴菲特则成功实现公司市值从 34.2 亿美元到 2 750 亿美元的飞速增长。

2008—2009 年，全球发生金融危机，这场由次贷危机引发的金融海啸再一次给巴菲特带来了投资机会。他又一次扮演者了市场的逆行者，在比亚迪的股价受股灾影响从每股 70 多港元一路下跌到不足 8 港元时，大举投入 2.32 亿美元购买了比亚迪 10% 的股份并持有至今，到 2021 年，比亚迪的市值已达人民币 8 554 亿元。

巴菲特这一逆向投资策略本质上是一种衡量投资环境后的均值回归理论的应用。均值回归的理论基于以下观测："价格的波动一般会以它的价值回归均线为中心。即当标的价格由于波动而偏离均线时，它将调整并重新归于均线。"

均值回归原理是指当下时刻价格高或是低都是暂时性的，长期来看，价格都会回归于一段时间内的均值。根据这个理论，无论是上涨或者下跌的趋势都不会永远持续下去。在一定时间内，股票价格上涨幅度过大，未来的走势就会向平均值移动下跌；反之，如果股价经历了大幅下跌，就可以预言其将向平均值移动上升（图 4-2）。

在一定程度上,均值回归理论对股票价格未来走势的预测具有有效性,是长期投资的指导逻辑。

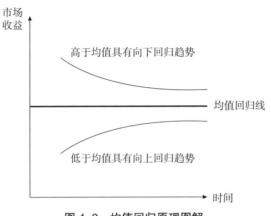

图 4-2　均值回归原理图解

然而,均值回归理论的局限性在于其不能解释回归的时间间隔问题,价格向均值回归的周期和幅度具有随机性,目前并不能科学统计:"不同的股票市场,回归的周期和幅度不一样;甚至对同一个股票市场来说,每次回归的周期和幅度也不一样。"因此,能否正确评估投资经济环境,在股价非理性下跌时有耐心等到获得收益的那天,能否在股价脱离理性飞涨的情况下保持恐惧,都是需要学习巴菲特的核心要义。

第 80 说　异值与均值

均值是了解普遍性的主要手段。

在投资分析中，对企业数据的统计整理是首先要进行的步骤。异值是分析对象数据中存在的不合理的值，并且往往是比较极端的数值，它的存在会直接影响投资者发现数据中蕴含的普遍规律，进而对投资决策产生影响，因此识别数据中的极端观测值是分析的第一步；识别异值后，需要投资者判断是否需要它们带来的影响。

异值的存在可能会使投资者得出不符合预期的结论，甚至有时真正的规律可能由于异值的存在反而被掩盖。然而，并非所有的影响都是负面的。异值可能会促使投资者得出违反模型的结论，但它也可能对模型得出的结论起到一定的印证作用，因此，对异值产生原因的判断才是重点。

主观因素造成的异值不好度量，因此，这里我们主要分析客观因素导致的异值。客观因素造成的异值可分为模型变化和自然变异。

前者异值常具有频繁出现且连续的特点，常由体制的变化或者新局面的形成导致，这时，可以通过新的模型对异值进行拟合。例如，1978 年至 1988 年，我国的经济平均增长率为 10%，但接下来的两年分别为 4.1% 和 3.8%，因此，首先，直观上我们可以将这两年的经济增长率视为异值。随后，对低于平均经济增长率的原因进行排查可知是自然发展的真实规律，因此我们并不能对异值做简单的剔除处理。这种异值在统计学中被称为蕴知性异常数据；而后者是由记录格式的差别、数据项不一致，或数据上报的时间不恰当、数据的时效性低等原因导致，人们称之为噪音性异常数据。

在针对性处置好异值之后，更容易通过均值进行必要的分析。

在将概率论应用到经济学领域的理论中，均值就是其中一个基本概念。所谓均值是一个概率分布的位置中心，其作用是分析相关对象的平均水平或分布的集中趋势。

在考量均值背后代表的意义时，要谨慎对待以下四种情况：首先，要注意统计分析的数据量是否足够，数据量不足会使均值失去意义；其次，数据间如果存在较大差异，均值会受异值和极值的影响，得到与现实不符的结论；再次，分析的对象之间是否存在可比性；最后，分析的对象数据需要相对稳定，波动幅度非常大的数据很难依靠均值来判断形势。

同时，针对不同情况的数据需要使用相应的均值进行衡量。体现数据的平均水平时用算数均值；而滚动平均的意义则是为了用当前值和最近一段时间的均值进行对比，从而判断当前值的状况，如股票中的 5 日均线、10 日均线、30 日均线；当分析对象的比重加入研究范围时，可以用加权均值，将均值加上不同权重的占比进行计算，例如投资组合中按投资持仓的比重衡量平均收益率；在对比率、指数等进行平均时或计算平均发展速度时常用几何平均法。

综上所述，异值在分析中存在分辨其对结论的正反影响的难点，均值则是了解普遍性的主要手段。

尽管上文提出针对异值和均值数据的处理方式，并不意味着鼓励投资者单纯通过这些概念对未来进行预测。价值投资鼓励的是在对大量有效数据进行定量分析的基础上，结合定性分析来衡量企业投资的价值，数据分析是一切有效结论的开始，但仅仅凭借对数据的处理是远远不够的。

第 81 说　正态分布与尾部风险

所有模型都是错误的，但其中有些是有用的。

——乔治·博克斯

正态分布又称高斯分布，可以对包括自然界或是人类社会在内的绝大多数随机现象的概率分布进行描述，是最具一般性也是最重要的分布（图4-3），例如随机误差的分布、身高和体重分布、人的智商的分布、股票组合的收益率分布等。1733年，亚伯拉罕·棣莫弗（Abraham de Moivre）首次提出这一概念，后由约翰·卡尔·弗里德里希·高斯（Johann Carl Friedrich Gauss）在天文学观测统计时推出误差分布符合正态分布并深入研究了它的性质。1812年，皮埃尔－西蒙·拉普拉斯（Pierre-Simon Laplace）提出中心极限定理，即当在大量随机变量上重复很多次实验时，它们的分布总和将非常接近正态分布，从此奠定了正态分布的特殊地位。

正态的英文是"Normal"，意思是"标准的、平常的"，意味着正态分布是多种多样的数据类型的一般代表。它表示以均值 μ 为中心，事件和数据的分布情况。其中68.2%的事件和数据分布在均值 μ 两侧1个标准差范围内；有95.4%的事件和数据位于2个标准差的范围以内；还有99.7%的事件和数据位于3个标准差的范围以内。

正态分布之所以在统计分析中占有重要地位，是因为绝大多数事件和数据在分布中的位置可以通过其进行估算，从而知道它发生的概率是分布在三个标准差中哪一个范围内，这一特点被广泛运用并引申出统计概率中的秘密武器"中心极限定理"。在现实生活中，运用正态分布的例子随处可见，例如美国高考（SAT）的成绩通过机制，是以 μ 为500分，σ 为100的正态分布。这样设计的逻辑是平均成绩占最多数，其余成绩以平均分500为中轴向两侧分布逐渐减少，从而便于甄别和选拔以保证公平性，让大部分人通过考试，而离达到平均水平较远的考生通不过考试。

在投资分析中，对于资产收益的概率分布或随机事件的概率分布，投资者可以通过假设其符合正态分布来进行处理，例如股票的价差和收益率等。这种处理方式不但为投资者的分析工作带来便捷，同样可以得到有效的分析结论以做出相应的投资策略。

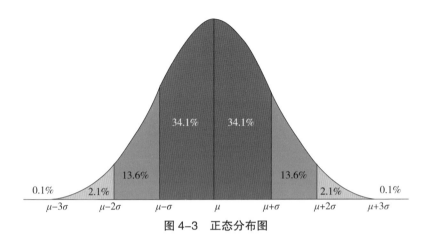

图 4-3　正态分布图

现实中，正态分布在拟合实际数据上并不完美，主要存在两个局限：首先，正态分布默认分布是具有对称性的，即偏离均值相同程度的损失与获利发生的概率是相同的；其次，它的分布是缺乏厚尾性的，事实上，负面的极端事情或者大额亏损发生的次数远比我们预期的多，将其呈现在概率分布曲线上，就是一条肥大的左尾。在金融分析中，它被称为尾部风险。

尾部风险，也称为"肥尾风险"，是指"在巨灾事件发生后，直到合约到期日或损失发展期的期末，巨灾损失金额或证券化产品的结算价格还没有被精确确定的风险"。例如投资收益分布在偏离均值三个标准差以外时将可能会出现尾部风险，它是投资组合风险的一种。换句话说，尾部风险指的就是负面的小概率事件发生的风险，黑天鹅事件就是典型案例。需要注意的是，只有负面的、不好的事件发生的可能才是尾部风险，中奖5 000万之类的事件虽然发生概率也极低，但是这是明显的好事，不能算是发生尾部风险的事件（见图4-4）。

尾部风险的分布图与正态分布图相比，峰处要更尖并且尾部相对更厚一些。直观地说，就是事件和数据实际出现极端情况的概率要比正态分布估算的概率大。因此，不能简单地用正态分布去拟合数据在出现尾部风险时的概率分布，从而作出一些统计推断。并且由于其存在尖峰肥尾的特点，如果以正态分布进行风险控制预测，将会出现很大的误差。

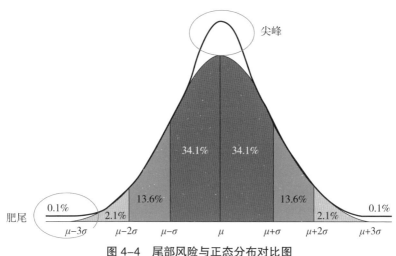

图4-4 尾部风险与正态分布对比图

统计学大师乔治·博克斯（George Box）曾说过："所有模型都是错的，但其中有些是有用的。"他认为模型的成立条件都存在对现实情况的简化，所以都是"错误的"，但是如果可以通过模型的分析得到预期的效果，就是"有用的"。模型本身就是对复杂世界复杂机理的简单抽象，几乎没有任何模型能在所有时间绝对地成立。

正态分布具有代表一般随机事件分布的特性，并且中心极限定理为其在统计概率中的特殊地位保驾护航，因此人们往往将正态分布作为随机事件概率分布分析的首选假设，进而得到一般性结论，尽管在许多应用中直接套用正态分布并不合适，但是它仍然可以起到一个衡量标准和入手点的作用。针对正态分布的局限性，在投资者制定投资组合时，要注意预先对尾部风险进行衡量，以降低资产受到极端事件影响时亏损的程度。

第82说　神圣法则与自然法则

> 在面对所谓上帝决定的命运面前，人类不再是被动的、无助的、不可抵抗的，甚至他们的未来也不是上帝决定的，而是可以通过历史进行预测的一种自然法则。
>
> ——文艺复兴时期关于概率的新认识

投资者在投资过程中，需要根据预期风险与自身投资风险承受能力进行相应投资决策判断，因此对风险的识别与度量是投资方向的指引明灯，也是衡量投资价值安全的秤。

一、神圣法则

在古希腊时期，人们所有对风险探究的需求都是依赖神学的，也就是说，希腊人并没有想利用科学的手段对风险进行度量，当他们需要预测未来的时候，希腊人并不会前去请教他们睿智的哲学家，而是向德尔菲神庙里的占卜者讨教。人们对未来的态度是不以科学为依据的，因为未来发生的事件在当时来看都是随机而定的，人们往往根据直觉来决定如何应对未知的风险。这在希腊人的戏剧中也可以得到印证，当时戏剧的主旋律无一不是描述人类在无情命运左右下的失落无助，这种审美倾向的信念基础与技术背景在于："对于希腊人来说，真实只是那些可以被逻辑和公理证实的东西，他们对证据的坚持使客观事实与只凭历史经验的预测结果完全对立起来，他们相信只有星空才有必然性的科学可循，对于风险这一可能不会发生的预期没有深究的动力。"然而希腊人这种思想的局限性在现在来看有很明显的漏洞：第一，他们相信的必然性、有科学依据可循的星体运动也只是由于规律性发生的大概率事件，这与对风险的识别在本质上是没有区别的——以历史经验进行对未来的预测。第二，希腊人缺乏一套技术体系，更准确地说是一套数字体系（如阿拉伯数字体系）及其计算法则，使他们可以进行计算而不仅仅记录下他们活动的结果。

随后，人类文明发展从对生活的基本诉求进入了更深入探讨生命存在的意义，将人们从最基本的活动，例如生育繁衍、粮食种植、外出狩猎、房屋建设等限制中解放出来，开始思考对世界的认识。基督教在西方世界盛行时期，人们对未来的态度由自古以来信奉的各种神明统一变成了上帝，虽然这意味着未来仍然是未知的，但是从随机发生变成了未来是由上帝预先安排好的，可以通过学习上帝的意愿和标准去预测未来事件的发生，标志着人类开始把未来纳入正常的思考范围中来，不再是不可预知的。

二、自然法则

公元 1000 年，源于人类对世界认识的更多渴求，东西方不同宗教信仰的教徒通过航行的方式开始有了接触，不同的人、不同的思想之间发生了强烈的碰撞。阿拉伯人在了解印度的计数体系后，将这一东方的科学方法应用于自己的科学研究领域之中。在随后的 500 年里，新的数学体系逐渐取代了当时西方用算盘的唯一计数方式，开启了书面计算的时代，并为数学应用到各个领域奠定了基础，同时，阿拉伯数字体系的引进对于人类量化风险的技能也起到了决定性的作用。

文艺复兴和新教变革使风险的概念开始进入人们的视野。公元1300年以后，神秘学在科学和逻辑面前揭开了面纱，人们开始意识到在面对所谓上帝决定的命运面前，人类不再是被动的、无助的、不可抵抗的，甚至他们的未来也不是上帝决定的，是可以通过历史进行预测的一种自然法则。

推动人类去探寻风险的动力是源于人们开始意识到未来除了带来危险也带来了机遇。同时，对地域的探索与频繁的贸易往来更是提高了人们对风险管控的需求。人们发现，要想在贸易过程中增加财富的同时，减低损失发生的可能，就需要明确清楚风险到底是什么并且怎么去衡量。针对这一问题，当时人们逐渐流行两种做法：一是簿式记账法，它推动数学在风险度量上的应用；二是将风险与收益直接联系起来，对未来发生的事件进行预测。以上是人类文明发展与实践活动的变革对人类关于风险的观念所产生的革命性影响。

至此，人们对风险管理的客观需求与技术工具都初具雏形，而概率论的诞生正是人类风险管理史上的第一个理论突破口。吉罗拉莫·卡达诺（Girolamo Cardano）在他关于赌博的论文《机会赌博之书》中第一次研究了概率的统计原理；根据伽利略·伽利雷（Galileo di Vincenzo Bonaulti de Galilei）的理解，概率是指我们对被告知的事物能够认可多少，在后来戈特弗里德·威廉·莱布尼茨（Gottfried Wilhelm Leibniz）的用法中，概率指人们对证据的信任度。随着概率论的发展，概率变成用过去事件发生的频率来表示。可以说，前者是演绎论的解释，后者是经验论的解释。

卡达诺和伽利略离真正发现风险管理的工具——概率原理仅一步之遥，却擦肩而过。在回答"如果在球类游戏中，两个参加者如何在游戏未结束时分配筹码"这一问题时。布雷斯·帕斯卡（Blaise Pascal）和皮埃尔·德·费马（Pierre de Fermat）进行了多次通信讨论，这中间得到的很多结论都大大促进了概率论这个学科的最初发展。随着帕斯卡、费马、克里斯蒂安·惠更斯（Christiaan Huyglwens）这些数学家用代数方法计算概率、发明了第一批概率论的专门概念与定理，概率论作为一门科学终于诞生。

机会赌博中的概率问题解决了，现实中的概率问题却没有准确的答案。在机会赌博中，骰子的总个数以及骰子的点数是有限的、已知的、确定的，故而能够准确计算某一点数出现的概率。然而在现实中，存在这两要素的不可控性。首先，总的随机事件个数往往是难以获得的。1662年，约翰·格朗特（John Graunt）在他《关于死亡率的自然观察和政治观察》中首次提出通过大量观察，可以发现新生儿性别比例具有稳定性和不同死因的比例等人口规律，将统计学运用到国家管理中。他对"抽样调查"方式的应用以及对数据分析的方法——以部分实际发生的事件结果来推断总体相应的数量指标，被称为"统计推论"。至于抽取的样本对总体具有多大代表性则由大数定律和中心极限定律所提供的方法予以评估。其次，当骰子的点数不是固定不变的，而是随时间的推移发生改变，那么由过去事件结果计算得出的概率将失去对未来事件预测的有效性。这就是现实中概率问题依然难以解决的原因，事物间的不确定性与多变性使得依照事物过去数据得出的事件发生的概率对事物未来的行为预测并不适用。

第83说　生物原则与数学原理

万物最终都将回归于其长期的均值。

——"均值回归"原理

一、生物原则

随着概率论在各个领域上广泛的应用，它的一些局限性也随之暴露出来，人们开始意识到，任何与风险有关的决策都涉及两个看似相悖但又息息相关的元素：客观事实和主观思想。在现实世界中，人们即使利用概率论精准计算出客观存在的风险，也不能解决面对风险时所遇到的问题，这时，学者们开始将人类的情绪、人性等主观方面的因素纳入研究范围内。

18世纪是启蒙时代，是寻求理性的时代，人们逐渐从17世纪流血纷乱的宗教战争中清醒过来，开始推崇以理性的思维进行决策。丹尼尔·伯努利（Daniel Bernoulli）在他的论文《有关衡量风险的新理论说明》中提出，尽管客观存在的风险对于所有人来说都是相同的，但由于人综合素质不同所产生的主观风险不同，从而造成人们承受风险的能力各不相同。他认为只有头脑简单、不善思考的人才会仅凭概率做出决定，而不考虑承受风险的后果。伯努利强调了由于人和人的不同、所处的环境不同等主观因素，对风险的衡量会存在差别，因此并不能假设所有人对预计的风险都有同样的价值判断。他肯定了概率在计算机会性赌博问题上的有效性，但是质疑其在现实生活中的作用，因为人们往往在衡量事物的过程中，会把自身更为在意的要素的权重占比放大，这种主观控制的在意程度将会直接影响决策结果的发展。这一观点在《逻辑或思维的艺术》中也有解释：尽管被雷电击中这一概率很小的事件对所有人来说概率都是相同的，但更惧怕被雷电击中的人在考量这一事件的时候会加大权重，从而怕被击中和不怕被击中的人承受的风险并不相同。

由于人们对风险偏好的各不相同以及在风险承受能力方面存在差异，对风险的计量造成一定困难，但同时也创造了投资的机会。伯努利将人的本性加入假设中，提出了财富的某一特定的增长带来的满足感与之前拥有的财富数量成反比，这一效用观点定义了人们的投资动机。根据伯努利的理论，从人类的理性角度出发，对于贫穷的态度都是厌恶、害怕等负面情绪，而对财富往往是渴望和向往的，在这个一般化的假设下，又具有个性化的设置——对财富不同的渴望程度是根据人们已有的财富决定的。

二、数学原理

人们开始思考主观因素对风险度量的影响时，同样开始反思，概率计算出的客观风险是否可靠。事实上，这都取决于人们所掌握的信息有多大程度的有效性。只有在信息有效的前提下，概率原理才具有预测未来的意义。实际上，在现实生活中，几乎不存在样本能够拥有完全有效信息，能使人们仅用简单的概率原则就预测到未来事件发生的结果，但一些伟大的数学家们提供了一套强有力的工具，使人们利用有限样本测算未来结果的概率成为可能。

高斯对风险管理的贡献是不可忽视的。最初，他对概率的研究可追溯到1809年出版的《天体运动理论》，在这本著作中，高斯解释了其如何利用数学理论在诸多独立的运行轨迹中预测天体的运行轨道。随后，1816—1848年，在高斯进行的地线测量的研究中，他利用研究区域的样本距离对不可测量的区域进行估计，并在分析这些估计值的分布过程中提出误差频率法则，也就是正态分布。正态分布形态形成了绝大部分风险管理体系的核心——当样本数据足够多并且相互独立时，就可以得到样本的分布是服从正态分布的，此时的样本数据可以为概率计算提供大量的有用信息。

1875年，弗朗西斯·高尔顿进行了著名的"香豌豆"实验。他将7种不同重量的香豌豆送给9位遍及大不列颠群岛的朋友去种植，发现每个单独小组的样本的后代的重量值都呈正态分布。而且这7

个不同群体的每个群体的后代也都呈现正态分布，据此，高尔顿提出了一个普遍原理——"向均值回归"原理，即"万物最终都将回归于其长期的均值，它是一些人们熟知的理论的基础"。随着回归均值原理被广泛应用，各种风险承担和预测理论也随之产生。

  自古希腊时期人们对未来的预测全凭天意的神学理论，发展到文艺复兴开化时期，人类文明发展推动人们对世界的认知提高，开始接受自然界冥冥之中有一定的规律，去主动探寻和预测风险的存在，再到学者们将人性纳入对风险价值衡量的判断中，辩证地分析风险的客观与主观两方面的影响，最后发展到现代科学理论飞速发展时期，更多的学者利用数学原理来对预测风险的有效性进行评估。这是对风险识别与度量经历的一个漫长且艰辛的过程，人类对风险管理的认知从懵懂无知到辩证科学的运用，不仅体现了人类的发展是人类对自然和自身社会组织的探索，也揭示了概率、统计的发展与金融、投资学一脉相承的关系。

第五章
巴菲特的布道与大儒家思想

古有立德、立功、立言的君子三立，今有成事、布道、济人的君子三不朽。巴菲特不但成事和济人（慈善），他还布道，这与中国的大儒家思想是一脉相传的，从基金经理出身的现世界首富贝佐斯，到"中国巴菲特"李录、段永平，都受过他的提点和思想的启迪。他虽然没有如格雷厄姆和费雪一样"立言"著书立说，但他历年来致股东的信和各种访谈已经广为传诵，像极了中国禅宗六祖惠能不立文字而信徒众多。将巴菲特的价值投资理论，探根寻源到与中国大儒家思想结合，以便中国投资者更能够从"我"出发去实践价值投资，而不是从"他"出发隔靴搔痒、知易行难。巴菲特的投资理论，从"修心"到"作战"，"己所不欲，勿施于人""智者畏因，凡夫畏果""知己知彼，百战不殆""知行合一""结硬寨，打呆仗"，中国投资者无不可以借鉴使用，从而做到"运用之妙，存乎一心"的知行合一。

第一节　巴菲特的布道

第84说　布道与成事

> 如果一个人能够选择自己想做的事，能做被社会需要的工作，并为之不遗余力，这就是人生的快乐，这是获得自尊的最可靠的途径。
>
> ——沃伦·巴菲特

巴菲特的身份，大家熟知的是投资家和企业家，近年他成为排名世界前列的慈善家。我认为，他还有一个身份，那就是老师。他在投资方面是专业、专注、进化的示范；为人方面是理性、节俭、诚实的示范；他还是狂热赚钱的资本家精神和清教徒式的裸捐行为结合的示范。这三个示范包括长寿养生的示范，是投资人如何过着有价值的人生的典范。本文认为，除了价值投资，"价值人生"是巴菲特对人类的更大的贡献。

在价值人生方面，最重要的是巴菲特的教员身份。这一点，他从格雷厄姆那里学到并发扬光大。"做一点傻事、有创造性的事和慷慨的事。"这是巴菲特的老师格雷厄姆对生活的期待。巴菲特回忆所有学生都得到了格雷厄姆如下好处:"20多年来,他坚持到哥伦比亚大学教书,就是为了帮助学生们。这些学生可能他再也不会见到,也不会为他做什么。他传授的知识,实际是在培养竞争对手……他就是这么慷慨大度。"格雷厄姆的两部伟大的投资著作《证券分析》和《聪明的投资者》,至今仍然是投资者的"圣经",历久弥新。格雷厄姆慷慨地免费教别人投资方面的知识,精心地整理自己投资方面的理解和心得。巴菲特也是如此。

1956年,格雷厄姆-纽曼公司解散,巴菲特回到奥马哈从事自己的投资工作,他晚上在奥马哈大学讲授"投资学原理"课程,学生都是30岁到40岁的成年人,其中不少人是医生。上格雷厄姆的课,你可以抄老师的作业,巴菲特则不然,他从来不指导学生买卖股票,他认为自己的那些好观点是非常私密的,甚至还带有一点神圣感。他免费教学,不免费荐股。

据丹尼尔·佩科和科里·雷恩(Corey Wrenn)在《巴菲特和查理·芒格内部讲话》一书中的介绍,每年的4月底或5月初的周末,伯克希尔·哈撒韦在奥马哈举行股东年会,地址从乔斯林艺术博物馆、奥芬剧院到阿克腥本赛马场、奥马哈市民大礼堂,再到奎斯特中心,人数逐年增加。1983年,伯克希尔·哈撒韦与蓝筹印花公司合并后,开始召开公开的股东大会,具体年份及出席股东大会人数情况如下(见表5-1)。

表5-1 1983—2019年伯克希尔·哈撒韦股东大会出席人数情况

年份	出席情况
1983	不足50人
1984	约250人
1985	450人
1986	约500人
1987	约500人

续表

年份	出席情况
1988	580 人
1989	1 000 多人
1990	1 300 多人
1991	1 700 多人
1992	2 000 人
1993	2 000 人
1994	3 000 多人
1995	4 300 人
1996	5 000 多人
1997	7 700 人
1998	10 000 人
1999—2001	10 000 多人
2002	14 000 人
2003	19 000 人
2004—2005	20 000 人
2006	24 000 人
2007	27 000 人
2008	31 000 人
2009	35 000 人
2010	40 000 人
2011	40 000 人
2012—2013	35 000 人
2014—2019	40 000 多人

近年来，接近 10% 的参会者是从中国不远万里去现场参加的。2020 年，新冠肺炎疫情暴发，伯克希尔·哈撒韦股东大会在线上召开，这是其历史上现场参与人数最少的一次股东会——只有巴菲特和公司副董事长格雷格·亚伯（Greg Abel）面对着空荡荡的体育馆，与伯克希尔·哈撒韦股东们视频会议。2021 年，为了照顾住在洛杉矶的芒格，股东大会首次从奥马哈移师洛杉矶在线上举行，伯克希尔·哈

撒韦董事长兼 CEO、90 岁的巴菲特和副董事长、97 岁的芒格联袂出席，并在 4 小时的活动中回答了投资者的各种提问。伯克希尔·哈撒韦保险和非保险业务负责人阿吉特·贾恩和亚伯参会，两人被视为巴菲特和芒格的接班人。

从这么多历年参加股东大会的人数的枯燥数字中，我们可以看到一位伟大的长期主义者的鲜活的成长历程。参加的人数就像伯克希尔·哈撒韦公司的股价一样增长。巴菲特以伯克希尔·哈撒韦股东年会为平台，与搭档芒格一起，像两位教师般纵论投资。股东大会成为全世界投资者的年度嘉年华。

除了股东大会，巴菲特还有一个历史更加悠久、惠及人数更多的布道行为，那就是他一年一度的致合伙人和股东的信。从 1956 年成立巴菲特合伙基金开始，1957 年，27 岁的他开始写致合伙人的信，1970 年解散巴菲特合伙企业。1971 年开始写致伯克希尔·哈撒韦股东的信，至 2021 年他 91 岁，从未间断。

巴菲特认为到目前为止，还没有哪一本关于他的书超过他的致股东的信。巴菲特没有著述，他的致股东的信就是他投资思想的总结。早年，只有伯克希尔·哈撒韦的股东才有资格阅读他的信，价值投资的信徒们会为了提前读到他的信而花重金买入一股伯克希尔·哈撒韦的股票。他会将致股东的信装订成册，作为礼物郑重地送给友人。他每年不厌其烦地回顾过去一年的市场情况、公司的投资与收益，以及对当年市场的看法。他的致股东的信，探讨的主题包括格雷厄姆和多德提出的投资理论以及他自己对投资的观点，可以引领读者形成全新的投资理念。

1956 年，巴菲特开始在奥马哈开办价值投资的夜校才只有几个人参加，到近年伯克希尔·哈撒韦股东大会现场参加人数有 4 万—5 万人；从致合伙人的信到致股东的信，65 年来，他一直孜孜不倦地布道"价值"。他从 1956 年投入 100 美元到合伙基金，2008 年以

620亿美元的个人净资产成为世界首富，2022年1月，伯克希尔·哈撒韦公司市值已经超过7 000亿美元，他个人的财富名列世界富豪榜前茅。

2021年《福布斯》对"福布斯400慈善榜单"按照实际捐赠的额度排名，从捐赠额度来看，榜单上排名第一的捐赠者是伯克希尔·哈撒韦公司的巴菲特。

布道，成事，济人，这就是巴菲特。

第85说　投资首富与世界首富

领先的秘密在于开始行动。

——马克·吐温

巴菲特一生当中最欣赏的四位企业家CEO是亚马逊的贝佐斯、精密机件公司的马克·多尼根、苹果的蒂姆·库克（Timothy Donald Cook）以及比亚迪的王传福。值得注意的是，除了亚马逊之外，另外三家都是巴菲特重仓投资持有的公司。

2017年5月初，巴菲特表示："亚马逊CEO贝佐斯是我们这个时代最卓越的商业人士。"在当年的亚马逊股东大会上，投资者问贝佐斯怎么看待巴菲特的评价，贝佐斯表示："沃伦的言论对我来说非常有意义，因为他对我来说是个英雄，我读过他所有的书。"世界首富贝佐斯如此尊重巴菲特，这不是一般的欣赏。

据说2000年的一个早上，贝佐斯给巴菲特打电话，向巴菲特请教："你的投资体系这么简单，为什么你是全世界第二富有的人，难道别人不做和你一样的事情？"巴菲特回答说："因为没人愿意慢慢地变富。"

贝佐斯由此明白，关注长期的人，比关注短期的人有巨大的竞争优势，因此更加坚定了关注长期，忽视短期的想法。

2021年7月，贝佐斯卸任亚马逊的CEO一职时，这位世界首富的个人净资产超过了2 100亿美元。这位当年的对冲基金公司副总裁，以企业家而不是基金经理的身份，通过与巴菲特不同的从商方式，成为世界上最富有的人。

分析贝佐斯的成功要从量化对冲基金巨头德绍讲起，1988年，哥伦比亚大学前计算机科学教授大卫·肖（David Shaw）创立了德绍基金公司，基于肖在摩根士丹利工作时开发的统计套利股票策略，通过构建、运用复杂的数学模型，对金融产品的各项指标进行定量分析，识别和捕捉国际金融市场之间的套利机会，继而以计算机程序进行交易，从而为投资者盈利。基金成立以来实现的年化收益率是18%。有些交易日，它的成交量占纽约股票交易所的5%。基金的投资组合是市场中性的，也就是说，基金净值涨跌与整体股票市场的上涨和下跌无关。

德绍基金有一位非常著名的前员工——杰夫·贝佐斯，当今的世界首富。贝佐斯在接受凯雷创始人大卫·鲁宾斯坦（David M. Rubenstein）的采访时曾表示，他曾为量化投资机构德绍工作。他当时是公司的明星员工，在德绍遇到了他的"前妻"麦肯齐。

1990年，普林斯顿大学计算机系毕业的贝佐斯来到德绍基金。1992年，贝佐斯担任副总裁。1994年，贝佐斯偶然发现互联网使用人数爆炸式增长，每年以惊人的2 300%速度增加，西雅图的比尔·盖茨的微软公司已迅速发展为互联网领头企业。这激发了贝佐斯的雄心，他要像微软一样，在互联网行业取得成功。贝佐斯那时已经在做数据驱动决策了，他敏锐的嗅觉能力告诉他必须参与到互联网这波蓝海中。于是，贝佐斯决定辞职去创业，德绍的创始人大卫·肖试图劝他留下来，他说："你的创业理念很好，但更适合那些没有好工作的人。"当然，这没有打动贝佐斯，他行动力极强，迅速辞掉了在德绍的工作。

1995 年，贝佐斯创建了全美第一家网络零售公司亚马逊公司。他用全世界最大的一条河流来命名自己的公司，是希望它能成为图书公司中名副其实的"亚马逊"。他先瞄准网上售书，然后扩展品类，后来拥有海量用户，又做了亚马逊云。

2000 年，互联网泡沫破灭，华尔街的分析师将亚马逊公司戏称为"炸弹、骗局、完蛋。"这是一段至暗时期，对于创始人贝佐斯来说，是很难熬的一段日子。

谁又能想到，20 年后的今天，你几乎可以从亚马逊购买到任何东西，亚马逊的股票价格不断飙升，贝佐斯的个人财富也于 2017 年超过比尔·盖茨，排到世界首位。

芒格表示，由于亚马逊 CEO 贝佐斯是"创造奇迹的人"，所以他原谅自己错过投资亚马逊，但不购买谷歌股票是一个很大的错误。对于没有购买谷歌股票，他说："我们只是坐在那里吮吸我们的拇指，我们感到很惭愧。"

巴菲特表示，股东会前的一个季度，伯克希尔·哈撒韦两位投资经理中有一人买入了亚马逊，但仍秉承了价值投资的理念。"价值投资中的价值并不是绝对的低市盈率，而是综合考虑买入股票的各项指标，例如是否是投资者理解的业务、未来的发展潜力、现有的营收、市场份额、有形资产、现金持有、市场竞争等"，这是巴菲特对互联网公司估值的公开表态。

贝佐斯认为："只能产生短期利润的项目都不重要，无论现在赚多少钱，能够产生长期现金流的项目才是重要的，无论现在亏多少钱。"他这种长线思维下的公司估值不仅可以按利润来算，也可以按照自由现金流的倍数来计算。

贝佐斯坚信，只有规模变大，才会衍生出更多的创新，才会聚集更多的用户，才会有更大的黏性，用户的消费行为变多，数据变多，才能用规模效应降低成本，成本低了，就可以为客户提供更低的价格，这样用户就会变得更多。这就是亚马逊的"飞轮效应"。

贝佐斯的价值投资是：他一直坚持利润率水平低的经营策略，一直坚持长期主义，为了未来而投资，不惜牺牲当期的利润。这位前对冲基金高管知道，只要有源源不断的自由现金流，就有永恒的价值。

贝佐斯说，"人类文明停滞的原因是即将到来的能源危机。几百年后的能耗量，需要让整个地球都被太阳能面板覆盖掉才能满足需求。这就是真正的能源危机。而且它很快就会到来，很快，我的意思是就只有几百年。所以，我们其实没多少时间了。"他说现在，不妨设想另一种情形，搬出去，进入太阳系。太阳系很轻松就可以支撑一万亿的人口。如果我们有一万亿的人口，我们就会有一千个爱因斯坦和一千个莫扎特，以及实际上取之不竭的太阳能资源。

贝佐斯认为，"在未来的某一天，人们需要进入太空，所以我们最好现在就开始为他们打造这样的服务"。贝佐斯于2021年7月20日21时许，搭乘名下蓝色起源公司研制的"新谢泼德号"飞船进入太空，在失重环境下停留约3分钟后返回地球。这只是蓝色起源计划的一小步。

长线思维是撬动成功与影响力的阿基米德杠杆，从基金经理到企业家的贝佐斯是"创造奇迹的人"。

第86说　读一本书与送一只股票

同样是说话，同样是阐述自己的思想，有人惹来了一身麻烦，

第五章 巴菲特的布道与大儒家思想

有人却赢得了阵阵掌声,这就是表达的哲学。

——马克·吐温

投资,就是认知的兑现。在正确的道路上正确做事,是投资成功的保障。善于学习,是巴菲特和芒格成功的主要因素。

在HBO纪录片《成为沃伦·巴菲特》(*Becoming Warren Buffett*)中,巴菲特用他最真实的经历告诉人们:人的成功离不开读书与不停断的学习。

芒格在2007年南加州大学的毕业典礼上说:"如果你拿着一个时钟看沃伦·巴菲特,我会说他有一半的时间都是花在看书上。"

芒格谈到巴菲特的学习对伯克希尔·哈撒韦投资成就的作用时说:"如果巴菲特不是一台'学习机器'——一台不断学习的机器,这个纪录绝对不可能出现。"巴菲特的年龄越大学识越丰富,而且还在不断地学习,这就是他最了不起的品质之一。

芒格曾评价自己说:"我的孩子们都笑话我,他们觉得我是一本长了两条腿的书。"在《穷查理宝典》一书中,芒格提到自己一生的财富积累主要靠的是12字箴言:终身学习、逆向思维、培养耐心。

芒格说,投资自己。巴菲特在接受撰写其传记《滚雪球》的作家艾丽斯·施罗德的采访时,讲述了一个关于芒格早期当律师时的故事。"当时,他可能每小时收入约20美元。他心想,'谁是我最有价值的客户?'他认定这个人就是他自己。所以他决定每天卖给自己一小时。"巴菲特解释说,芒格把这个做法变成日常习惯。芒格有两条很棒的建议:"成为一个终身学习者,培养自己的好奇心,争取每天都变得更聪明一点","每天睡觉前,要比你早晨起床时候更聪明一点"。

芒格认为没有终生学习,我们不会做得很好。仅仅依靠你已经知道的东西，我们在生活中的成功不会走得太远。

心理学家罗伯特·西奥迪尼（Robert B. Cialdini）出版了《影响力》一书，总结了影响他人的六大原则：互惠性原则、承诺与一致性原则、权威性原则、稀缺原则、社会认同原则、喜好原则。

芒格看到这本书后，对西奥迪尼非常赞赏。他说："我立刻给我的每个孩子寄了一本西奥迪尼的著作。我还送给西奥迪尼一股伯克希尔·哈撒韦的 A 类股票（2010 年 3 月的市值大约为 12.2 万美元），感谢他为我和公众做出的贡献。"2021 年年底，该股股票价值 47 万美元。

著名的"书虫"芒格读到一本好书，就送出自己珍藏的伯克希尔·哈撒韦 A 级股票，可见他的慷慨和对知识的重视。从另外一个侧面，我们也发现芒格确实扩大了他和伯克希尔·哈撒韦爱学习的"影响力"。巴菲特在伯克希尔·哈撒韦股东大会上，也隆重推荐《影响力》这本书。

学以致用，巴菲特和芒格很好地在伯克希尔·哈撒韦股东大会上做到了如下三点，稳固地构建起了对于股东们的"影响力"。

一是亲近与股东的关系，形成统一战线。巴菲特开始就会说道："今天，在这里我要和各位股东们分享的信息和我跟家人敞开心扉分享的信息，没有任何不同。"他的股东多是从他的家人和合伙人发展起来的，他对待股东和对待他的家人们是一样的。伯克希尔·哈撒韦是一个可以相互信赖、相互支持的大家庭，拥有稳固的关系。

二是自嘲搞笑，融洽关系。在每一年股东大会的问答环节开始之前，大会都会播放一部短片，这部短片直接拿巴菲特和芒格"开玩笑"，这让他们显得很有人情味，而不是傲慢且无所不知的股神。

三是临时提问，从不提前安排。他们这么做是要人们知道，一切事情都是摆在桌面上的，他们没有跟提问者做什么幕后交易。

在股东大会上，通过这些施加影响力的方法，强化了巴菲特和芒格的可信度，提升了股东们对他俩的信赖感。股东们形成高度共识和深度信任，从而长期持有伯克希尔·哈撒韦的股票，减少了伯克希尔·哈撒韦股票的波动。

读到西奥迪尼的《影响力》一书，就送给西奥迪尼当时价值12万美元的一股伯克希尔·哈撒韦A股，除这件事之外，芒格还经常干类似的事。

2009年6月，《纽约客》上发表了一篇哈佛医学院医生阿图·葛文德（Atul Gawande）的文章《成本的难题》，探讨医疗费用问题。文章不仅触动了奥巴马，同时也得到了芒格的欣赏。芒格看完后，立即给阿图医生寄上了一张两万美元的支票。巴菲特在CNBC的一则节目上回忆起这件事说："……那绝对是一篇伟大的文章，我的搭档查理·芒格坐下来，立即写了一张两万美元的支票。他从来没有见过阿图，他们也从未有过任何信件往来，他只是将支票寄给了《纽约客》，并说，'这篇文章对社会非常有用，我要把这份礼物送给葛文德医生。'"

巴菲特与芒格都喜欢读伟人传记，芒格说这是和逝去的伟人交朋友。

梭罗在《瓦尔登湖》中说："一个人，只要满足了基本生活所需，不再戚戚于声名，不再汲汲于富贵，便可以更从容、更充实地享受人生。"

巴菲特和芒格都有多学科的思维，通过终生学习保持了敏捷的思维，通过阅读书籍塑造了杰出的品格。他们尊重知识和热爱学习的态度，对我们产生了不同凡响的"影响力"。

第87说　自助餐与诚信

内不欺己，外不欺人。

——孔子

芒格说："李录不是常人，他是中国的沃伦·巴菲特，他非常有天分。"芒格家族的财产交给外人管理仅此一例，这个人就是李录。

能被伯克希尔·哈撒韦的总设计师芒格称为"中国巴菲特"的李录是谁？

20世纪90年代初，李录到巴菲特的母校哥伦比亚大学求学，他的专业是巴菲特和芒格的"合体"双专业。芒格是哈佛大学法学院的法律博士毕业，是奥巴马的同一专业的师兄；李录是哥伦比亚大学法学院的法律博士毕业，哈佛大学法学院在全美排名第三，排在耶鲁大学法学院和斯坦福大学法学院后面，哥伦比亚大学法学院与芝加哥大学法学院并列第四。李录同时又在哥伦比亚大学商学院读的本科和MBA，巴菲特是他的师兄，格雷厄姆当年就是在哥伦比亚大学商学院执教。

第一次见巴菲特，李录在《穷查理宝典》的中文序描述道："一天，一位同学告诉我：'你要是想了解在美国怎么能赚钱，商学院有个演讲一定要去听。'那个演讲人的名字有点怪，叫巴菲特（Buffett），很像'自助餐'（Buffet）的意思。我一听这个名字蛮有趣，就去了。"

李录那时候还是个穷学生，英文也不大好，将多一个"t"的巴菲特听成了自助餐，想去混一顿"自助餐"。结果听了一场巴菲特的投资讲座,听着听着,突然觉得巴菲特讲的东西比免费午餐好太多了。受到巴菲特对股市投资经验分享的鼓舞,李录走上了投资的道路。李录成功后,也常回哥伦比亚大学宣讲价值投资,分享自己的成功心得。

后来机缘巧合,李录认识了芒格,从此成了价值投资的知行合一的信徒。芒格说:"当你遇到了一家好公司时,要坚决投资,而当你遇到了李录这样卓越的投资人时,也就不必再考虑其他人了,只需要花时间静静等待投资的升值。因为优秀的公司和个人都是稀缺的,你很难再找到其他选择。"

很多人都知道,巴菲特投资了比亚迪,目前持有比亚迪 7.8% 的股份。2008 年,巴菲特安排中美能源控股公司董事长索科尔调研比亚迪,索科尔对王传福非常认可,比亚迪成功获得了巴菲特的投资。当年 9 月末,伯克希尔·哈撒韦公司以每股 8 港元的价格入股比亚迪。这么多年来,巴菲特一直没有减持过,浮盈超过 34 倍。

不过很多人不知道,巴菲特投资比亚迪,是李录推荐的。比亚迪于 2002 年在香港上市之后,李录就开始买入比亚迪的股票,还推荐给芒格的家族基金买入。在 2008 年全球金融危机时,别人都不看好比亚迪,李录认为王传福是技术出身,而且对技术非常坚持,他坚定看好比亚迪,还通过芒格推荐给了巴菲特。王传福说巴菲特开始要求占的股份很大,他没同意,后来降低至 10% 才正式达成合作。

李录投资比亚迪 20 年的时间,回报率达 70 倍以上。李录的投资逻辑是在能力圈识别优秀的企业,欣赏杰出企业家,远见于企业的未来价值,买入后高度集中长时间持有。这种投资方法,与巴菲特极其相似,难怪芒格认为李录是中国的巴菲特。投资比亚迪 20 年中的各种波折和困难,以及各种诱惑,他都不为所动。价值投资,贵在李录反复强调的"知行合一"。

李录从 2004 年开始,几乎每周二都与芒格共进一次晚餐,聆听教诲，对跨学科知识，尤其是科学领域共同讨论，与芒格建立了亦师亦友和合伙人的关系。

李录的《文明、现代化、价值投资与中国》提道，他认为中国最早发明了"政治贤能制"，西方最早发明了"经济贤能制"，最大的市场终将会成为唯一的市场。中国社会通过对一种新的社会组织方式的实践，也就是市场经济与科学技术的结合，发生了惊天动地的变化，出现了史无前例的奇迹。他坚定地看好中国，巴菲特和芒格也通过他的视角观察中国，芒格家族的资金通过他的喜马拉雅投资管理公司投资中国。

李录近距离观察到芒格更多地是去了解这个世界是怎么运转的，什么行得通、什么行不通，然后去重复行得通的方法、避免行不通的方法。芒格认为"优秀公司本身就是折让，本身就会超过别人的预期"，这个观点影响了巴菲特，但是，巴菲特仍然保留了很强的对于估值、对于安全边际的要求。李录在安全边际的思路上与巴菲特很相似。

李录是喜马拉雅资本的创始人，目前管理着包括亚洲以及美国的27亿美元资产。芒格说他一生只做了三个投资都成功了，这三个投资就是伯克希尔·哈撒韦公司、开市客（Costco）以及李录的基金。

李录在追寻人生意义时的结论是"真知即意义"。他对知识的诚实的态度让人印象深刻，他认为在知识面前，要绝对诚实地面对自己，不要有半点侥幸心理，亏大钱的人都是过度自信而自己忽悠了自己。所以，李录认为做投资最重要的两个字是"诚实"：待人要诚实，待己也要诚实，对知识更要诚实。

关于投资家的社会价值，在李录眼里的长期的价值投资，不是零和博弈而是正和博弈，这种投资方法，是经济贤能式的投资者对社会的价值贡献。

从"自助餐"到"中国巴菲特"，李录是华人中的价值投资翘楚。

第 88 说　天价午餐与平常心

> 人生有两出悲剧：一是万念俱灰，另一是踌躇满志。
>
> ——萧伯纳

如果说李录与巴菲特更像，那么，中国还有一位像巴菲特的人，他就是企业家兼投资家段永平。巴菲特是从投资家到兼企业家，段永平是从企业家到兼投资家，段永平对投资的理解，与巴菲特一脉相传。

段永平素有"中国巴菲特"之称，而他也的确是首位与"股神"共餐的华人。2006 年，段永平以 62 万美元的价格，拍下和巴菲特共进午餐机会。有人说，就是这顿饭让段永平学到精髓，成为百亿富豪。对于这样的疑问，段永平表示："我不是把跟巴菲特吃饭这事当成生意，就是给他捧个场，告诉世人他的东西确实有价值。他不缺这钱，我也不为吃这饭，不像有些人想的，我去他那讨个锦囊妙计，哪天掏出来一看就能发大财，胡扯。"

当年段永平的女朋友在美国留学，要求他去美国定居才嫁给他。段永平曾在采访中表示，"和她结婚前我就答应过，婚后一起定居美国，不可能让太太在美国，而我留在中国。"去美国时，他才 40 岁，想找事干，想来想去，他觉得做投资不错。买了一堆关于股票和 K 线的书来看，结果越看越糊涂，直到他翻到了巴菲特的书，企业家出身的段永平一下子就感觉在异国他乡找到了知音："买一家公司的股票就等于在买这家公司，买它的一部分或者全部"，"投资你看得懂的、被市场低估的公司"。巴菲特的价值投资与办企业一样,这一下就回到了段永平的能力圈。巴菲特的这些观点和段永平的体会不谋而合,让他感同身受,深受启发。

价值投资是巴菲特最著名的理念,段永平学以致用,在2002年就开始进行了实践。2000年,互联网泡沫破灭后,在美股上市的网易股价跌到每股1美元以下,最低时每股0.45美元,几乎要退市了。网易的创始人丁磊是段永平浙江大学的学弟,他按照巴菲特的理念,网易哪怕退市也不止值这么多钱。他投资了200万美元大量购入网易股票,占其总股本的5.05%,最开始的买入价还不到1美元。后来,网易转型游戏,股价不断飙升,段永平两年实现100倍的回报,成功书写了巴菲特式的投资传奇。这就有了他首次拍下巴菲特的慈善午餐捧场的一幕。

段永平的身份除投资人外,还是一位企业家。

段永平是步步高电子的创始人,OPPO、vivo都是他的徒弟在他的指导下创立的品牌,他也是大股东。他学了巴菲特的管理方法,放手而不插手,帮忙而不添乱,指导而不指挥。OPPO和vivo的扩张,让中国最受人尊重的企业家任正非都非常佩服,可见段永平的企业管理水平已经是世界级的了。2021年,中国市场手机的份额中,vivo占23%、OPPO占21%、小米占20%、苹果占14%、华为占10%、荣耀占7%、realme占4%、一加占1%。

世界上的大富豪集中在商业零售、手机、互联网即时通信等领域,传统的世界首富是沃尔玛的山姆·沃尔顿(Sam Walton)家族,现在是亚马逊的贝佐斯;世界上市值最大的公司是苹果公司。当然,无论是贝佐斯还是苹果公司,都是因为建立在互联网基础上消费的商业模式,包括微软的软件和云、元宇宙的即时通信和娱乐,都是紧紧绑住互联网。特斯拉如果不是标榜汽车未来就是替代手机的互联网应用平台,也不会有这么高的估值。腾讯、阿里巴巴、华为、京东莫不如此。

段永平就是互联网造富领域的佼佼者,他旗下的手机品牌 vivo 和 OPPO 在中国市场领先排名第一和第二;在全球市场份额紧跟在苹果和小米之后,分列第三和第四。一加手机的创始人也受教于他,他当年带着还在美国读研究生的黄峥参加巴菲特的午餐会,后来又扶持黄峥创业,拼多多现在成为中国第三大互联网购物平台,直逼阿里和京东。在手机、互联网购物、投资这三个最赚钱的行业方面,他都是世界顶尖人物。

段永平在投资社区雪球中的名字是"大道无形我有型",他经常在上面谈谈他的投资心得。他深谙东西方文化、大隐而又大作、大富而不张扬、守本分、保持平常心。他不投机,不招人嫉妒。他有个理念是:"敢为天下后。"老子在《道德经》中提道:"我有三宝,持而保之:一曰慈,二曰俭,三曰不敢为天下先。慈故能勇,俭故能广,不敢为天下先……故能成器长。"流水不争先,争的是滔滔不绝。

段永平说:"人们关注我们往往是因为我们做了的那些事情,其实我们之所以成为我们,很大程度上还因为我们不做的那些事情。"段永平认为太多企业的失败是因为不够"本分",见到机会就四面出击、贪大求全,犯的错多了,企业就危险了。那么怎么才能做"对的事情"找到正确方向呢?核心在于"不为清单"。这就是芒格说的:如果我知道自己会在哪里死去,我就永远都不去那儿。段永平曾说他的"不为清单"上有几十条,要么是他自己积累起来的,要么是他跟巴菲特和芒格等人学到的。

平常人往往很难有平常心。平常心就是回到事物本源的心态,也就是要努力认清什么是对的事情,认清事物的本质。他对"本分"的理解就是"做对的事情+把事情做对"。明知错的事情还去做就是不本分,本分是个检视自己的非常好的工具。

芒格说过:"我能走到今天,靠的不是追逐平庸的机会。"巴菲特告诉过段永平,人的一生只有20次值得出手的机会,所以要耐心等待和寻找真正的好机会。

段永平重仓出手次数极少,他经常用这句话提点那些慕名来向他取经的网友:"想着10年后那些好企业的样子。"2012年,苹果公司市值约为3 000亿美元,段永平带着一批OPPO、vivo的员工,重仓买入了苹果公司股票;2014年,茅台市值大约1 000亿,段永平重仓买入;2018年,他开始买入腾讯;2021年,腾讯股价遇年内最大回撤,8月4日,段永平在雪球上发文称"买了点腾讯",并表示"再跌再多买些"。

中国有句古话:"青出于蓝而胜于蓝",期待企业家兼投资家段永平,超越股神巴菲特,树立一个华人企业家的投资标杆。

第二节　巴菲特与中华大儒家思想

第 89 说　巴菲特与大儒家

天行健，君子以自强不息；地势坤，君子以厚德载物。

——《周易》

巴菲特在中国广受追捧，价值投资在逐渐深入人心，相比世界其他超级投资者，巴菲特在中国的投资者心目中，就是股神一样的形象，有人戏称巴菲特为股市"财神"。在伯克希尔·哈撒韦股东大会上，"中国"也成为高频词汇。根据股东大会实录统计，2018 年"中国"被提到 38 次，2019 年仍高达 16 次。

巴菲特说："中国是个大市场，我们喜欢大市场。在没有中国新的扩大开放政策时，我们就已经在接触中国了。"

2003 年，巴菲特初涉中国市场，旗下公司伯克希尔·哈撒韦累计斥资 4.88 亿美元买入中石油 1.3% 的股权。在 2007 年抛售时，中石油市值已经高达 2 750 亿美元，这笔生意让他大赚 35 亿美元，回报率超过 7 倍。

在 2008 年金融危机爆发后，巴菲特在 2008 年末投资 2.32 亿美元，购买了 2.25 亿股比亚迪港股，占比亚迪增发后 10% 的股份。截至 2020 年年底，伯克希尔·哈撒韦所持比亚迪股份价值 59 亿美元，一跃成为巴菲特的第 8 大重仓股。

在 2009 年的股东大会上，巴菲特称力推投资比亚迪的搭档芒格是一个"胜利者"。在 2010 年的股东大会上他"直率"表示中国存在房地产泡沫。2012 年，针对中国出现的新兴产业，他的投资更多偏向消费领域出口优质产品的中国公司。2013 年，虽中美关系存在摩擦，他表示美元的地位在 20 年内不会受到动摇，而且假以时日中美会成为最强大的两个国家。2015 年，中国股市攀升，巴菲特被问到"价值投资是否适用于 A 股"，他回答道，价值投资理念可以应用在不同国家。中国股市存在很多机遇，也存在着较大的波动。2018 年，巴菲特盛赞中国在过去取得的经济进步"完全是个奇迹"，中国经济飞速发展源于中国人民创造潜力的释放。

巴菲特的搭档芒格，受喜马拉雅投资公司创始人李录的影响，非常了解中国、热爱中国，并投资于中国。芒格和巴菲特都崇敬东方智慧的发源地——中国。芒格曾说："我也是孔子智慧在美国的践行者，我的思想可以叫'大儒家主义'或者'孔子的智慧'。"

芒格是中国经济管理方式的忠实拥趸，他曾对记者说，令他印象深刻的是，中国显然认识到在经济繁荣期放任其发展，会给国家带来很大的麻烦。中国不会干等着"大萧条"来临，"我很佩服这一点，就此而言，他们比我们聪明"。

芒格说："我当然更喜欢美国的制度。但是考虑到中国所面临的问题，我认为，比起我们的制度，他们的制度对他们自己而言更有效。"芒格还说："我认为，我们不应想当然地认为，世界上其他所有国家，不管问题是什么，都应该拥有我们这样的政府。我认为这是自负的、以自我为中心的。我们的政府适合我们，但他们的政府也适合他们。"

芒格特别指出，中国的迅速发展使成千上万的人口脱贫。中国人在过去30年完成的事业，是人类历史上最引人瞩目的成就之一。2021年夏天，芒格曾就金融监管问题说，他希望美国的金融监管机构能像中国的金融监管机构这样就更好了。芒格坚称，他并不后悔发表这些言论。

巴菲特99%的财富积累是在1980年之后，部分原因是受益于中国改革开放，中美贸易额度不断增大，中国制造的低成本供给对美国通胀率的长期控制起到不同寻常的作用。20世纪70年代，美国资本市场受到高通货膨胀的压制，1980年后，里根主义的实施控制了通胀，股市从此开始一路走高。全球化的推进使得巴菲特投资的全球化公司可口可乐公司、吉列、苹果公司等都受益于中国巨大的市场；投资中国的企业获利，比亚迪是伯克希尔·哈撒韦第8大持仓股票、收益达25倍以上，投资中石油实现了5倍收益；中国投资者成为伯克希尔·哈撒韦的股东，4万奥马哈现场参会股东当中，华人约占10%。

巴菲特之所以在中国这么受喜爱，可能有如下原因。

第一，巴菲特家族的信仰和中国儒家传统文化所倡导的价值观有不少契合之处。巴菲特的言行与儒家所倡导的"仁义礼智信"的思想和行为规范有不少契合的地方。比如儒家具有强烈的社会责任感，仁者爱人，"仁者"是能够履行社会义务的人。

第二，巴菲特的行为方式颇具"君子之风"。穷则独善其身，达则兼济天下。在艰苦创业的时候，他努力勤恳，始终如一地践行自己笃信的投资理念。在投资领域有所成就后，他不遗余力地倡导自己的投资哲学，更是捐赠出自己的财产，回馈社会。难能可贵的是，巴菲特语言温润有趣，他的言谈举止外圆内方。

第三，巴菲特是白手起家的励志典范。巴菲特的家族和他自己都是白手起家。巴菲特的祖辈是美国中部小镇奥马哈的拓荒者,爷爷欧内斯特就是在奥马哈开杂货店谋生,起早贪黑,恪守本分,渐渐地有了积蓄。而巴菲特的父亲霍华德在巴菲特1岁时失业,做过报社记者、销售保险、股票经纪等各种工作,在1942年美国参加"二战"后,巴菲特父亲霍华德代表内布拉斯加州竞选国会众议员成功并连任了4届,甚至一度非常有机会接任参议员。巴菲特对自己的孩子要求特别严,没有娇生惯养,这个方面与中国文化也很相似。

第四,巴菲特的投资是"正和博弈",不是"零和博弈"。巴菲特不会觊觎个人投资者手里的财富,翻云覆雨地割"韭菜",他忠诚地为伯克希尔·哈撒韦的股东创造财富。

沃伦·巴菲特在立德、立功、立言、济人四个方面,都足以称得上芒格所言的"大儒家主义"在美国的实践者。

第90说　万世师表与投资圣人

> 构成生命的主要成分,并非事实和事件,它主要的成分是思想的风暴,它一生一世都在人的脑中吹袭。
>
> ——马克·吐温

很多朋友反馈,单纯理解投资方法和技能,学不好价值投资。虽然掌握了巴菲特的投资方法,但极难运用到实践中,"一听全明白,一用全忘记"。学习价值投资的基础是掌握价值投资的方法,然而知易行难,真正要运用到实际操作之中,强大的内心才是最重要的。如何抵御各种波动的诱惑,成为一名真正的价值投资者,是大家都关心的问题。

有人说"Casino"这个词是华人发明的，原意是"开骰啰"，是东方人在赌博开始的呼朋引伴用语。在东方文化中，中国、韩国、日本及东南亚国家，总体比西方人更具投机性和赌性。

我也无法去考证和辩驳这样的说法，孔子说："饱食终日，无所用心，难矣哉！不有博弈者乎，为之还犹贤乎矣！"他的意思是说"整天吃得饱饱的，什么心思也不用，真太难了！不是还有掷骰子、下围棋之类的游戏吗？干这些也比什么都不干好些。"孔子是东方文化中最杰出的思想家，他的思想深深根植于中国人的基因和血液中。孔子的价值观和方法论，对价值投资者有什么启示呢？

中国人在中国文化中找到自己的根，将西方价值投资理论的枝，嫁接在中华文明的大树上，在实践中，也许更能增强投资者的内功心法，从而知行合一！

孔子是万世师表，儒家思想的创始人，几千年的"孔圣人"！李录曾说过芒格像当代孔子。将巴菲特与孔子放在一起比较，会发现巴菲特也像孔子思想隔代跨洲的践行者。

孔子说："知之为知之，不知为不知。"巴菲特说过诚实地面对自己，巴菲特似乎是孔子在西方的投资行业的门徒，巴菲特虽然从事投资、商业工作，但他把通过自己努力得到的财富回馈于社会，正如孔子所言："君子喻于义，小人喻于利。"

孔子和巴菲特都倡导积极"入世"，通过自己的辛勤劳动让社会变得更美好；倡导以人为本的理念，树立"正念"，都是爱国主义者（见表5–2）。

孔子说："己所不欲，勿施于人。"这个观点在西方影响很大。推己及人，是巴菲特成功的关键，他的朋友圈忠诚而稳定，他收购控股一些家族企业后，仍然保留原有的管理团队。巴菲特作为董事长和CEO这样对待股东，是因为他换位思考，希望"他作为股东时别的董事长和CEO也这样对待他"。每年在致股东的信中，巴菲特对公司的情况如实交代，对公司的不足主动担责，非常坦诚。这也是伯克希尔·哈撒韦能够成长壮大到如此规模的原因。

表5-2 儒家思想与巴菲特的价值投资理念

序号	儒家学派创始人	价值投资的践行和发扬者
1	修身，齐家，治国，平天下	爱国：卵巢彩票 美国的繁荣与法治成就了伯克希尔·哈撒韦，是巴菲特的时代，更是时代的巴菲特
2	欲速则不达 见小利则大事不成	长期投资，时间的复利
3	人无远虑，必有近忧	不想拿10年的股票，不要拿10分钟
4	不义而富且贵，于我如浮云	捐赠99%的净资产，价值投资，不投机
5	言必信，行必果	诚信、守诺
6	刚毅，木讷近仁	不投机取巧、理性
7	小不忍则乱大谋	不频繁交易，通过所投公司增值盈利
8	智者乐，仁者寿	快乐、乐观，91岁还在工作
9	食色，性也	围绕着大消费行业重仓投资，如可口可乐、喜诗糖果等
10	朽木，不可雕也	买高质量股票，不买垃圾股
11	善歌者使人继其声	传播价值投资理念
12	中庸之为德也	均值回归，不追求异常的成功
13	三十而立，四十而不惑	从小就说自己35岁能成为百万富翁
14	三思而后行	深思熟虑，深谋远虑
15	敏而好学，不耻下问	"行走的书"，每天阅读几小时
16	道不同，不相为谋	不与不喜欢的人共事
17	君子坦荡荡	光明磊落、阳光形象
18	温良恭俭让，克己复礼	节俭、温和、礼节
19	君子泰而不骄	平和，大隐隐于奥马哈
20	万世师表	投资圣人

君子，巴菲特，是奥马哈的投资圣人。

第91说　智者畏因与凡夫畏果

> 菩提本无树，明镜亦非台。
> 本来无一物，何处惹尘埃！
>
> ——六祖惠能

禅宗六祖惠能与孔子和老子并称为"东方三大圣人"，是东方思想的代表人物之一。被尊为禅宗六祖的曹溪惠能大师，对中国佛教以及禅宗的弘化具有深刻和坚实的意义。惠能得到五祖弘忍传授衣钵，继承了东山法脉并建立了南宗，弘扬"直指人心，见性成佛"的顿教法门。

身边不少从事投资的朋友说，巴菲特的价值投资，听上去简单，实际太难了，比如说"别人贪婪时我恐惧，别人恐惧时我贪婪"，很难做到。其实，如果用佛家的慈悲为怀的心来解决这个问题，就会迎刃而解。股价大涨时想追，股价大跌时想卖，"追涨杀跌"是人之本性，但往往追高以后就套牢，杀跌以后就反转；动量没把握好，反转却起作用了；本金就是这样被耗掉的。如果我们用佛家的慈悲之心来处理这个事，就简单多了。比如说股价大涨时，你知道大家都想抢这个东西，就别去抢了，好处让给别人吧，这样你就不会追高了；股票大跌时，你想，唉，多可怜啊，都跌不动了，没人要了，帮一帮吧，这个时候你就去买一买。这不就可以做到别人贪婪时你恐惧，别人恐惧时你贪婪了吗？所以用佛家的心法，以一颗佛心去处理，就不需要太多的逆人性的情绪控制，佛家心法是顺应人性的一种做法（见表 5-3）。

表 5-3　佛家思想与巴菲特价值投资理念

序号	佛教禅宗——六祖惠能	价值投资——沃伦·巴菲特
1	佛教禅宗发扬光大的关键人物	价值投资理念传播和实践的最成功投资者
2	开坛讲法：在广东岭南南华寺等寺庙传经	每年召开奥马哈股东大会，现场布道价值投资
3	远离中心，回到岭南传教	离开纽约，回到奥马哈
4	佛法： • "风动，还是幡动？（都不是，只是）心动！" • "因果，前世因，今世果" • "智者畏因，凡夫畏果" • "菩提本无树，明镜亦非台，本来无一物，何处染尘埃"	价值投资理念： • "股价涨跌？波动？（只是）投资者心动" • "内在价值决定价格" • "别人贪婪时我恐惧，别人恐惧时我贪婪" • "股市短期是投票机，长期是称重机"
5	设坛传法：自性本清净，明心见性，顿悟成佛	传道：奥马哈股东大会，从几人到 4 万人的朝圣之旅
6	直白易懂，不识字，也能成佛，将从梵文翻译来的佛经与中国老百姓生活相结合。弟子三问师父"什么是佛法"，师父三答"洗碗"，弟子由此顿悟，"活在当下即佛法"	投资不需要多高学历，高中的数学即可。大白话讲清投资理论，不说玄乎深奥的学术词汇
7	《六祖坛经》经书	每年的致股东的信成为投资圣经
8	口口相传，佛法得以从寺庙到民间，得以极大传播，	易得易懂易学，价值投资理论从少数格雷厄姆弟子到传播到全球
9	师父喜爱的高徒，五祖弘忍的衣钵袈裟传人	老师最得意的学生，价值投资之父格雷厄姆的传人
10	自渡而不他渡	白手起家，自力更生

佛家的核心思想是"因"决定"果"，价值投资的核心理念是"内在价值"决定"价格"。佛家说"智者畏因，凡夫畏果"，价值投资的观点是追寻高质量的优秀公司，这个是因，价格的波动是果，所以，好公司的价格下跌是好事，正好是买入的机会；但是投机者会害怕股价下跌，是因为投机者只追逐"价格的果"，而不探寻"价值的因"。

巴菲特是相信佛家"因"决定"果"哲学思想的价值投资者。

第92说　知己知彼与百战不殆

> 百战百胜，非善之善者也；不战而屈人之兵，善之善者也。
> ——《孙子兵法·谋攻篇》

被誉为"前孙子者，孙子不遗；后孙子者，不遗孙子"的《孙子兵法》，其作者为春秋时期伟大军事家孙武。《孙子兵法》大约成书于2 500年前的春秋末年，是世界上最早的一部军事理论著作，比欧洲克劳塞维茨（Carl Von Clausewitz）写的《战争论》还早2 300年，曹操对其喜爱有加，认为它的精华在于"知己知彼，百战不殆"。

《孙子兵法》的开篇为"兵者，国之大事，生死之地，存亡之道，不可不察。"对金融业而言，投资是公司的大事，关系到自己家庭、合伙人和投资者的利益，成功或失败，责任重大，不可不重视。

孙子在《谋攻篇》写道："故曰：知彼知己者，百战不殆；不知彼而知己，一胜一负；不知彼，不知己，每战必殆。"同时掌握自己和对手的信息，就会取得胜利；只了解自己，成一半输一半；既不了解自己又不了解对方，每次都会输。

中国古代伟大军事家孙武的这一兵法，与巴菲特提出的价值投资中的"能力圈"原则非常相似。投资，要清楚自己的能力圈，可使用的资金性质，还要清楚了解投资标的，不打无准备之仗。

巴菲特在合伙基金时期，使用的是客户的钱，都是亲朋好友的积蓄，所以他是非常谨慎的。恰好格雷厄姆的价值投资方法，是从大萧条中总结而来，极端考虑的是清算价值，回避永久的本金损失。

从 1956 年到 1970 年，巴菲特没有一年是负的回报。在这个阶段，他的压力非常大，也面临少数投资者对他为什么没有"华尔街的基金经理蔡志勇"收益高的质疑。之所以解散合伙基金，是因为他感觉到廉价的标的越来越难找，而且，合伙资金的方式，对他的投资策略的约束过大。所以，他选择了通过控制伯克希尔·哈撒韦作为投资平台，伯克希尔·哈撒韦控股的保险公司的浮存金、蓝筹印花的预付金，以及喜诗糖果等上交的再生产以外的资金，成为他的资金来源，这些没有赎回的压力，他可以更加自由地配置资金，投资一些长期收益更好的项目，而没有短期盈利的压力。这个资金来源的改变和组织体系的优化建立，是巴菲特能够成为世界投资首富的最关键的一步。可以说，如果没有建立伯克希尔·哈撒韦的投资平台，以原巴菲特合伙基金的组织形式，不会有巴菲特如此巨大的成功。

巴菲特的第一步，就是知己，建立了一个以保险资金为"兵源""粮草"的作战体系。

巴菲特非常尊敬的师兄沃尔特·施洛斯也是"知己"与"知彼"的资金管理者。1955 年，格雷厄姆厌倦了投资，去加利福尼亚州过悠闲的生活，巴菲特回到奥马哈开始他的投资生涯，施洛斯也出来创办了自己的合伙基金。与巴菲特不一样，施洛斯是格雷厄姆最忠实的信徒，他一直恪守格雷厄姆的投资法则。1956 年基金成立至 2002 年基金关闭，施洛斯与他儿子的合伙基金在扣除费用前的年化复合收益是 20%，是历史上的超级投资者。1984 年，巴菲特在哥伦比亚大学进行了一次题为《格雷厄姆—多德村的超级投资者》，举例时提到施洛斯。巴菲特经常开玩笑说施洛斯的投资像诺亚一样带着一大群鸡狗，还像开杂货铺的买几十上百只股票。

在施洛斯的访谈集中，他谈到投资的定性和定量、集中与分散时，对此解释说，由于他的基金是合伙基金，他得考虑投资者的感受，所以他需要严格控制回撤。他自己的定性分析能力没有巴菲特强，而且像彼得·林奇一样一年跑300个企业太累了。所以，他用账面数据分析而不是定性，由于不去做调研难免有失误，所以他尽量分散而不集中。施洛斯活到了95岁，投资生涯46年。从业绩和时间来看，施洛斯是"知止"的知己知彼的成功典范。

巴菲特的第二步，就是知彼。了解自己的资金性质"知己"后，就是投资标的"知彼"的问题了。由于他的投资策略是集中投资，定性分析在他的决策模型中占了很高的权重。为了提高正确率，他需要对投资标的有十足的把握。所以，他不断建设自己的能力圈，与优秀企业的领导人交朋友。《华盛顿邮报》的凯瑟琳·格雷厄姆带领他进入了更广泛的人脉圈子，他的能力更强了。他的投资，高度集中下重注，他自己也不断学习，提高自己定性判断的能力。从投资可口可乐到苹果公司，他的能力一直与时代共进。他在投资非上市企业方面，包括能源、铁路，同样如此。

为了弥补定性投资和集中投资的不确定性，巴菲特坚守了格雷厄姆的安全边际投资法则，在优质企业面临危机时出手，他的胜率和赔率要大很多。坚守安全边际，这也是巴菲特能力圈原则的一部分。

牢牢构筑源源不断的"兵源"——资金来源，通过不断建设能力圈，选择打最"有准备之仗"——投资标的，巴菲特加大了投资成功的概率和赔率，获得投资战争的胜利。

知己知彼，方能百战不殆。伟大的军事家孙武的军事策略，在巴菲特的价值投资实践中同样有效。

第93说　心即理与知行合一

破山中贼易，破心中贼难。

——王阳明

　　中国文化博大精深，对人的主观判断在决策中的作用早有研究。孟子的性善论，以人禽之辨为出发点，强调人人皆有异于禽兽的恻隐、羞恶、恭敬、辞让"四端之心"，此为仁义礼智之根源。他认为人性有两个方面：一是形下的气质人性，此即是生物生理的私利之性；二是形上的义理人性，此即是道德的克服私利抒发理想知性。人的动物性是从基因遗传中带来的，有别于人的道德和理性。

　　明代的大思想家王阳明在贵州龙场某一夜突然大悟"圣人之道，吾性自足"的道理，史称"龙场悟道"，他提出"心即理，知行合一，致良知"的思想。王阳明的核心思想称为"心学"，是一门修心的学问。内心强大，经历世事磨炼，宠辱不惊，能面对大危机，能取得大成就。"心学"也是"以理性作为人性"之学。

　　巴菲特的投资成功，得益于他的理性和知行合一。由于"市场先生"的情绪波动，股市是一个非理性的地方，甚至逆人性。有人说股市是对非理性的人的"惩罚"场所，涨涨跌跌，患得患失，贪婪恐惧，"摩西十诫"和中国佛家的"八戒"所言的人"贪念"的动物性的情绪在这里放大。对短线交易者而言，股市实际上是个博弈和赌博的场所。

　　巴菲特说："我很理性。很多人比我智商更高，很多人也比我工作时间更长、更努力，但我做事更加理性。你必须能控制自己，不要让情感左右你的理智。"他认为投资这个事情不复杂，没有必要比别人更聪明，只是必须比别人更有自制力就行了。

1998年7月20日，巴菲特和比尔·盖茨坐在华盛顿大学西雅图分校的礼堂里，台下是350名学生。当有人问道："你们是如何取得今天的成就"时，巴菲特说道："成功与智商无关，关键在于理智。我一向将智商和天才看作汽车的马力，而最后输出功率的大小则取决于理智。许多人开着400马力的汽车却只发挥出100马力的功率。最佳状态应该是：200马力的车百分之百地发挥出200马力的功率。"

查理·芒格认识他那届哈佛大学法学院所有最顶尖的学生，但他认为这些牛人没有一个人能与巴菲特媲美。他说巴菲特的大脑就像一架超级理性、充满逻辑的机器，只要他一发声，你就能听见智慧在运转。

理智是很多人经常会挂在嘴边的一个词，但投资者自认为非常理智的行动，往往在事后看充满着荒谬和愚昧。人性的贪婪往往会带着"理智"面具，引诱投资者掉入万丈深渊。

如何才能够理智呢？巴菲特的经验告诉我们，修炼自己的内心，形成良好的思维习惯，能够强化人类的理智，从而避免贪婪的"腐蚀"。王阳明心学启迪我们，心不动，则一切不动。更多需要的是安静下来，以静制动，方能使身心游刃有余。

在王阳明的知行合一的智慧方面，巴菲特更是知行合一的典范。他从小就树立了35岁成为百万富翁的目标，通过贩卖可乐、送报纸，他有了一些积蓄，之后以买入股票、买农场分红等方式身体力行。他看到《聪明的投资者》一书后去哥伦比亚大学找格雷厄姆求学，毕业时提出免费为格雷厄姆-纽曼公司工作未果，回到奥马哈继续研究股票，并定期给格雷厄姆写信汇报自己的研究成果，受到格雷厄姆赏识后回到纽约为格雷厄姆工作，边工作边自己跟着投资。

至1956年，格雷厄姆去加利福尼亚州，他回到奥马哈。此时，他已经积攒了14万美元。回到奥马哈后，于1956年5月5日成立自己的巴菲特合伙基金，出资人是自己的姑姑、岳父和同学等最信任的人。到1970年，基金规模达到1亿美元，他的净资产有近2 000万美元。解散基金后，他控股伯克希尔·哈撒韦40%左右，然后以伯克希尔·哈撒韦为平台，买入保险公司，投资华盛顿邮报、可口可乐，伯克希尔·哈撒韦到纽约交易所主板上市，成为7 000亿美元市值、市值排名第6的综合性保险投资集团，旗下拥有的世界500强企业达到8家。

芒格曾说巴菲特善于学习，"如果你们拿着计时器观察他，会发现他醒着的时候有一半时间是在看书。他把剩下的时间大部分用来跟一些非常有才干的人进行一对一的交谈，有时候是打电话，有时候是当面，那些都是他信任且信任他的人。仔细观察的话，沃伦很像个学究，虽然他在世俗生活中非常成功。"

巴菲特先学习格雷厄姆的深度价值投资理论，后来由于经济发展，"烟蒂股"越来越难找，而且他管理的资金越来越多，烟蒂股公司的容量不够。芒格将他拉到以业绩和成长为估值体系的投资模型中，费雪的书《普通股的不普通利润》系统的阐述让他深受启发，他当面拜访费雪，坚定信心。一方面继续坚持格雷厄姆的"买股票就是买公司的一部分股权""市场先生"和"安全边际"三个投资原则；另一方面加入"能力圈"和"护城河"两个原则，扩大自己的社交圈子，寻找更多优质股投资对象。

巴菲特通过严格的安全边际要求，投资高质量股票，分享其股价成长和丰厚的股利。不断并购财险和再保险公司，为投资端提供源源不断的低成本长期限资金。资金端成本低，投资端质量好，公司稳健发展，复利产生巨大的威力，伯克希尔·哈撒韦终于成为世界投资史的奇迹。

取得巨大成功后,巴菲特仍然继续学习和自我进化,保持理性和知行合一,86岁高龄时重仓投资苹果公司,胆识过人;91岁仍坚持在投资的第一线,思想敏锐过人。他奋斗的目标是既证明自己的能力,又是为了奉献:他承诺将99%的净资产捐给慈善机构,2021年,他成为全世界实际捐献最多的人。

巴菲特,心即理,致良知,是知行合一的人。

第94说　结硬寨与打呆仗

> 用功譬若掘井,与其多掘数井而皆不及泉,何若老守一井,力求及泉而用之不竭乎?
>
> ——曾国藩

曾国藩是中国晚清时期政治家、战略家、理学家、文学家,湘军的创立者和统帅,平定太平天国运动的最大功臣。曾国藩的崛起对晚清的政治、军事、文化、经济等方面都产生了深远的影响。在他的倡议下,建造了中国第一艘轮船,建立了第一所兵工学堂,印刷翻译了第一批西方书籍,安排了第一批赴美留学生。曾国藩官至两江总督、直隶总督、武英殿大学士,封一等毅勇侯,谥号"文正"。他创建湘军,书生治国,总结出了很多行之有效的军事战略思想,如"动如脱兔,静若处子",最有名的是"扎硬寨,打呆仗"。

曾国藩做到了中国读书人"立德、立功、立言"三不朽的最高境界。他尚朴实,耐劳苦;大处着眼,小处着手;厌高谈阔论,喜平实之言,倡平实之行;认为只有脚踏实地,日积月累,方能见功效。曾国藩用兵很少出奇制胜，靠笨功夫稳扎稳打。他认为"取巧只是小聪明，只会得利一时；拙诚才是大智慧，方可奠基于长远"。曾国藩对下一代的教育也有独特之处，他的家书流传千古。

曾国藩说过："打仗要打个稳字。"回顾曾国藩的一生，他从不打无准备、无把握之仗。"扎硬寨，打呆仗"是他军事思想的核心，指的是在湘军前线的阵地是环环相扣的，湘军深挖壕沟，且壕沟分两道，前壕围城，后壕拒敌援，壕沟外是泥巴墙，主要防御太平军的马队。"扎硬寨，打呆仗"的实例有围安庆城和围南京城，这种方法导致外面的太平军攻不进，里面的太平军打不出，湘军既保护自己的军队损失最小，又围剿敌人，耗尽其粮草，最终取得决战的胜利。

曾国藩一生待人接物更是以诚为本，以拙为用。他一生要求自己"不说大话，不求虚名"，做事"情愿人占我的便益（宜）断不肯我占人的便益（宜）"。别人欺骗他，他却仍然以诚以拙相待。"笨"到极致就是"聪明"，"拙"到极点就成了"巧"。对此，段永平曾深有感触。

巴菲特的投资方式很像"扎硬寨，打呆仗"。巴菲特谋定后动，在自己的能力圈范围内精心选择投资目标，计算自己大概率能赢时候，才开始投资。他对一个目标的建仓非常有耐心，买入期有时长达几年，而且一旦看准一个目标，他敢于下重注，单一股票占他总仓位的最高额度可以达到40%。他持有股票的时间一般在5年以上，于1988年开始买入可口可乐，持有了30年以上，可见巴菲特投资的决心和耐心。

巴菲特极少打游击战，他擅长打阵地战，他以保险公司为主体提供源源不断的资金和"粮草"，主要的投资收益来源于集中、长期持有的少数几只优质股票产生的复利。"结硬寨、打呆仗"的长期价值投资策略，让他成为有史以来最伟大的投资家。

此外，巴菲特在立德、立功、立言方面也与曾国藩相似。在立德方面，他是 100 年来人类慈善排行榜的前 5 位；在立功方面，他白手起家创立的伯克希尔·哈撒韦，排名在世界 500 强前列；在立言方面，他的 60 多年来每年一度致股东的信，语言平实，幽默风趣，深入浅出，堪比世界上最著名的投资教科书。

青年毛泽东将中国古代的圣贤君子划分为"办事之人"和"传教之人"两大类，他把范仲淹和曾国藩列为"办事兼传教之人"，认为他俩既探究大本大源，又建立了不朽的功业，创造了"三不朽"的最高境界。

巴菲特，极似西方商业世界的"办事而兼传教之人"！

第六章
巴菲特之道的启发

本章主要内容是对巴菲特之道学习后的升华与感悟。无论复利、"油井"，还是创造等方面，财富法则不是无源之水、无本之木，财富法则与人类生存发展的宇宙法则高度相关，甚至可以说财富法则依附于宇宙法则。人类生生不息，则代表人类最先进生产力的资本市场生生不息。每一位劳动者，都应该享受资本市场发展带来的资本性收入，这也是实现共同富裕的手段之一，只要普通的投资者不做投机的"聪明人"，甘愿做长期价值投资的"傻子"，则必定"傻人有傻福"，普通人通过不普通的价值投资，如格雷厄姆部落的巴菲特等超级价值投资者一样，将更富有、更快乐、更长寿。这就是巴菲特之道对我们的启发，希望本书的读者有所收获。

第一节　学习巴菲特之道

第 95 说　复利与复制

> 人生就像滚雪球，重要的是找到很湿的雪和很长的坡。
>
> ——沃伦·巴菲特

一、复利

复利是巴菲特价值投资最隐秘的法宝，由于人类对时间的感知不是特别敏感，只有巴菲特和芒格这种极度理性的长期主义者，才能享受到复利的神奇和美好。

1994 年 10 月 10 日，巴菲特在内布拉斯加大学的演讲中说："复利有点像从山上往下滚雪球。最开始时雪球很小，但是往下滚的时间足够长（从我买入第一只股票至今，我的山坡有 53 年这么长），而且雪球黏得适当紧，最后雪球会很大很大。"截至 2019 年年底，巴菲特旗下伯克希尔·哈撒韦持股时间最长的 15 家公司，为其贡献了总市值 2 480.27 亿美元的财富，占伯克希尔·哈撒韦总财富的

45.09%。在 1965—2019 年这 54 年的时间里，伯克希尔·哈撒韦的复合年增长率为 20.3%，明显超过了标普 500 指数的 10.0%。举个形象的例子：如果 1965 年有人用 100 美元购买伯克希尔·哈撒韦的股票，那么到 2019 年，他手中的股票价值将达到惊人的 274 万美元。

约翰·博格在《共同基金常识》中，介绍了"72 法则"，这个法则是计算复利的简单明了的公式。"72 法则"是复利的一个精彩的例证，如何快捷地估计将一笔投资的价值翻倍需要多少年？只需要用 72 除以回报率（不计百分号）：如 4% 的回报率需要 18 年；6% 的回报率需要 12 年；10% 的回报率就需要 7.2 年；以此类推。

著名的诺贝尔奖是以瑞典的一名化学家诺贝尔来命名的，由于诺贝尔奖每年都要支出高额的奖金，以至于在 1953 年的时候就只剩下 300 多万美元了。那诺贝尔奖项是如何坚持到现在的呢？诺贝尔基金管理会把存在银行的资金都投到股票、房地产中，在 1993 年时这笔钱就已经翻倍为 2 亿美元，至 2011 年时，诺贝尔奖总资产所持有量已高达 28.6 亿瑞郎（1 瑞郎约等于 1.09 美元）。可见投资比现金存在银行的收益率要大很多。

二、复制

2021 年有一本价值投资的畅销书 *Richer*，*Wiser*，*Happier*，书中介绍了印度裔的亿万富豪、"巴菲特复制者"莫尼什·帕伯莱（Mohnish Pabrai）。莫尼什·帕伯莱是与李录、弗兰克·罗琼（Francois Rochon）、惠特尼·提尔森（Whitney Tilson）、克里斯·戴维斯（Christopher Davis）和弗朗西斯·周（Francis Chou）等举世闻名的新一代价值投资者齐名的超级投资者。

莫尼什·帕伯莱描述他的一种投资方法说，他能够获得非凡的回报，部分原因是专注于克隆最佳投资者沃伦·巴菲特。帕伯莱认为：最容易的赚钱方法莫过于复制明摆在你眼前的优秀策略。"人类的基因里有一种怪东西，拒绝我们欣然去接受好的构想"，帕伯莱说："我很早以前学到的教训是，持续观察你的业界内和外，在世界上，如果看到有人做了很聪明的事，就该强迫自己接受这种做法。"

帕伯莱怀着全然的门徒热忱，决定按照巴菲特告诉我们应该用的方式去投资。他认为自己恪守巴菲特的方法，所获得的优势会胜过那些不愿意听从奥马哈智者巴菲特所建言的"傻子"。

1995—2013年，帕伯莱18年的年化平均收益率为25.7%，收益将近60多倍，同期道琼斯涨幅不过3倍左右。结果如下：

1995—1999年：年化收益率为43.4%；

1999—2007年：年化收益率为37.2%；

2007—2009年：年化收益率为-41.7%；

2009—2013年：年化收益率为32.7%。

1999年，帕伯莱创立了帕伯莱投资基金，至今仍在运营。按照他的基金收益率计算，从2000年到2018年，他的旗舰对冲基金的报酬率竟然高达1 204%，而同期标普500指数只有159%。他从1999年7月开始管理基金，如果你当时在他那里投资10万美元，到了2018年3月30日，你的钱就会增长到1 826 500美元，扣取了手续费和其他费用后达到18倍的收益。

帕伯莱回到他的家乡印度的一个乡村学校做慈善，为印度理工学院培养输送学生，数百名学生中有个孩子鼓起勇气，提出了大家都想问的问题："先生，您是如何赚到这么多钱的？""我是靠复利，"帕伯莱笑道，"我很崇拜一位英雄，他名叫沃伦·巴菲特！"

帕伯莱确信巴菲特在他的搭档芒格协助下得出的"投资定律"，就和牛顿的物理定律一样重要，他复制了他们的复利投资方法，获得了巨大的成功。

查理·芒格曾说："我相信最好的纪律，就是学习别人摸索出来的顶尖构想,我不认为坐下来,靠自己空想就有点子,没有人这么聪明。"

尼科洛·马基雅维利(Niccolò Machiavelli)说过,智者应当永远遵循伟人走过的路,并模仿成功者的行为,如此一来,就算他的能力比不上他们,也至少能有几分相似。

帕伯莱复制巴菲特的复利投资模式,是非常明智的做法。

第 96 说　生生不息与宇宙法则

颠覆性的创新,即使最终证明是完全失败的,对我们公司也是有价值的,因为在失败的过程,也培养出来了一大批人才。正是因为我们研发经历过的一些不成功经验,才成长出了很多英雄豪杰。

——任正非

专业投资者的目标,就是至少要超过指数,但是,95% 的专业投资者,无法战胜标普 500 指数。标普 500 指数的公司,代表的是美国最先进生产力,最主要的原因是构建标普 500 指数时,运用了达尔文原则,优胜劣汰,标普的成分股始终处于动态调整中,指数会把不合标准的股票剔除,然后用新的股票填补空缺。这是典型的美式做法,强者恒强,弱者剔除,指数的配置与公司的市值同比,不会因为亚马逊的市值变大而缩减它在指数中的比重,"让赢家继续奔跑"。指数收的费用极少,又不用交税,其中的公司都是代表当时经济中最有活力的公司,"铁打的营盘,流水的兵",战胜指数,对于基金经理而言,是极大的挑战。

"三十年河东，四十年河西"，企业的兴衰，也遵循"其兴也勃、其亡也忽"的宇宙法则。企业家创业初期，有极大的征服感和动物精神，但取得一定成功后，就会懈怠，公司的大企业病就会显现，就如巴菲特和芒格在伯克希尔·哈撒韦成立50年致股东的信中所言，官僚作风会侵蚀组织的活力和竞争力，在一个开放竞争的市场经济体系里，就会被新进入的挑战者击败。

芒格对进化和竞争有极强的敬畏之心："其实商业就像生物学一样，在我的一生当中有多少企业会垮掉？原来是非常繁荣的，现在都垮掉了，像通用汽车或者柯达，我那个时候很难想象它们会倒闭，但实际上就发生了，我觉得这种历史是值得去学习的。"

作为投资者，主动选股的难度比指数难很多，因为指数会主动优中选优，没有情感，没有偏见，只将经济体中最强的公司被动加入，如果公司变弱达不到条件，则毫不犹豫地剔除。要战胜这种组合是非常不容易的。

那么，巴菲特和那些超级投资者们是如何战胜市场的？

首要是选股。巴菲特说，要挑那些一眼就能看出来的大胖子，从石头中选"金戒指"，优中选优。投资者往往浪费精力，热衷于独辟蹊径，却放过显而易见的机会。巴菲特选的，就是人类生生不息的公司股票，只要人类存在，每天的消费市场就是源源不绝的"油井"，消费类的优质公司天天在"采油"，比如去亚马逊和京东购物，到微信和抖音上社交，无数瓶可口可乐天天被喝掉，茅台酒、金龙鱼油、农夫山泉水，这些公司的品牌，已经成为消费者的心理偏好，转换难度极大。这些公司的产品就像印钞机，利润永不断。

人类生生不息，有"护城河"的消费类品牌企业，就像拥有了永远也挖不完的油井，利润源源不断，这就是巴菲特的选股方法。

其次是多元配置的稳定性。盖茨向巴菲特学习投资后，为了财富的稳定性，他不惜卖掉一部分微软公司的股票，进行多元化配置。

欧洲的很多企业和富豪，就像中国的古话"富不过三代"。我们常认为企业的继承人花天酒地、胡作非为导致家道中落，其实也有很重要的原因是一些企业在"痛苦行业"的苦苦竞争，时代的变化导致企业衰落甚至破产。

同时，欧洲和美国也有些家族长盛不衰，是因为其设立的家族办公室的专业能力特别强。阿里巴巴的原副董事长蔡崇信，从耶鲁大学法学院毕业以后，被北欧地区的工业控股公司Investor AB附属公司（一个欧洲的家族办公室）从纽约的一家投行挖过去，指定他来中国投资未来最有潜力的互联网消费行业，这样他才找到了马云，投资阿里后，他再辞职担任阿里的副董事长协助马云按照国际惯例管理公司，阿里后来成功上市。北欧的这家控股公司的家族，就是以这种投资方法，屹立百年，仍处于欧洲巨富前列。

除了"生生不息"之外，宇宙法则的另外一点就是"突变"。科学技术的运用，让人类突飞猛进，从常规的生生不息，到更有效率、更快乐和更便捷的生活方式，这都是科技推动的。

人类的每次科技突变，带来的都是指数级的变化。人类总是有一些科学家和技术工程背景的创新者，由于各种动力，会带领人类不定期地大大进步，比如蒸汽机革命、电气革命、信息化革命、互联网革命、新能源革命、AI革命、基因工程、生物医药等。资本支持技术运用的制度日趋成熟，VC、PE、IPO都是鼓励科技创新者获得资金支持和超额回报。科学技术是第一生产力，国家之间的竞争就是科技的竞争，人类的进步靠科技进步，这是与消费品不同的另外一个逻辑。

本文认为，投资大消费和金融服务更稳妥，胜率大，赔率相对比投资科技低；投资科技的胜率相对低而赔率相对大。而结合了消费和信息科技的苹果公司，胜率大、赔率也大，是完美的投资对象，巴菲特下了重注，获得了超额回报。

巴菲特了解宇宙法则，他的投资，就是投资于生生不息和科技进步。资本市场高度竞争，优胜劣汰。巴菲特对于人类的科技革命，保持了学习和践行的态度。他与比尔·盖茨、贝佐斯、库克、谢尔·盖布林都是好朋友，科技行业也在他的能力圈。伯克希尔·哈撒韦能源公司是美国最大的新能源公司之一；在马斯克和贝佐斯迈出人类多星球生存的第一步时，我们分析巴菲特投资美国精密铸造公司（PCC）的逻辑就很清晰了。2021年，巴菲特对亏损减计致歉道："没有人以任何方式误导我——我只是对它的正常盈利潜力过于乐观。去年，作为精密机件最重要的客户来源，整个航空航天业的不利发展，暴露了我的误判。"从中我们看到巴菲特为未来航天产业的谋局。

无论如何，理性的投资者，都应该与巴菲特一样，注重安全边际。长期投资者，总是能在逆势中找到好的买点。比尔·米勒这些年买了亚马逊和比特币，虽然投资业绩很不错，但他也坦言，关注成本的安全边际原则很重要。

资金的性质约束投资的选择，巴菲特选择了自由现金流更容易估值的苹果公司。对亚马逊、谷歌、微软的自由现金流估值，需要对公司二阶段和三阶段甚至更长时间的自由现金流进行预测，对定性分析的要求更高，与伯克希尔·哈撒韦保险资金的性质不够匹配。

投资既要立足吃穿住行，又要关注星辰宇宙。人类生生不息，科技进步让人类越来越强大，这就是投资的宇宙法则。

第97说　聪明人与做傻事

破产的有两种人，一种是什么都不知道的，一种是什么都知道的。

——亨利·考夫曼

"为了得到对自己不重要的东西，甘愿拿对自己重要的东西去冒险，哪能这么干？"这是1998年巴菲特在佛罗里达大学商学院做的一场演讲中说过的话。段永平曾力荐这场演讲，并坦言自己看了至少10次。这场演讲也被人们称为"巴菲特最经典的演讲"。

长期资本公司的创始人包括约翰·梅里韦瑟（John Meriwether）以及罗伯特·默顿和迈伦·斯科尔斯（Myron Scholes）两位诺贝尔奖桂冠得主等16个位创始人，若将他们的智商加起来，长期资本公司是世界上智商密度最高的公司。巴菲特说："但是他们为了赚更多的钱，为了赚自己不需要的钱，把自己手里的钱，把自己需要的钱都搭进去了。这不是傻是什么？绝对是傻，不管智商多高，都是傻。"

我们的生活中，经常有这样的聪明人，为了自己不需要的东西铤而走险，有的破产，有的自由受到约束。人类越聪明越自负，过度自信而忽视风险，当有1%的失败概率时，去冒着失去99%的风险，这些聪明人自负到以为这个1%的风险不会发生，最终难逃惩罚。

巴菲特认为这些聪明人太依赖数学了，以为知道了一只股票的贝塔系数，就知道了这只股票的风险，然而，会计算西格玛不代表就知道破产的风险。巴菲特说："我们都有一定的概率会摊上类似的事，我们都有盲点，或许是因为我们了解太多的细枝末节，把最关键的地方忽略了。"

聪明人做傻事，急功近利、投机取巧，做自己不该做的事，都没地方买"后悔药"。在股市中加杠杆，在不该借钱的时候借钱，在股票大涨狂热时追风，将"高抛低吸"做成"高吸低抛"。还有"聪明人"不信业绩信谣言，不看数据看图形，不搞调研搞消息，结果是"满屏皆绿、一地鸡毛"，人的情绪搞坏，身体搞垮，本金搞少，生活一团糟。

投资与生活一样，人的品行很重要。有的人贪图眼前利益，不惜放弃长远利益。傻事，往往是聪明人做出来的。知道自己盲点的人才是聪明人,那些高智商却过于自负的人往往做出愚蠢的事。聪明人如果不能控制住自己与生俱来的动物性,就会把聪明的智商放在怎么样过多地实现自己的欲望上,聪明人一般都会得到比社会平均更好的收入和回报,也会比一般人有更多的机会,但妄图满足过度的欲望会使所有拥有都变成失去。人有本我、自我和超我,本我代表动物性,自我代表人性,超我代表理性,如果聪明人动物性的"本我"发作,就会去冒险。

巴菲特在佛罗里达大学商学院演讲中特别讲到了赌博和概率,他说:"我不管成功的概率是100∶1,还是1 000∶1,我都不做这样的事。假设你递给我一把枪,里面有1 000个弹仓、100万个弹仓,其中只有一个弹仓里有一颗子弹,你说'把枪对准你的太阳穴,扣一下扳机,你要多少钱?'我不干。你给我多少钱,我都不干。要是我赢了,我不需要那些钱;要是我输了,结果不用说了。这样的事,我一点都不想做。"但是,不管在金融领域还是我们日常生活中,一些人经常做这样的事,都不经过大脑,真是不可理喻。

为了自己不那么需要的东西去冒险、去焦虑、去投机,直至失去自己已经拥有的,这就是聪明人干傻事。利弗莫尔是史上最伟大的投机家,他几次从失败中翻身,也享受投资获利带来的荣华富贵了,可是,为了自己不再需要的财富,最后一次豪赌失败,绝望到失去自己最可贵的生命。

理性,节制欲望,对世间法则和法律要有敬畏之心。上天已经让你如此聪明,就已经是远离均值的异值了,由于均值回归定律的存在,右侧的异值回归均值的过程,就是一个惨烈和痛苦的过程。有些投机者,在2015年牛市时过度加杠杆,大盘崩塌时,导致本金全部亏光还有负债。不知道见好就收,不知道边界和"知止",得到的也会失去。不但失去已经拥有的,而且,将未来可能的机会收益一并失去了。

巴菲特只是追求平常的、稳健的成功，通过长时间的复利积累实现超越。过度地追求神奇卓异，每一次都追求伟大的成功，在投资中风险极大。

巴菲特对自己的生活没有奢华、过度消费的习惯，他和芒格都遵循美国伟大的开国元勋富兰克林式的节俭。巴菲特曾语重心长地对学生们说："当年我钱很少，但我也没盼着以后钱多了要过不一样的生活。从衣食住行来看，你我之间有什么差别吗？我们穿一样的衣服，我们都能喝可口可乐，我们都能吃上麦当劳，还有更美味的冰激凌，我们都住在冬暖夏凉的房子里，我们都在大屏幕上看橄榄球赛。你在大电视上看，我也在大电视上看。我们的生活完全一样，没多大差别。"

芒格认为生活中很多人会觉得快就是高效，但其实不然。真正聪明的人认为只讲求速度快，并不代表高效，而行动上笨拙的人，才算是真正的聪明人。他们做事情时，不会因为对流程非常熟悉，就囫囵吞枣地加快进度，甚至是跳过一些步骤做事情。不求快，但求稳，这是最高效的。

真正的聪明人情感上倾向"钝感力"，不会因为一些琐碎小事郁郁寡欢。巴菲特不是不懂装懂的人，他喜欢能看懂的生意。投资先从能不能看懂开始，他用这一条进行筛选，90%的公司都被过滤掉了。他说自己不懂的东西很多，好在他懂的东西足够用了。世界如此之大，几乎所有的好公司都是公众持股的，每天都有机会，随便挑，"有些东西明知道自己不懂，不懂的，不能做。"

芒格有句著名的话："永远不要低估那些高估自己的人。"一些极端的案例来自那些尝试极端事情的人，因为他们过于自信。

正如巴菲特所说，聪明人，经常做傻事。

第二节　成为巴菲特式的价值投资者

第98说　劳动收入与资本收入

人生如潮，皆有机运，乘浪而行，方得大成。

——莎士比亚《裘力斯·凯撒》

人人都有权利分享资本成长的利润。资本市场的设立，让全国几乎最好的公司都上市了，也就是说，每个人都可以成为优秀公司的股东，分享优秀公司的成长和利润。资本市场是公开、公平、公正的实现共同富裕的场所。素不相识的优秀企业家的管理能力、技术能力和市场营销能力所对社会的贡献，可以在资本市场充分体现，财富效应激励企业家更加努力地拼搏和竞争，从而推动社会的效率提升，成本下降，社会总体财富随之积累，全体成员共享社会整体进步带来的福利。

除此之外，资本市场还应是全民共享优秀企业盈利的场所。大家知道，人类社会肯定是生生不息地向前进步的，代表着社会最进步力量的上市公司，尤其是美股的标普500指数和中国的沪深300

以及中证500这样的上市公司，更是代表当前经济中最活跃的因素。长期而言，这些公司的股价和分红所得必将与其业绩的增长一致。也就是说，长期投资标普500指数的美国股民，能够对抗通货膨胀对货币购买力的侵蚀。巴菲特说，投资就是延迟当前的消费以获得未来的购买力，意思是将当期消费的钱拿出来买股票，好公司的股票会超过GDP和CPI的增长，比存在银行或者买债券的收益更高。购买力不会被这几十年来政府推行积极的货币政策带来的铸币税所吞噬。

每个人，都有权利到股市赚钱；每个人，应该都有能力到股市赚钱。这个能力的密码，就是巴菲特所讲的复利效用。记住，要复利，要长期投资，不要短视。99%的普通人无法在股市战胜机构，不要想着你就是那幸运的1%，大概率不可能。

复利是如何让人发财致富的？巴菲特计算推测如下。

首先，巴菲特说："如果西班牙女王伊莎贝拉没有花费3万美元用来支持哥伦布的航行，而是投资于一个年复利收益率仅仅4%的项目，那么到1963年，这笔资金将增长到2万亿美元。时间跨度长带来的好处就是，即使用较少的初始资本投资于收益率不高的项目，最后的回报也将非常可观。"

其次，巴菲特分析法国国王法兰西斯一世，他为那幅画作《蒙娜丽莎》支付了2万美元。巴菲特按照一个较高的收益率和较长的投资周期，就此进行了大胆推算，结果令人感到不可思议。如果那2万美元用于投资在年复利收益率为6%的项目上，那么到1964年，这笔资金会增长到1 000万亿美元。

通过以上两个例子可以看出，每一个劳动者，都应该进行投资。不管你现在是"快递小哥"还是家财万贯的富豪，足够长的时间和不一定那么高收益率的回报，都将让人心潮澎湃，激动不已。只要运用了巴菲特式的投资方法，哪怕是从1万美元起步，如果以16%的年化回报,"72定律",每4年翻一倍,则40年会增长到864万美元,48年就会增长到3 456万美元。如果你现在22岁,以年化复利16%的投资收益计算,到70岁时,1万美元就变成了3 456万美元,这就是复利的力量。每一个人,都应该行动起来,如巴菲特一样去节省,将资金投入股市,获取复利最大的回报。

如何做到年化复利16%?很简单,按照巴菲特说的去做,长期来看,公司的股价一定与公司的利润增长保持一致。找到ROE为16%的公司,能持续盈利的,永不卖出。对于普通投资者而言,做一个组合,茅台、五粮液、伊利、片仔癀、招商银行这五个股票,平均等分买入,每月的闲钱,持续不断地买,不管涨跌。将省出来的钱,无脑投入这个巴菲特式行业偏好和高质量的"神奇组合",持续不断,坚持几十年后,将有巴菲特式的惊奇回报。据我们观察,企业家陈发树有通过云南白药的平台打造伯克希尔·哈撒韦投资平台的迹象,普通投资者可以跟踪云南白药的变化。

无论是谁,都可以通过投资资本市场的高质量股票获得超过银行存款的回报。美国通过401K计划,将劳动者的收入,每年法定一个数额可以递延纳税投资到养老的证券账户,以"助推"的方式让劳动者志愿加入这个计划。加入这个计划的劳动者都可以分享资本市场长期增长的资本所得,大家都可以在优秀企业的成长中获利。巴菲特的大部分财富在1982年后获得,也离不开这个计划在1981年后的大力推行。

有些企业家,原来从事的行业已经日落西山,比如房地产行业,还有一些淘汰产能的制造业。如果企业的竞争能力不行,还去苦苦支撑的话,可能将过去积累的财富都亏掉。那个将鞋业公司卖给伯克希尔·哈撒韦的德克斯特鞋业家族的决策者,简直太厉害了,能够从巴菲特身上大赚一笔。1993年,由于受到世界工厂中国的冲击,德克斯特鞋业公司趁着巴菲特没看明白,以4.33亿美元的对价,换取了伯克希尔·哈撒韦的股票。当年伯克希尔·哈撒韦的股价才每股 9 000 美元左右，2021 年底是每股 45 万美元，又涨了 50 倍。以现在的股价计算，1993 年，4.33 亿美元的股票价值 216.5 亿美元。这个鞋业公司卖给伯克希尔·哈撒韦后，没几年就破产了。德克斯特鞋业家族的股东，净赚了 216.5 亿美元，何等的睿智和聪明。急流勇退，不与时代去对抗，将一个没几年就要消亡的公司，换来了一个复利增长公司的股票。德克斯特鞋业家族的成员，可以安心去学习，打高尔夫球，从事自己喜爱的行业，过着富足的生活而不必苦苦劳累奔波。

识时务者为俊杰。前几年果断从房地产行业撤出来的企业家，转向投资，日子比那些在传统行业里熬着的企业家境况要好很多。

看好一个行业，如何学习巴菲特？

第一种是学段永平。他看好手机行业，安排两个弟子分别做，既相互竞争，又能分散一个人失败的风险；同时，让大家和公司的闲钱在 2011 年就买入苹果公司，一方面向苹果公司学习，另一方面，哪怕自己的手机没做好，也在头部企业的股票上涨中获大利，做了对冲。这种方法，对那些在行业发展特别有判断力的企业家最有效，既满足企业家自己躬身入局的企业家精神，又实现赢家通吃的投资家认知能力。不得不佩服段永平高超的方法。

第二种是学陈发树。他看好太阳能行业，选取隆基股份作为投资对象，他自己不再可能有这方面的人才储备，而且行业竞争格局已经形成。他果断选择了伴随最强的太阳能行业龙头企业一起成长，利用"5·31"新政导致隆基股价下跌超过 70%，他果断投资，越跌越买，熬了几年，投资 25 亿获得了过百亿的巨额收益。陈发树从企业家转向兼投资家，他的价值投资理念大获成功。

假以时日，段永平和陈发树将以取得巴菲特式的企业家兼投资家的巨大成功的形象立于世界。他们两位的模式，值得许多犹豫不决和有远见的企业家学习、借鉴，如何紧跟新时代，需要企业家的真正的智慧。

作为普通劳动者，劳动性收入与资本性收入相结合，是每个人都有的机会，关键在于如何把握。

段永平的对冲投资模式和陈发树的行业投资模式都是巴菲特式的投资模式，对于面临选择的企业家而言，这两种模式都是成功示范。企业家学习巴菲特，尤其要学习德克斯特鞋业家族的决策人，以及段永平和陈发树。

第99说　普通投资者与不普通投资

> 反者道之动，弱者道之用。天下万物生于有，有生于无。
>
> ——《老子》

由于资本市场不是完全有效的，战胜市场需要从弱有效的部分入手，这就是一个概率的游戏了。美国市场的有效性，与其他国家和地区的市场相比更加有效，所以投资者购买指数基金的规模越来越大。而中国市场不是强有效市场，由于大量散户的存在，且散户的心理偏差及专业能力的不足，给专业的投资者留下了超额收益操作的空间。所以，现阶段，选择投资专业化的基金是较好的选择。那么，普通投资者，如何学习巴菲特，从而取得超群的业绩？

普通投资者自己投资，是要与市场中的专业人士博弈，这是不普通的投资。通过综合巴菲特、芒格、格雷厄姆、施洛斯以及费雪、彼得·林奇的价值投资理念，我们认为，普通投资者战胜市场的可能性，来源于以下方法和原则。

首先，要诚实地面对自己。要明白自己的心理偏差的存在，包括过度自信、贪婪、恐惧、喜欢相信"小道消息"、想通过投机"暴富"，设定过高的期望目标等不理性心理因素。诚实地面对这些"动物性的心理"的存在，以王阳明"修心"的理性，诚实地承认自己的偏差，对抗偏差，从而做到"知行合一"。

第二，"常识投资法"。只投资于自己"能力圈"的公司的股票，以提高概率。巴菲特的数学成绩很好，虽然他说不需要特别好的数学能力，但是不要误解为投资中不需要数学思维。相反，投资中排在第一位的就是定量思维，然后，才是定性与定量相结合。普通投资者如何运用定性决策？这个定性的能力，就是自己的生活经历，自己的常识。普通投资者如何与巴菲特一样的每天学习投资？唯一的方法就是将投资与自己的生活经历及工作经历结合起来，运用自己的日常生活来作出判断的"常识投资法"。

常识投资法可以提高概率。常识是由自己祖辈的基因以及自己的学习、生活、工作的日积月累形成的理性，这种理性是投资者的价值判断；另外，建立在自己的信息来源基础上的概率分析是最准确的。建立在道听途说上的信息的概率是存疑的，没有通过自己的常识理性分析，盲目地信任别人的信息而作出的投资决策，失败的概率远远大过胜率，以此作为决策投资的依据，必亏无疑。对于巴菲特式的投资人，他们的能力圈建立在多年可信赖的有价值的好友圈之上，以信任传递信任，这是绝对的忠诚和信任，不是一般的、传递链条很长的、无效的、信息的定性判断。他们对准备投资的行业多年跟踪、持续了解，形成能力圈，通过费雪提倡的"闲聊法"尽职调查，进而分析判断，然后决策投资。

就如彼得·林奇所说的，普通投资者应从身边去挖掘投资机会。有一位"85后"的年轻人，在一个股权类的基金公司工作，他从来没有投资过股票。他们公司 2020 年投资了一个"养猪"的基金产品，结果 2021 年猪价大跌，基金公司一度非常担心投资的安全。到 2021 年下半年，他看到新闻报道国家收储猪肉，稳定猪肉价格，这个时候，那家上市公司的股价已经跌了 70% 多了。他认为跌到了底部区域，然后以每股 12 元左右买入，几个月后就涨到了 16 元多每股。他从一个股票投资的"小白"，通过自己工作中的观察，逆向投资即小有斩获。普通投资者通过自己的工作和生活的"常识投资法"，能够提高成功的概率。

第三，特别注重安全边际，买底部，不追高。格雷厄姆在早期帮一个企业家投资的时候，那个企业家每周一与他吃中餐，然后把从华尔街听到的各种小道消息告诉格雷厄姆，格雷厄姆没有照他的信息买股票，那人还埋怨他。格雷厄姆说，那人只记得消息中那一小部分涨了的股票，而大多数跌了的股票他都选择性忘记了。所以，就像巴菲特所说的，听消息是破产最快的方法。各种小道消息，根本无法验证，概率无法估算，投资失误的次数肯定多，结果就是亏损。买股票时要留足安全边际，买优质股票的下轨，千万不要追高。

第四，普通投资者要分散投资。巴菲特等专业投资者有极强的定性分析能力，而且他的投资对公司的决策不可避免地有影响，有很大的安全边际。专业投资者集中投资产生超额收益，普通投资者分散相对比较好。这也是格雷厄姆和巴菲特在《聪明的投资者》一书再版时的分歧，格雷厄姆是教师出身，他认为有许多个人投资者会阅读该书，集中投资对个人投资者来说风险太大，在安全边际的前提下，分散投资，就像开杂货铺，对本金的保护作用比较好。如果普通投资者熟悉某个行业，但选个股能力不足，则可以考虑买入该行业的交易所交易基金（ETF），提高获胜的概率。

第五，选择高质量股票投资。一般高质量代表着高价格，为了找到安全边际，要学习巴菲特的投资原则，在高质量股票遇到危机时介入。对于美国运通、美国银行、富国银行、可口可乐、盖可保险和通用再保险等，巴菲特都有极好的安全边际。在高质量股票"伤皮肉而没伤筋骨"时介入，比如茅台的"塑化剂"事件、伊利的"三聚氰胺"事件，短期的行业外部冲击，没有改变优质企业的内在价值，市场先生的错乱，反而是优秀公司介入的良好机会。

第六，分仓投资，既投资又"怡情"。普通投资者宜开"杂货铺"，别开"精品店"。大部分投资仓位为长线仓位，减少操作的频率，通过时间提高概率。小部分投资仓位为短线仓位，满足个人的短期投资冲动，小仓位怡情，大仓位获利。

总之，普通的投资者，很难战胜市场。现阶段，中国的专业基金经理有相当一部分可以战胜市场，普通投资者委托专业投资者投资比较合适。对于有一定能力的投资者，在自己的能力圈的范围内，运用"常识投资法"，投资优秀公司"伤皮肉而没伤筋骨"的机会时，找到安全边际介入，长期持有，待该公司有新的信息出现，或者有更好的投资机会时再换股。

普通投资者想要战胜市场，必须先得战胜自己，知道自己的心理偏差，才能理性对待市场的波动，这是不普通的投资。结硬寨，打呆仗，知己知彼，方能百战不殆。

第100说 更富有与更长寿

在我看来，每天做能让自己开心的事情能够对健康长寿起到很大作用。学会忘记，能够在很大程度上帮助我们维持快乐的心情。

——沃伦·巴菲特

第六章 巴菲特之道的启发

在 2021 年度致股东的信中,巴菲特提出了一个有趣的问题:"持有伯克希尔·哈撒韦会让人长寿吗?"

巴菲特举例说,斯坦·特鲁尔森(Stan Truhlsen)就是其中一个典型代表,他是奥马哈市一位开朗慷慨的眼科医生,也是巴菲特的一位私人朋友,他在 2020 年 11 月 13 日迎来了自己的 100 岁生日。1959 年,斯坦和其他 10 名年轻的奥马哈医生与巴菲特结成了伙伴关系,他们创造性地将自己的公司命名为 Emdee, Ltd。当巴菲特合伙企业的合伙人在 1969 年分配伯克希尔·哈撒韦股票时,所有的医生都保留了他们得到的股票而不是拿走现金。巴菲特说:"他们可能不知道投资或会计的来由,但他们知道在伯克希尔·哈撒韦他们将被视为合伙人。"斯坦在 Emdee 的两名伙伴现在都 90 多岁了,仍然持有伯克希尔·哈撒韦的股票。伴随伯克希尔·哈撒韦成长的投资者群体有惊人的持久性,加上芒格和巴菲特分别是 98 岁和 91 岁,从统计学意义上来看,价值投资者,既富有又长寿。

价值投资与跑"马拉松"一样,时间都是必不可少的条件。投资就像长跑,需要忍受枯燥、控制欲望。1894 年,格雷厄姆生于伦敦,1976 年去世,享年 82 岁,在他那个时代,这个年龄已经算长寿了。格雷厄姆的门徒不仅在投资行业都取得了丰功伟绩,更厉害的是门徒们都长寿。其他耳熟能详的价值投资大师,同样也都很长寿。

• 欧文·卡恩(Irving Kahn)(1906—2015 年)是格雷厄姆的大徒弟、巴菲特的大师兄,享年 109 岁。欧文·卡恩是华尔街投资人中最为长寿的一员,去世前两年仍担任着卡恩兄弟集团主席的职位。

• 安德烈·科斯托拉尼(Andre Kostnlany)(1906—1999 年),享年 93 岁。他是德国最负盛名的价值投资大师,被誉为"20 世纪的股票见证人"和"20 世纪金融史上最成功的投资者之一"。

• 菲利普·费雪(1907—2004 年),享年 97 岁。菲利普·费雪是成长股价值投资策略之父，1999年，费雪接近92岁才退休。费雪是巴菲特的成长价值投资理论的老师。

· 约翰·邓普顿（1912—2008年），享年96岁。约翰·邓普顿是邓普顿集团的创始人，知名的逆向投资大师，他擅长低进高出，在行情低迷时投资，创立、领导了当时最成功的共同基金公司。他曾说过："拒绝将技术分析作为一种投资方法，你必须是一位基本面投资者才能在这个市场上获得真正成功。"

· 约翰·博格（1929—2019年），享年90岁。约翰·博格是基金业先驱，创建了世界第二大基金管理公司先锋集团，被誉为"指数基金教父"。

· 查理·芒格（1923—）在98岁时分享了长寿的秘密：不嫉妒，不怨恨，不过度消费，跟信赖的人在一起。

· 爱德华·索普（1932—）被誉为天才数学家、赌博专家、"宽客之父"。1969年，索普正式成立基金，到1988年因诉讼意外停业，20年年化收益率为19.1%，在近20年的跨度下，索普的基金没有一年是亏损的，共计230个月，只有3个月有回撤，且回撤幅度全部小于1%。巴菲特对爱德华·索普的评价相当高，他把原先投资巴菲特合伙公司的人介绍给爱德华·索普，帮助他开设对冲基金。

索普从上学时起就应用化学、生物学、医学等知识保持自己的健康状态，80多岁时还像30多岁一样矫健。他至今依然运营着自己的对冲基金，每天锻炼，服用各类药品，其目的不仅是为了降低自己肉身的衰老速度，更是为了提高他的死而复生的概率。索普计划在去世后将身体冷冻保存，等科技足够发达时"复活"。他认为该项赌注获胜的概率是2%，索普是这个世界上最懂概率的人之一，尽管只有2%的可能性，然而一旦发生则回报极大，所以这件事"期望值"为正，而且数值极大，就像帕斯卡的"上帝赌注"。

· 马里奥·嘉贝利（Mario Gabelli）（1942—）被华尔街称为基

金业"超人马里奥",公司的王牌基金嘉贝利资本基金曾连续20年平均年利润率超过20%,保持着稳定且优异的业绩。

- 巴菲特(1930—)曾分享过长寿的秘诀:一是每天都和自己爱的人做喜欢做的事情,二是健康的生活习惯,三是巴菲特很享受桥牌游戏,他说:"这实在是最好的智力锻炼,你每10分钟就可以看到新情况;而且桥牌需要计算胜负比,这就要求你要一直计算。"四是将阅读当成了自己生活的一部分,如同呼吸一般,阅读可以让自己充分保持大脑的活力,不断地获取有益的知识,这种满足感也会让他越来越有活力。关于大家对他"喝可乐、吃汉堡却长寿"的疑问,巴菲特有这样一套解释:"我曾看过保险公司的统计表格,上面的数据说,死亡率最低的年龄段是6岁左右,所以我要保持和孩子一样的饮食习惯,如果要像一个孩子那样吃东西,那我就不能停止喝含糖的软饮料。"

价值投资,需要拥有自律、耐心、理性、独立、诚信、乐观等品性,而这些品性都是有利于长寿的。价值投资要求投资者保持学习,并一直坚持工作而不退休,好奇心让价值投资者保持活力。

价值投资者,更快乐,更睿智,更富有,更长寿!

致　谢

2022年春节期间，在本书完稿初排之际，我接到了清华大学五道口金融学院常务副院长廖理教授的电话，廖院长邀我回学院的财经平台分享学习巴菲特的心得，院长的邀请是对我学习成果最大的肯定和加持！谢谢廖院长和五道口金融学院！

我在清华大学五道口金融学院学习期间，如饥似渴地吸收最前沿的金融学知识，得到了多位国内外知名导师和教授的指导。其中宾夕法尼亚大学沃顿商学院博士毕业的余剑锋教授给我们系统讲解了行为金融学理论；校外导师中国上市公司协会的宋志平会长曾担任过两个世界500强企业的董事长，他的专著《经营制胜》和《问道管理》直指企业投资管理的本质，给我们的启发很大；清华大学五道口金融学院全球家族企业研究中心的高皓主任讲解的世界长盛不衰的百年家族案例，让我们对资产管理理解更深。我的博士导师日内瓦大学金融学院院长托尼·贝大拉（Tony Berrada）教授是应用金融学方面的欧洲知名学者，在他的指导下，我的博士论文《巴菲特的阿尔法：来自中国公募基金的实证研究》提出行业偏好也是巴菲特超额收益的重要来源，而且构建了代表巴菲特投资风格的中国五因子，实证了该五因子对中国公募基金具有较好的解释力和指导性。

感谢我的师长、建设银行前首席风险官曾俭华先生对我的支持和指导。感谢我的助理田野对本书的辛勤付出和帮助。感谢卢克宇博士的同事董涓涓女士以及我的好友郑宇、邱代伦、马宏、谭本平、苗巧刚、文奇等对本书的支持。特别要感谢我的合伙人易欢欢先生，毕业于北大的他与一些志同道合的朋友一起，在 2021 年推动了"元宇宙"概念在中国的普及。没有欢欢总的支持和鼓励，就不会有此书的出版！一并感谢"元宇宙三十人论坛"的朋友徐元龙和张一苗对本书的支持。感谢我的好友首席经济学家论坛的刘煜辉教授和哥伦比亚大学校友钱学宁秘书长。感谢正和岛首席经济学家王林教授多年的指导和教诲。感谢中国价值投资者的代表人物但斌先生的肯定和鼓励。感谢中国著名出版家施宏俊先生的支持和指导，他是查理·芒格先生的《穷查理宝典》和李录先生的《文明、现代化、价值投资与中国》的出版人。诚挚地感谢备受大家尊敬的夏斌老师百忙之中为本书写了推荐序。感谢众多朋友和领导为本书写下饱含情感和细致入微的推荐语。感谢中译出版社独角兽团队于宇、李梦琳、薛宇、田玉肖、吴一凡、杨菲、纪菁菁等在编辑出版过程中付出的辛劳。他们在每个环节的沟通中都极度负责与认真，让人感动，更让人敬佩！

感谢我的母亲周后秋女士和妻子叶洪博士、儿子侯嘉业、侄儿侯屹兴对本书和我博士论文写作的支持。

侯　跃

2022 年春

参考书目

[1] 埃德温·勒菲弗.股票大作手回忆录[M].王坤,译.北京:中华工商联合出社,2017.

[2] 艾丽斯·施罗德.滚雪球:巴菲特和他的财富人生[M].覃扬眉,等,译.北京:中信出版社,2009.

[3] 本杰明·格雷厄姆.聪明的投资者[M].第4版.王中华,等,译.北京:人民邮电出版社,2010.

[4] 本杰明·格雷厄姆.储备与稳定[M].译科,张卓飞,译.北京:法律出版社,2011.

[5] 本杰明·格雷厄姆.格雷厄姆:华尔街教父回忆录[M].杨宇光,等,译.上海:上海远东出版社,2015.

[6] 本杰明·格雷厄姆,戴维·多德.证券分析[M].巴曙松,等,译.成都:四川人民出版社,2019.

[7] 彼得·考夫曼.穷查理宝典:查理·芒格智慧箴言录[M].李继宏,译.北京:中信出版社,2016.

[8] 彼得·L.伯恩斯.与天为敌:风险探索传奇[M].穆瑞年,等,译.北京:机械工业出版社,2007.

[9] 彼得·林奇,约翰·罗瑟查尔德.战胜华尔街[M].刘建位,等,译.北京:机械工业出版社,2007.

[10] 彼得·林奇,约翰·罗瑟查尔德.彼得·林奇的成功投资[M].

刘建位，徐晓杰，译.北京：机械工业出版社，2010.

[11] 布拉德·斯通.贝佐斯传[M].张琪，译.北京：中信出版社，2021.

[12] 查尔斯·达尔文.物种起源[M].苗德岁，译.江苏：译林出版社，2013.

[13] 崔智东.跟巴菲特学投资理念：巴菲特最有价值的8条投资法则[M].北京：台海出版社，2012.

[14] 丹·艾瑞里.怪诞行为学[M].赵德亮，夏蓓洁，译.北京：中信出版社，2017.

[15] 但斌.时间的玫瑰[M].北京：中信出版社，2018.

[16] 丹尼尔·卡尼曼.思考，快与慢[M].胡晓姣，等，译.北京：中信出版社，2012.

[17] 丹尼尔·卡尼曼，奥利维耶·西博尼，卡斯·R·桑斯坦.噪声[M].李纾，等，译.杭州：浙江教育出版社，2021.

[18] 丹尼尔·佩科，科里·雷恩.巴菲特和查理·芒格内部讲话[M].高剑，译.湖南：湖南文艺出版社，2020.

[19] 德群.巴菲特投资思想·方法·实录[M].北京：中国华侨出版社，2011.

[20] 德群.股神投资有学问[M].北京：北京联合出版公司，2015.

[21] 德群.图解巴菲特全书[M].北京：中国华侨出版社，2017.

[22] 凡禹.管理三杰[M].北京：北京工业大学出版社，2005.

[23] 方锐.股东价值之路：基金经理解读巴菲特致股东的信[M].北京：中国经济出版社，2018.

[24] 芳园.巴菲特全书[M].武汉：湖北科学技术出版社，2015.

[25] 菲利普·A.费雪.股市投资致富之道[M].刘寅龙，译.广州：广东经济出版社，2009.

[26] 菲利普·A.费雪.怎样选择成长股[M].冯治平，译.北京：

地震出版社, 2013.

[27] 傅瑾. 巴菲特投资学大全集 [M]. 超值白金版. 北京: 旅游教育出版社, 2011.

[28] 弗雷德里克·范海沃贝克. 超额收益: 世界顶级投资大师的成功之道 [M]. 刘寅龙, 译. 广东: 广东经济出版社, 2017.

[29] 高飞. 巴菲特全书 [M]. 全民阅读升级版. 北京: 中国华侨出版社, 2015.

[30] 古格里·祖克曼. 洞悉市场的人 [M]. 林锦慧, 译. 台湾: 天下文化, 2020.

[31] 郭恩才. 做巴菲特的研究生 [M]. 北京: 中国金融出版社, 2014.

[32] 华经. 图解巴菲特 [M]. 北京: 经济管理出版社, 2012.

[33] 黄建平. 巴菲特投资案例集 [M]. 北京: 中国经济出版社, 2013.

[34] 姜亮. 巴菲特股市投资策略 [M]. 深圳: 海天出版社, 2015.

[35] 江南, 钮怿. 沃伦·巴菲特管理日志 [M]. 北京: 中信出版社, 2009.

[36] 焦娟, 易欢欢, 毛永丰. 元宇宙大投资 [M]. 北京: 中译出版社, 2022.

[37] 杰里米·米勒. 巴菲特致股东的信（投资原则篇）[M]. 郝旭奇, 译. 北京: 中信出版社, 2018.

[38] 杰里米·J. 西格尔. 股市长线法宝 [M]. 范霁瑶, 译. 北京: 机械工业出版社, 2009.

[39] 卡萝尔·卢米斯. 跳着踢踏舞去上班 [M]. 张敏, 译. 北京: 北京联合出版公司, 2017.

[40] 凯恩. 股神巴菲特给股民的忠告 [M]. 北京: 中国经济出版社, 2011.

[41] 孔子. 论语 [M]. 刘胜利, 译. 北京: 中华书局, 2006.

［42］劳伦·C. 邓普顿, 斯科特·菲利普斯. 邓普顿教你逆向投资［M］. 杨晓红, 译. 北京: 中信出版社, 2010.

［43］老子. 道德经［M］. 安徽: 安徽人民出版社, 1990.

［44］理查德·道金斯. 自私的基因［M］. 卢允中, 等, 译. 北京: 中信出版社, 2012.

［45］理查德·塞勒, 卡斯·桑斯坦. 助推［M］. 刘宁, 译. 北京: 中信出版社, 2018.

［46］李录. 文明, 现代化, 价值投资与中国［M］. 北京: 中信出版社, 2019.

［47］刘建位. 巴菲特的8堂投资课: 当代最伟大的投资者智慧妙语［M］. 北京: 民主与建设出版社, 2005.

［48］刘建位. 巴菲特股票投资策略［M］. 北京: 机械工业出版社, 2007.

［49］刘建位, 徐晓杰. 跟大师学投资［M］. 北京: 民主与建设出版社, 2010.

［50］刘杰雄. 像巴菲特一样炒股［M］. 北京: 中国宇航出版社, 2007.

［51］刘明明, 马云泽, 谭庆刚, 等. 西方经济学名著导读［M］. 北京: 清华大学出版社, 2013.

［52］刘平. 格雷厄姆、巴菲特、彼得·林奇投资智慧大全集［M］. 北京: 人民邮电出版社, 2011.

［53］卢大振. 世界经济学名著导读手册［M］. 北京: 中国城市出版社, 2004.

［54］鲁智. 巴菲特投资课［M］. 成都: 成都时代出版社, 2014.

［55］罗伯特·哈格斯特朗. 巴菲特的投资组合［M］. 江春, 译. 北京: 机械工业出版社, 2000.

［56］罗伯特·哈格斯特朗. 巴菲特之道［M］. 第3版. 杨天南, 译.

北京：机械工业出版社，2015.

［57］罗伯特·哈格斯特朗.投资的本质［M］.刘寅龙，译.北京：机械工业出版社，2020.

［58］罗伯特·赖特.道德动物［M］.周晓林，译.北京：中信出版社，2013.

［59］罗伯特·J.西奥迪尼.影响力［M］.陈叙，译.北京：中国人民大学出版社，2006.

［60］罗伯特·希勒.非理性繁荣［M］.第3版.李心丹，等，译.北京：中国人民大学出版社，2016.

［61］罗杰·洛温斯坦.巴菲特传：一个美国资本家的成长［M］.纪念版.蒋旭峰，等，译.北京：中信出版社，2013.

［62］吕斌，李国秋.信息分析新论［M］.北京：世界图书出版公司，2018.

［63］迈克尔·金斯利.创造性资本主义［M］.孟凡玲，译.北京：中信出版社，2010.

［64］米歇尔·沃尔德罗普.复杂［M］.陈玲，译.北京：生活·读书·新知三联书店，1997.

［65］帕特·多尔西.巴菲特的护城河［M］.刘寅龙，译.北京：中国经济出版社，2019.

［66］钱学森.论系统工程［M］.上海：上海交通大学出版社，2007.

［67］乔纳森·海特.象与骑象人［M］.李静瑶，译.北京：中国人民大学出版社，2008.

［68］曲智.巴菲特股东大会内部讲话：巴菲特价值千亿美元的投资智慧［M］.北京：新世界出版社，2016.

［69］任俊杰.穿过迷雾：巴菲特投资与经营思想之我见［M］.北京：中国经济出版社，2016.

［70］任俊杰，朱晓芸.奥马哈之雾［M］.珍藏版.北京：机械工业出

版社,2019.

[71] 任泽平,曹志楠,李建国.任泽平解码伯克希尔:巴菲特坚守"护城河"与"安全边际"的价值投资理念[N].泽平宏观,2019.

[72] 石若坤.经济学盛宴:那些有趣的经济学名著[M].北京:北京工业大学出版社,2011.

[73] 隋晓明,赵文明.投资大师沃伦·巴菲特智慧全集[M].北京:金城出版社,2007.

[74] 孙力科.巴菲特内部讲话[M].北京:文化发展出版社,2020.

[75] 孙武.孙子兵法[M].北京:中华书局,2011.

[76] 谭崇台,伍海华.现代西方经济学[M].第2版.青岛:青岛出版社,1998.

[77] 唐朝.巴芒演义[M].北京:中国经济出版社,2020.

[78] 天祺.一次读完30本经济学经典[M].北京:中国商业出版社,2005.

[79] 王宝莹.投资大师巴菲特生意经[M].北京:中国商业出版社,2009.

[80] 王春燕.巴菲特给年轻人的人生忠告[M].北京:中国法制出版社,2015.

[81] 王健,余剑峰.理性的非理性金融[M].北京:中信出版社,2018.

[82] 王明夫.三度修炼(态度篇)[M].北京:华夏出版社,2018.

[83] 王阳明.传习录[M].于自力,等,译.郑州:中州古籍出版社,2008.

[84] 威廉·格林.更富有、更睿智、更快樂[M].甘镇陇,译.台湾:先觉出版社,2021.

[85] 威廉·桑代克.商界局外人[M].许佳,译.北京:北京联合

出版公司，2016.

[86] 文彦.巴菲特全书［M］.北京：中国华侨出版社，2013.

[87] 沃伦·E.巴菲特，劳伦斯·A.坎宁安.巴菲特致股东的信：投资者和公司高管教程［M］.第4版.杨天南，译.北京：机械工业出版社，2018.

[88] 肖刚.量化投资分析与策略——基于中国股票市场［M］.北京：电子工业出版社，2019.

[89] 亚当·斯密.国富论［M］.唐日松，等，译.北京：华夏出版社，2005.

[90] 严行方.巴菲特这样抄底股市［M］.北京：中国城市出版社，2009.

[91] 约翰·博格.共同基金常识［M］.10周年纪念版.巴曙松，等，译.北京：北京联合出版社，2017.

[92] 约翰·梅纳德·凯恩斯.论概率［M］.杨美玲，译.武汉：湖北科学技术出版社，2017.

[93] 约翰·梅纳德·凯恩斯.就业、利息和货币通论［M］.郭武军，译.上海：上海文化出版社，2021.

[94] 约瑟夫·熊彼特.经济发展理论［M］.郭武军，译.北京：华侨出版社，2020.

[95] 张国昭.抓股市大机会［M］.北京：中国经济出版社，2012.

[96] 张海燕.投资伟大的企业：解读巴菲特致股东的信［M］.北京：经济日报出版社，2010.

[97] 张磊.价值［M］.浙江：浙江教育出版社，2020.

[98] 赵国栋，易欢欢，徐远重.元宇宙［M］.北京：中译出版社，2021.

[99] 赵涛.新编股票操作学全书［M］.上海：立信会计出版社，2010.

[100] 郑月玲. 巴菲特投资语录 [M]. 北京：人民邮电出版社，2008.

[101] 庄周. 庄子 [M]. 上海：上海古籍出版社，2001.

[102] 邹志峰. 价值投资路线图：格雷厄姆智慧家族的制胜之道 [M]. 太原：山西人民出版社，2016.

[103] John Burr Williams. The Theory of Investment Value [M]. Fraser Puvlishing Co. 1997.

推荐语

(按姓氏笔画排序)

关于巴菲特的书我几乎都读过。但在投资实践中却发现,似乎很难学习巴菲特,总感觉缺失点什么却又模模糊糊找不到。侯跃先生大作《侯说巴菲特》,不但详尽阐述了巴菲特投资决策的历史与宏观背景,而且描述了其个人格局视野、人文素养、持续学习对于决策的意义,时代感、立体感很强,以往模糊的视野一下子清晰了。

——马俊生　同泰基金创始人、总经理

随着20世纪90年代中国资本市场初创,沃伦·巴菲特不但成为专业投资者膜拜的偶像,也逐渐被普通大众奉为"投资之神"。30年后的中国,在大财富管理"飞入寻常百姓家"的新时代,侯同学将攻读博士的学习心得,以他的独特视角为我们分享巴菲特的成长之路、投资之道,值得热爱巴菲特、热爱投资的人士品读。

——王晏蓉　招商银行私人银行部总经理

做永丰读书会以来,我专门给粉丝读财经大师的书。《侯说巴菲特》用专业投资人多年的经验,不仅复盘了巴菲特的主要调仓,还对巴菲特的人生成长、价值投资理论的形成过程如数家珍。正因如此,侯跃老师才独家提炼巴菲特思想的真知灼见,把巴菲特思想中国化,用简单易懂的语言分享给普通投资者,这是我至今看到的唯

——一本把真诚融入字里行间的巴菲特研究书籍，我推荐所有粉丝购买学习。

——毛永丰　永丰侃财经

沃伦·巴菲特的投资理念和方式，被许多投资者奉为圣经在传颂。而这本书与众不同的地方是，作者以"中国的选择"为视角，结合多年成功实战经验，更加有眼光地用经典思想预见未来，非常值得学习品味。

——方悦　哥伦比亚大学访问学者、知名财经主持人

侯跃的博士论文，提出巴菲特投资风格中的行业偏好是阿尔法的重要因素，这个观点非常有创见。他通过构建针对中国市场的五因子模型，实证中国共同基金经理中的"巴菲特式的投资者"，是很独特和有价值的！

——托尼·贝大拉　日内瓦大学金融学院院长、教授、博士生导师

《侯说巴菲特》即将面世，邀我做序，我就借花献佛，告诉亲爱的读者们，不要把《侯说巴菲特》当作武功秘籍、致富密码来读，需要当作修心日记来体验。投资就是修心，投资就是做人。此生能够交到侯跃这样的挚友，深以为自豪。我愿热烈地将此书推荐给广大投资者。

——刘煜辉　中国社会科学院教授

侯跃先生从巴菲特的身世经历、性格特征入手，联系中华文化的共通之处，融合了自己深刻、鲜明的理解，深入探究巴菲特独具的人生智慧、投资理论和方法，道术并存，内外兼修。《侯说巴菲特》既有传记的文学可读性，又有金融投资的理论价值性，有趣有智有

干货，读者开卷必有益！

——齐啸　金谷农商行董事长

作者以对价值投资理论的深刻理解和丰富的投资经验积累，化整为零，追溯了巴菲特投资策略的理论渊源和投资理念形成过程，系统解析了巴菲特的投资原则、决策方式、估值方法、选股理念、择时策略甚至投资心性和风格，在精彩纷呈中高度概括并用通俗易懂的科普方式介绍了艰深的投资理论知识。这是一部难得的关于价值投资的优秀教科书。

——李晓林　中央财经大学保险学院院长、中国精算研究院院长

思想创造财富，每一笔成功的投资都是由成熟的投资思想来驱动的。近年来，随着价值投资理念的深入人心，市场上出版了众多介绍巴菲特的书籍。但知易行难，如何把巴菲特的投资思想应用于A股实践，作者从理论研究和投资实践的视角，对巴菲特进行了全面、系统的解读，令人耳目一新。

——杨宇　汇泉基金创始人、基金经理

20世纪最成功的投资人无疑是巴菲特！投资中有许多偶然，有许多奇迹，有许多神话，但是更多人在创造了一个个奇迹、神话后，却一夜归零，只有巴菲特成为几十年不倒的长跑冠军，为此，他倡导的价值投资理念和方法影响并引导了几代人。

巴菲特为什么能成功？他给我们哪些启示？巴菲特的价值投资方法如何处理选股和择时之间的关系？他的方法在21世纪是否过时？巴菲特是怎样一种性格，他的生活态度与东方儒家思想有什么暗合？侯跃先生的这本书给了我很多启发，值得一读。

——杨庆兵　新华网副总裁、董事会秘书

科技进步是人类改变世界、创造更美好生活的必由之路、宇宙法则。巴菲特先生的价值投资理论与时俱进，他重仓投入信息技术行业的苹果公司，这种勇气与胆魄，足以证明他的能力圈边界已从大消费扩展到了科技。《侯说巴菲特》一书中，难能可贵地捕捉到了巴菲特的投资风格既偏好"生生不息"的大消费行业，又偏好信息技术行业，从巴菲特投资的视角阐述了人类生存与发展的规律，可算是"洞见"吧？

——吴胜武　紫光展锐董事长

侯总是百战归来再读书，他对巴菲特的研究是"透过人生看事业"，描述巴菲特"聪明的投资者与成功的企业家"，"股神年年有，巴菲特永远是巴菲特"。作者更是总结事业思考人生，巴菲特投资哲学与好善，向上的人生理念，与中国传统人文精神有共性。在双循环时代，看待东西方人生与事业，作者的态度显得更加理性、深刻。

——吴洪涛　天津银行行长

《侯说巴菲特》从一个投资人的视角诠释了巴菲特先生的投资人生，语言通俗、文风朴实、充满风趣，读之有一种欲罢不能的感觉。侯跃先生在攻读博士期间，在长期跟踪研究巴菲特的过程中，把巴菲特的投资原则与中国实际和个人实践结合起来，站在历史的长周期、宏观的大背景下，可以更客观、全面地认识巴菲特的投资理念。100说既是一个宏大完整的叙事，探讨了巴菲特先生投资和生活的方方面面，每一说又独立成篇，单独构成一个个关于巴菲特先生诙谐幽默的小故事。许多章节可以反复阅读，常读常新。假如你对投资感兴趣，建议你读读《侯说巴菲特》，它会助你开启一扇通往成功之路的大门；假如你对投资不感兴趣，也建议你读读《侯说巴菲特》，它会带你了解不一样的人生。开卷有益，《侯说巴菲特》值得这句话！

——吴蔚蔚　著名资深投资人

市面上有许多关于巴菲特的著作,以及按照"价值投资"理论的践行者,但真正能"深入骨髓"却并不容易。《侯说巴菲特》从某种程度上来说,是一种透彻心扉的领悟,也许对我们会有所帮助。

——但斌　东方港湾投资管理股份有限公司董事长

作者在本书中对巴菲特的成长经历与投资理念娓娓道来,并融会贯通了心理学、管理学、哲学等多领域学科知识;在深刻的投资体悟基础上,佐以大量实战经验,全书有趣有料有温度。"知之愈明,则行之愈笃;行之愈笃,则知之益明。"相信本书可作为阁下案头读物,常翻常新。

——余剑峰　清华大学五道口金融学院教授、博士生导师

《侯说巴菲特》中巴菲特的价值投资与中式哲学高度适配,在第四次工业革命浪潮到来之际,取其精华,突破局限,启迪读者在飞速发展的中国市场蓝海中养育超越伯克希尔·哈撒韦的"大鱼"。本书从企业经营管理、金融投资和学术研究三个方面,探索巴菲特价值投资理论在当下中国市场的巨大潜能。面对百年未有之大变局,追寻巴菲特成事、布道、济人之脚步,本书也将助经济贤能式的投资者紧握机遇,共创价值。

——张学兵　中伦律师事务所创始人、主任

《侯说巴菲特》揭示了巴菲特的成功根植于他大道至简的理论和多年实践,更与他的人生观、价值观密不可分。提醒投资者不要机械模仿和盲目崇拜巴菲特。学巴菲特,而不是像他,关键是做好自己。

——张喜东　雪球知名博主"东方小蜗牛"

我不喜欢为资本家服务的金融投资模式,所以没想去了解巴菲

特，因为他是美国的巴菲特；我崇尚为人民也为"人民币"服务的金融投资模式，所以我结识了本书的作者侯跃，他是一位三观正、利益导向正确且有想法的金融客。因为与作者关系，我近水楼台拿到了《侯说巴菲特》初校稿，经过一周的通读，我隐隐约约感觉到，我会是这本书最大的获益者之一。作者在书中通俗地诠释了巴菲特的投资方法，解决了"巴菲特法"知其易、行其难的问题，精华所在，营养颇丰，通读获益。我想巴菲特应该要感谢作者，是作者让我喜欢上了巴菲特，作者在书中说了，巴菲特心中也有"人民"；我们要感谢侯，侯让我们把"巴菲特午餐"钱，省了！

——陈炫名　中金嘉禾（北京）投资有限公司董事长、人民大学商学院硕士研究生（MIB）实践导师

投资工作的本质就是价值判断，而价值判断是提高劳动生产率的核心问题。本书作者是出色的投资人与企业家，带着其对价值投资深刻独特的理解，在书中全面立体地介绍了巴菲特的生平、投资理念与实践。本书不仅适合对投资感兴趣的读者，专业投资者也将从中受益匪浅。作者深厚的写作功底，使阅读成为一种享受。

——陈洪斌　国海证券副总兼首席经济学家

投资股票就像选茶叶，选择优质的茶，越放越香，越久越值钱。就如福建白茶中的珍品白毫银针一样，毫毛显露且有一定年限的白毫银针品质才是一流的。《侯说巴菲特》一书读下来，受到的启发是在投资中，质量与时间最重要。茶中优品白毫银针，毛不易！投资优质公司，以复利制胜。

——陈海　东兴证券副总裁

在我们的支持和鼓励下，我的合伙人侯跃总的《侯说巴菲特》

在中国发售！他在清华大学五道口金融学院就读 GFD 期间，认真研读了大量海内外所有关于巴菲特、查理·芒格的讲话、书籍等文献。正值他家两位 M（元宇宙）时代的年轻人——儿子去哥伦比亚大学法学院、侄子去伦敦政治经济学院就读，他以家庭"围炉夜话"的态度，结合自己在中国金融市场的实战经验，形成了这一既有理论高度又有实践深度，同时是一位长辈对自己亲人未来金融投资生涯的真诚交流。每一篇都是精心论述、充分探讨，认真、细致修改完善让他两鬓生出了许多白发。阅读此书，正如窗外漫天飞雪的围炉边那团火苗，带给我们温暖舒适，获益颇丰！

——易欢欢　易股天下董事长、元宇宙三部书作者

巴菲特能够成功，和他对于产业的理解、参与、定力是密切相关的。侯跃兄此书，源自其博士论文，读来对于现在更好地参与转型中的中国经济下的资本市场是有价值的。越是创新，越是重视产业，越需要中国资本市场涌现出更多巴菲特式的投资家。

——易鹏　盘古智库理事长

巴菲特是全球著名的投资家，他的价值投资理念影响广泛而深远。《侯说巴菲特》是侯跃先生多年潜心研究巴菲特投资理论的最新成果，他不仅运用经济金融的学术方法阐释了巴菲特的投资理论，更是从社会、历史和哲学等多维视角为我们描绘了一个立体、鲜活和真实的巴菲特。本书行文流畅，严谨又不失幽默，是我们认识和了解巴菲特的一本佳作，对读者更准确、更客观、更全面地认识价值投资理念大有裨益。

——周小全　上海联合产权交易所党委书记、董事长

价值投资不仅是价值投资，更是"价值观投资"。投资者发现价值的过程就是"琢磨"其自身价值观的过程，因此也是其自我发现之路。巴菲特用他的投资实践向世人"演示"了一种充满智慧的生活与生命。价值投资大师们的世界是什么样的？它是一种尊重常识的理性主义，是一种无我的生命体悟，是一种洒脱的精神境界，是一种勇猛精进的行动路线。我很喜欢侯跃在书中提到的"大儒家主义"，甚至不止步于此——秉持求真的精神与诚实的态度，以磨砺自己的"价值观"为道，达成"价值"最大之成果，可谓投资的终极意义。因此，这本书既是侯跃先生与巴菲特的精彩对话，更是他自己思想升华与精神淬炼之路。感谢侯跃先生的宝贵探索，让我们有机会真正触达巴菲特的精神原点。

——周以升　高和资本CEO

《侯说巴菲特》一书深入浅出地讲述了巴菲特的投资理念和现代金融投资理论。同时，跟随作者轻松幽默的文字，我也透过投资看到了巴菲特的人生观、价值观，以及很多值得用心感悟、值得身体力行的人生智慧。

——郑则鹏　国新资本董事长

伯克希尔·哈撒韦公司是一家以保险为主体的金融投资集团，本书独到地分析了其组织体系设计和管理方法。"股神"巴菲特对子公司的管理既大胆放权又严格监管，宽严结合，张弛有度。我曾经实践过金融控股集团的管理和运营，深切的体会是：第一，必须明确和坚持长期目标；第二，在企业发展的每个阶段要集中精力做成几件事；第三，决策要果断理性，执行要不折不扣；第四，金融创新与金融风险相伴相生。要发展必然要创新，要创新必须防控风险。同时，我一直秉承平安、健康、快乐的人生准则。以上这些，好像与本书中巴菲特大师的理念不谋而合，亦与作者感悟甚同。

——胡小龙　湖南财信金融控股集团原总裁

本书对巴菲特价值投资成功因果中的"因"做了大量叙述与分析，这在目前文献中是少有的。通过呈现巴菲特价值投资背后的理论渊源、经济学知识、历史背景等信息，有助于读者思考价值投资背后的逻辑与实质，对做好A股投资也是很好的启发。

——胡立峰　金牛奖评委、银河证券基金研究中心总经理

有1 000个投资者可能就有1 000种对巴菲特价值投资理念的所谓理解。侯跃先生的这本书从经济学、金融学的流变中，从跨文化的比较中，全面梳理巴菲特价值投资理念，可谓有特色、有根基、有增加值的阐释。中国正处于经济社会转型的新时代，产业推陈出新的嬗变期，有价值的企业不缺，缺乏的是发现价值的眼睛。而要拥有一双能够发现价值的眼睛，就需要明晰价值投资的真谛，将其真正融入自己的投资甚至人生之中。推荐常备案头，不时阅之。

——钟正生　平安证券首席经济学家

价值投资是投资大道上的窄门。巴菲特和芒格的一些基本立场，例如，绝对理性、绝对诚实、避免零和博弈、避免意识形态偏见，本质上都是反人性的。侯跃先生是一位忠实的巴菲特、芒格的追随者和价值投资的信仰者。《侯说巴菲特》对巴菲特的言行、价值投资的理论与实践做了结构化的理解和阐释，是中国价值投资者对价值投资思想的独特体认与原创输出。

——施宏俊　芒格书院创始人、《穷查理宝典》
《文明、现代化、价值投资与中国》出版人

该书高屋建瓴、深入浅出，分析、评价系统而客观。更为特别的是，将相关理念与中国传统文化进行了有机结合，并首次提出"价值人生"等观点，令人豁然开朗、耳目一新。相信每一位读者都可在书中得到相应的启发与收获。

——姜建平　东方财务公司董事长

关于股神巴菲特的财富人生和投资之道的书籍林林总总，不胜枚举，然而大道至简，知易行难。本书熔这位投资巨擘的成长经历、理论渊源与学科研究框架于一炉，秉持着学思践悟、知行合一的态度，引领读者在价值投资的问道之途中收获新的体悟。

——洪灝　交银施罗德首席经济学家

投资即人生。一个伟大的投资家，投资是他生命的存在方式，而不是谋生手段。有理论，有实战，西方的逻辑汇通中国的伦理，文化传统影响行为方式，侯跃先生从大历史和人文视角解读了巴菲特这一现象级存在，有深度，有妙趣，平实中见灼见，让人不忍释卷。有道有术，恢宏的业绩来自深厚的沉淀，此书值得一读。

——祝健　爱建证券总经理

解析巴菲特的著作已经汗牛充栋，基本都围绕着格雷厄姆、巴菲特一脉相传的长期价值投资观念与投资行为阐述金融市场的金钱故事，拥趸无数。但是，一旦与传统经济学中各种理论进行印证，总感觉难以参透玄机。市场有效乎，扭曲乎？人性理智乎，愚钝乎？云谲波诡的市场交易无法以一论之，因此"巴菲特技巧"复制者寥寥。由此从术入道，有《侯说巴菲特》娓娓道来，先捡起后放下，摆脱经济学理论的束缚，从巴菲特的人生哲学剖析投机背后的投资之道，融合长期的自然观与现实的行为学，从全球社会经济发展中寻找价值增长点，演绎巴菲特独到的哲学人生。如此，方能超越人性；如此，方能跨越周期。

——钱学宁　哥伦比亚大学校友、中国首席经济学家论坛学术秘书长

没有哪个投资者不想成为巴菲特，但就巴菲特何以成为巴菲特，却莫衷一是。因为巴菲特自己的言语文章往往是玄妙难解，而那些有关巴菲特投资理念的著作又大多是一些定性的和原则性的解读。《侯说巴菲特》不仅看巴菲特是如何说的，还从他成长的经历向大家展示了为什么他就是巴菲特。书中不仅定性地给出巴菲特"投资五原则"，还定量地分析了他的投资业绩和曾经的教训；《侯说巴菲特》不仅用宏观、微观金融理论为投资者总结了"投资八步法"，还为大家揭示了巴菲特节俭持家、乐善好施的人生观和价值观。投资当然是为了赚钱，但诸如金钱、事业、爱情等人生所追求的各种诱惑，只有看淡了，才会拥有。

——殷剑峰　对外经贸大学金融学院教授、浙商银行首席经济学家

读完《侯说巴菲特》之后，有诸侯论英雄的酣畅淋漓之感。自己读过的巴菲特的自传、致股东的信以及各种读物书籍，已经不下10本，本书是迄今为止读过的最有高度和思想的老巴读本，将价值投资思想与中国顶流哲学思想融会贯通，无问西东，异曲同工。100个小故事，个个引人入胜、拍案叫绝。在作者的指引下，我们畅想，价值投资思想，何尝不是中国的武林秘籍，老巴换一套装束，不也是中国的风清扬、扫地僧，和我们一起叱咤元宇宙的世界、笑傲江湖。抛砖引玉，向大家隆重推荐此书。

——高立里　坚持企业家俱乐部秘书长

巴菲特既是投资家，又是企业家，无愧为世界财富管理大师！

改革开放 40 多年后的中国已经进入了财富管理时代,《侯说巴菲特》中蔡崇信与阿里巴巴的案例就出自我的课堂。相信巴菲特式财富管理的理念和方法会给读者带来新的智慧启迪。

——高皓　清华大学五道口金融学院全球家族企业研究中心主任

见证了侯跃同学这本《侯说巴菲特》的成书过程,感受到他与巴菲特同频共振、心念相通的内在喜悦与激情跃动,辅以他深厚的经济金融学理论和中国传统文化功底,以及他丰富的投资与企业经营管理的阅历,此书深入浅出用心呈现,道法自然,见解独到实属难得!非常值得好好研读。

——郭美玲　美年大健康联席董事长、世纪长河投资集团董事长

本书所讲述的巴菲特与我在其他有关书籍中所了解的股神有所不同,其中讲述的巴菲特的生平和其投资概念的形成过程,对我来说有着巨大的启发。对于投资者而言,我认为本书可以帮助他们更深入地了解巴菲特的投资逻辑,而对于初级入门者形成属于自己的投资思维也具有一定的帮助,值得大家借鉴学习。

——崔荣华　荣华集团董事长、全国人大代表

侯跃先生近几年来熟读大量的世界级的经济学家、投资大师以及思想家、哲学家、政治家的著作。其中,沃伦·巴菲特在 60 多年投资领域的巨大成果与传奇使侯跃先生特别痴迷。他系统学习、多维思考、潜心研究,并结合实践,撰写了《侯说巴菲特》专著。我见证了此书形成的全过程,觉得很有新意,值得从事经济、金融和投资领域的理论与实践工作者一读。

——曾俭华　中国建设银行原首席风险官、
华建函数基金管理公司董事长

当前,我国财富管理需求进入新阶段,资产管理行业的长期价值投资尤显重要,行业从业人员须敬畏受托职责,践行长期、理性和价值投资理念,主动培育投资而非投机的市场氛围。可以说,《侯说巴菲特》一书,倡导价值投资理论,恰逢其时。

——裴涛　银保监会非银行机构检查局副局长

在《侯说巴菲特》中,侯跃先生结合自己的实操经验、学术功底和人生阅历,用风趣幽默、通俗易懂的语言,立体式地重新解构了"股神"巴菲特,有助于我们触类旁通、化繁为简、知行合一地理解和掌握巴菲特的投资哲学。

——管涛　中银证券全球首席经济学家

做投资与做人一样,既要有理想又要守本分。投资的收益来源是企业本身的成长。从第一性出发,产品的竞争力、新需求、新技术是企业自由现金流的永不枯竭来源。《侯说巴菲特》倡导的理念坚定了我的想法:以做企业的平常心态做投资,专注、耐心、长期主义!

——谭本平　厚普供应链董事长

侯跃先生有创业、投资、管理、金融、实业等多重履历,《侯说巴菲特》则从理论、实操、案例、数据、文化、历史、心理等多重维度,全方位展示了殿堂级大神巴菲特的传奇人生和投资真谛,在数不胜数的书籍中令人眼前一亮,读来大有裨益、深受启迪。一句话,《侯说巴菲特》,值得拥有、值得信赖。

——熊园　国盛证券首席经济学家

在全球投资界,巴菲特就是个神,他的投资实践和价值投资理论影响着几乎所有的人。这本书把巴菲特还原成了人,从他的成长经历、性格特征、理论渊源和社会环境等方面进行了生动深刻的分析。在数字经济时代，中国投资界应该把巴菲特的价值投资理论与数字经济的实践结合起来，更多地导入数字科学的理论和工具，创造新时代中国价值投资理论。

——熊焰　国富资本董事长